나는
**세계 일주로
자본주의를
만났다**

UNFAIR TRADE
by Conor Woodman
copyright ⓒ Conor Woodman 2011

Conor Woodman has asserted his right under the Copyright, Designs and Patents Act, 1988,
to be identified as the author of this work

Korean Translation Copyright ⓒ Woongjin Think Big Co., Ltd. 2012
This Korean edition is published by arrangement
with Curtis Brown Group Limited, London
through Duran Kim Agency, Seoul.

이 책의 한국어판 저작권은 듀란킴 에이전시를 통한
Curtis Brown Group Limited와의 독점 계약으로 웅진씽크빅에 있습니다.
저작권법에 의하여 한국 내에서 보호를 받는 저작물이므로 무단 전재와 무단 복제를 금합니다.

나는 세계 일주로 자본주의를 만났다

회사를 박차고 나온
억대 연봉 애널리스트의
두 번째 글로벌 프로젝트

코너 우드먼 지음 · 홍선영 옮김

일러두기

- 각 장의 도입부에 표시한 나라 정보에서 면적과 인구는 온라인 백과사전 위키피디아(Wikipedia)의 정보입니다. 조사 대상국은 면적별 249개국, 인구별 242개국으로 괄호 안의 숫자는 순위를 의미합니다.
- 나라 정보에서 국내 총생산(GDP)과 1인당 총생산(GDP per capita)은 2010년 국제 통화 기금(IMF)이 발표한 내용입니다. 1인당 총생산은 2011년 추정치입니다. 조사 대상국은 각각 183개국과 184개국으로 괄호 안의 숫자는 순위를 의미합니다.
- 본문 중 괄호 안에 표시된 원화는 독자들의 이해를 돕기 위한 대략적인 금액으로 내용과 규모에 따라 천 단위, 만 단위, 혹은 10만 단위에서 반올림했습니다. 소규모 금액이 중요한 내용일 경우 소수점 이하에서 반올림했습니다.
- 원화 환산 환율은 외환은행에서 제공하는 2011년 1월 3일~12월 30일의 평균 환율을(고시 회차 최종, 매매 기준 환율) 따랐습니다.
- 같은 금액이라도 거래 시기의 화폐별 환율에 따라 원화 환산 금액에 차이가 있을 수 있습니다.
  (예: 위안화로 거래하고 달러로 표시한 경우, 파운드화를 달러로 환산해 표시한 경우)
- 같은 가격을 여러 화폐 단위로 표기할 경우 원화 표기는 달러를 기준으로 환산했습니다.

미국 달러화 USD: 1108.02원
영국 파운드화 GBP: 1775.76원
유로화 EUR: 1542.78원
중국 위안화 CNY: 171.52원

차례

Prologue
왜 열심히 일하는 사람들이 점점 가난해지는가 · 010

PART 1
니카라과 :
바닷가재가 팔릴 때마다 죽어 가는 사람들이 있다 ········ 020

Chapter 1 모든 청년이 목발을 짚는 마을 ·············· 022

Chapter 2 중요한 일은 항상 비밀리에 이루어진다 ········ 031

Chapter 3 치명적인 일확천금의 유혹 ················ 043

PART 2
영국 :
공정 무역으로 돈을 버는 사람은 따로 있다 ············ 050

Chapter 4 맥도날드의 영리한 공정 무역 사용법 ·········· 052

Chapter 5 대기업은 손해 보는 장사를 하지 않는다 ········ 063

Chapter 6 진짜 공정한 무역은 이렇게 하는 것이다 ········ 076

PART 3
중국 :
그들에게 많은 걸 기대하지 마라 084

Chapter 7 중국 정부도 못 건드리는 공룡 기업, 폭스콘 086

Chapter 8 중국 최고 기부자에게 중국을 묻다 096

Chapter 9 중국 관료들은 우뇌를 쓸 줄 모른다 109

PART 4
라오스 :
모든 산에 고무나무를 심는 나라 116

Chapter 10 라오스 예산의 90퍼센트를 지원하는 중국의 속셈 118

Chapter 11 돈을 벌기 위해 너무 많은 걸 잃었어요 127

Chapter 12 열다섯 살 소년 분창의 하루 136

PART 5
콩고 민주 공화국 :
당신의 휴대폰에는 콩고의 눈물이 흐른다 146

Chapter 13 재수 없으면 당신도 총 맞아요 148

Chapter 14　지구에서 가장 불행한 사람들 · · · · · · · · · · · · · · 157

Chapter 15　콩고 거물 사업가의 의미 있는 변명 · · · · · · · · · 166

Chapter 16　콩고가 거부할 수 없는 중국의 제안 · · · · · · · · · 177

PART 6
**아프가니스탄 :
무조건 금지하면 뭘 먹고살란 말입니까** · · · · · 186

Chapter 17　마약과의 전쟁은 영원히 끝나지 않는다 · · · · · · · 188

Chapter 18　그들이 양귀비를 기를 수밖에 없는 이유 · · · · · · 196

Chapter 19　총보다 강력한 무기는 돈이다 · · · · · · · · · · · · · 205

PART 7
**탄자니아 :
최고의 품질은 공정한 거래에서 나온다** · · · · · 212

Chapter 20　그녀는 왜 인증을 거부하는가 · · · · · · · · · · · · · 214

Chapter 21　윤리적인 상품으로 새로운 시장을 개척하는 법 · · 225

PART 8
코트디부아르 :
성공하는 기업은 눈앞의 이익에 욕심내지 않는다   236

Chapter 22   내전의 한가운데에 있는 어느 기업의 모험   238

Chapter 23   그들이 잘살아야 우리가 성공한다   250

Chapter 24   소비자가 원하는 상품을 만드는 것이 목적입니다   262

Epilogue
건강한 자본주의를 만들기 위한 여덟 가지 방법 · 270

감사의 글 · 281

Prologue

왜 열심히 일하는 사람들이 점점 가난해지는가

 목숨을 건 여행의 시작 ─

몇 년 전 기차에서 커피를 홀짝이며 창밖으로 지나가는 시골 풍경을 바라보고 있었다. 그러다 문득 커피잔에 새겨진 아프리카 농부의 사진과 메시지가 눈에 띄었다.

'당신이 마신 이 커피가 우간다 부사망가 주민들의 삶의 질을 높여 줍니다.'

메시지 옆에는 공정 무역 인증 단체인 공정 무역 재단의 로고와 슬로건이 적혀 있었다.

'제3세계 생산자와 공정한 거래를 약속합니다.'

이 로고야말로 의식 있는 소비자를 자부하는 내가 커피를 마실 때 가장 먼저 확인해야 하는 것이었다. 아프리카의 가난한 농부들을 돕는다는 데 이 정도의 비용이나 번거로움도 감수하지 못하겠는가. 이 로고가 붙은 커피를 마시면 윤리적인 소비를 했다는 사실에 뿌듯해질 것만 같앉다. 그런데 문득 이런 의문이 들었다. 내가 이 커피를 사 먹는다고 정말 우간다 부사망가 주민들이 잘살게 될까? 여기서 말하는 공정 거래가 정말 커피 농가의 삶을 개선하고 있는 걸까? 특정한 커피를 사면 그 사람들의 삶이 나아진다는 게 현실적으로 가능한 일일까?

공정한 거래를 약속한다는 문장의 의미를 곰곰이 생각해 보았다. 제3세계 생산자와 '공정한 거래를 약속합니다' 보다는 '공정한 거래를 위해 노력하겠습니다' 가 차라리 솔직한 표현이라는 생각이 들었다. 내가 뿌듯해진 이유도 그들에게 실제로 도움을 주었기 때문이 아니라, 뭔가 좋은 일을 한 것 같은 기분 때문이었다. 사람들로 하여금 이렇게 뿌듯한 기분이 들게 하는 것이 이런 윤리 인증 사업이 의도하는 것일지도 모른다.

텔레비전이나 인터넷에서 가난한 나라 사람들의 이야기를 자주 접한다. 그런데 언론에서 전하는 소식들은 자국과 밀접하게 관계된 내용이거나 정치적 혹은 경제적으로 중요한 사건들뿐이다. 들판이나 광산, 어선에서 일하는 평범한 사람들의 일상적인 모습은 거의 알려진 적이 없다. 직접 가 보기 전에는 아프리카 농부들에게 지금 무슨 일이 벌어지고 있는지 전혀 알 길이 없다.

기차 여행 이후 6개월이 지났을 무렵이었다. 나는 카메룬에 머물며 여행 잡지에 실릴 칼럼을 쓰고 있었다. 며칠 동안 림베 지역 근처 해안가에 있는 소박한 호텔에 틀어박혀 지냈다. 투숙객들은 점심으로 닭고기 요리나 생선 요리 중 하나를 선택할 수 있었다. 나는 언제나 생선을 골랐다. 바닷가가 엎어지면 코 닿을 데 있으니 생선이 얼마나 싱싱하겠는가.

매일 아침 창밖으로 한 마을 청년이 통나무배를 타고 낚시하는 모습이 보였다. 나중에 패트리스라는 이름의 그 청년과 꽤 가까운 사이가 되었다. 그는 언제나 해변에서 2~3킬로미터 떨어진, 깊지 않은 바다에서 작업했다. 나는 아침마다 그를 보면서 거대한 참치나 도미를 낚아 점심 메뉴에 올려 주기를 바랐다. 이따금 먼바다에서 대형 트롤선이 물고기를 수천 마리씩 낚아 올리며 수평선을 따라 지나갔다. 그럴 때는 패트리스의 작은 통나무배가 더욱 초라해 보였다.

해가 저물 무렵 마을 중심가 시장에 가면 맥주나 이색적인 먹을거리를 즐길 수 있었다. 어느 날 저녁, 시장 주변을 거닐다가 가족과 함께 저녁을 먹고 있는 패트리스를 만났다. 패트리스는 함께 먹자며 팔을 잡아끌었다. 그들은 역시나 생선을 먹고 있었다. 그런데 접시에 담긴 생선은 내가 몇 시간 전에 먹은 통통하게 살이 오른 도미와는 너무 달랐다.

패트리스는 내가 본 트롤선이 중국 어선이라고 했다. 중국은 카메룬에서 진행하는 다양한 건설 프로젝트에 투자한다. 카메룬 정부는 그 대가로 카메룬 영해의 심해 조업권을 중국 어업 회사에 양도했다는 것이다. 현지 어부들은 해안가의 얕은 물가를 벗어나서는 낚시를 할 수 없게 되었다. 생선을 팔아 돈을 벌기는커녕 가족들 먹일 생선도 잡기 어려워졌다. 운이 좋은 날에는 값나가는 도미를 잡기도 하는데 그들이 먹지는 않았다. 귀한 생선은 관광객들에게 팔아 돈을 벌어야 했다. 지역 주민들은 주로 6000킬로미터 떨어진 모로코에서 수입한 말린 생선을 먹었다.

이 이야기를 듣고 충격을 받았다. 서양 시내 중심가에서 윤리적 상품 인증 로고가 붙은 커피 한 잔과 카메룬에서 관광객이 먹는 푸짐한 생선 요리 가격은 거의 비슷하다. 그런데 커피든 생선이든 이를 생산한 사람은 자기 돈으로 그런 음식을 사 먹을 형편이 안 된다. 합리적이고 상식적인 생각을 하는 사람이라면 이를 두고 말도 안 되는 일이라고 할 것이다. 그런데 이런 말도 안 되는 일이 넘쳐 나도록 흔하다는 게 세계 경제의 현실이다. 이런 현실을 어떻게 받아들여야 할까?

이 책을 쓰기로 결심한 이유는 카메룬에서 받은 충격 때문이다. 커피 전문점, 대형 마트, 인터넷 쇼핑몰에서 공정 거래 로고가 붙은 제품을 사는 것은 매우 쉬운 윤리적인 행동이다. 하지만 우리가 믿는 공정 거래가 생산 현장에서도 잘 지켜지는지를 알고 있는 사람은 거의 없다. 그 현장을 내 눈으로 직접 보기 위해 다시 여행길에 올랐다. 정치적으로 불안하고 경제적으로 부족한 나라의 현실을 직접 경험한 후에도 공정 거래에 대한 믿음이 지속되는지 알고 싶었다.

그 후 1년 동안 세계에서 가장 불편하고 위험하다고 알려진 나라를 돌아다녔다. 이번 여행이 이렇게 위험할지, 그리고 군인들과 전투병들을 이렇게 많이 만날지는 상상도 못했다. 라틴 아메리카와 극동 아시아에서 우리가 먹는 음식과 우리 주머니 속에 있는 물건을 만드는 기업들이 얼마나 윤리적인지를 살펴봤다. 중앙아프리카와 중앙아시아에서는 우리의 소비 방식이 열악한 환경에서 일하는 사람들에게 어떻게 영향을 미치는지 확인했다. 마지막에는 아프리카로 다시 돌아가 사회적인 책임을 다하면서도 큰 이익을 내는 기업을 만나 새로운 아이디어를 얻었다.

상품의 유통 과정을 역추적하다

이 책은 죽어라 일하는데 점점 가난해지는 사람들에 관한 이야기다. 이들은 당신이라면 절대 하지 않았을 일을 하며, 한 끼 밥값도 안 되는 돈을 월급으로 받는다. 그렇다고 우리와 전혀 상관없는 사람들의 이야기가 아니다. 우리는 가난한 나라의 농부, 광부, 어부, 공장 노동자들과 생각보다 밀접하게 얽혀 있다. 이들과 우리를 이어 주는 대기업 덕분이다. 식품, 의류, 전자, 제약, 자동차 등 각 분야에서 이름만 들으면 알 만한 대기업들은 이들에게서 사들인 원료로 상품을 만들어 우리에게 판매한다. 대기업이 우리와 그들 사이에 다리를 놓는 셈이다. 그런 점에서 이 책은 대기업과 가난한 나라 사람들과의 관계에 대한 이야기인 동시에, 오늘도 그들이 만든 물건을 구입하는 우리 자신에 대한 이야기이다.

대기업들이 저개발국가에서 사들이는 상품의 규모가 수백조 원이 넘는데도 왜 정작 제품을 생산하는 사람들은 끼니를 해결하기에도 벅찬 걸까? 그들이 일한 만큼 버는 것은 불가능한 걸까? 그들은 왜 목숨을 걸고 농사를 짓고, 고기를 잡고, 제품을 조립하고, 광물을 캐야만 하는 걸까? 대기업은 막대한 이윤을 남기는데 왜 그들은 좀 더 안전한 환경에서 일하지 못하는 걸까?

지난 10년간 소비자들의 '윤리 의식'이 급격히 성장했다. 수백만 명의 소비자가 전에 없던 까다로운 기준으로 상품을 고른다. 물건을 살 때 어디에서 누구의 손을 거쳐 어떻게 생산되었는지 꼼꼼히 따져 본다. 생산자들에게 제값을 치렀는지, 환경에 나쁜 영향을 미치지는 않았는지, 동물 실험을 하지는 않았는지를 확인하고 기준에 맞는 제품만을 구입한다. 그 덕분에 윤리적 제품과 친환경 제품의 판매량이 매년 크게 증가하고 있다.

커피나 초콜릿, 바나나, 휴대폰의 포장에서 옳은 일을 하고 있다는 것을 알려 주는 로고나 메시지를 심심찮게 보게 된다. 쇼핑하면서 개인의 윤리적 가치를 표현할 수 있는 세상이 된 것이다. 영국에서만도 셀 수 없이 많은 상품에 공정 무역 재단(Fairtrade Foundation), 열대 우림 동맹(Rainforest Alliance), 유럽 농산물 인증(UTZ CERTIFIED), 산림 관리 협회(Forest Stewardship Council) 등의 인증 로고가 붙어 있다.

문제는 인증 로고나 메시지가 이미 강력한 마케팅 도구가 되었고, 더나아가 인증 활동 자체가 대형 사업이 되었다는 점이다. 영국 윤리적 소비자 단체의 발표에 따르면 2009년 영국인이 구입한 윤리적 상품의 규모는 총 360억 파운드(64조 원)에 달했다. 2011년에는 공정 무역 로고가붙은 제품의 시장 규모만 총 10억 파운드(1조 8000억 원)에 육박했다. 최악의 경제 상황에도 불구하고 영국에서 윤리적 제품 판매량은 지난 2년사이 20퍼센트 가까이 증가했다. 그런데 이 모든 현상이 긍정적인 변화를 만들겠다는 기업의 순수한 의도에서 비롯된 걸까? 윤리적 기업 인증이 얄팍한 상술로 변질될 위험은 없을까?

첫 번째 관심사는 대기업의 흔한 윤리 선언이 실제로 잘 실행되는지 확인하는 것이었다. 어떤 회사가 자신들이 착한 일을 한다고 주장하면이를 곧이곧대로 믿어도 괜찮을까? 이 질문에 답하기 위해 세계적인 레스토랑 체인점의 유통망을 역추적해 보았다. 그곳에서 파는 바닷가재의 유통 경로를 되짚어 가자 중앙아메리카의 한 어촌에 도착했다. 세계적인 대형 레스토랑 여러 군데가 이 지역 공급자에게서 바닷가재를 대량으로 사들인다. 그들은 하나같이 자신들이 윤리적인 자격을 갖췄고, 환경 보전 프로젝트에 거액을 기부한다고 당당하게 말한다. 하지만 내가 목격한 현실은 요란한 광고에 한참 못 미쳤다.

한번 신뢰에 금이 가면 그와 관련한 모든 것이 미심쩍어 보인다. 영국 맥도날드는 '우리는 열대 우림 동맹을 지원합니다'라고 선언했고, 호올스 캔디로 유명한 세계에서 두 번째로 큰 제과 업체인 캐드버리는 전 세계 언론에 '공정 무역'을 시행한다고 자랑스럽게 발표했다. 나는 이들 기업과 손잡고 불공정한 국제 무역 문제를 해결하기 위해 노력하는 열대 우림 동맹, 공정 무역 재단의 본사를 찾아갔다. 그들의 좋은 의도가 제대로 실현되고 있는지, 대기업의 장사 수단으로만 이용되고 있지는 않은지 물어봤다. 그 덕분에 열대 우림 동맹을 지원한다는 문구의 진정한 의미를 알게 되었고, 캐드버리의 '공정 무역'을 무턱대고 환영할 수만은 없다는 것을 깨달았다.

세계가 사실상 하나의 경제권이 되면서 대기업은 지구에서 일어나는 거의 모든 거래와 관계되어 있다. 대부분 거래 과정이 매우 복잡하고 변수가 많아서 대기업과 생산자의 관계를 파악하기 어렵다. 바닷가재처럼 유통 경로가 단순한 상품을 경험한 뒤 조금 더 복잡한 상품의 공급망을 따라가 보기로 했다. 휴대폰이나 노트북, 자동차를 비롯해 수많은 상품이 세계적인 브랜드를 달고 우리를 유혹한다. 제조국이나 회사만 보면 윤리적으로 아무 문제가 없어 보인다. 그런데 이들 상품은 수많은 기업과 국가 사이의 복잡한 무역의 결과물이다. 원료를 확보하고 제품을 만드는 과정에서 잔인하고 비도덕적인 행위가 끼어드는 경우는 셀 수 없이 많다. 하지만 우리가 물건을 살 때는 그런 과정을 알아볼 길이 없다.

경제가 갈수록 세계화되면서 대기업들은 원료 수급, 제조, 유통 등 공급망과 연계된 모든 작업을 세계 어느 나라, 어떤 업체와도 협력할 수 있게 되었다. 아무리 의식 있는 소비자라도 이를 일일이 감시하기란 불가능하다. 우리는 물건을 구입하면서 즐겨 찾는 쇼핑몰, 좋아하는 브랜드하고만 관계를 맺는다고 생각하지만, 사실은 그렇지 않다. 우리가 좋아하는 기업들이 제3세계에 있는 정체를 알 수 없는 공장과 관계를 맺고 있다면 우리는 의지와 상관없이 불편한 삼각관계에 얽히게 된다.

오늘날 경제를 이야기할 때 빠지지 않고 등장하는 나라가 중국이다. 나는 중국에 머물면서 우리의 끝없는 소유욕이 상품을 생산하려 피땀 흘려 일하는 이름 없는 공장 노동자들에게 무슨 의미가 있는지 알아보았다. 그런 뒤 우리와 친숙한 고무 상품의 유통 과정을 따라 라오스 북부의 정글에 도착했다. 라오스는 중국과 계약을 맺고 고무를 공급한다. 고무는 타이어, 신발을 포함해 무수한 상품의 원료로 쓰인다. 우리는 중국의 협력 국가와도 관련이 있는 것이다. 중국과 라오스가 합의한 조건은 무엇이며, 이 조건은 생산국 사람들의 삶에 어떤 영향을 미칠까?

마지막 여행에서는 실상을 더 깊이 파헤쳐 보기로 했다. 니카라과와 중국, 라오스 등 문제는 있지만 비교적 안정적인 국가들과의 거래에서는 이중 잣대를 적용하거나 도덕적으로 타협할 때 비난을 받는다. 그런데 콩고 민주 공화국이나 아프가니스탄처럼 인권을 무자비하게 짓밟는 국가와의 거래는 그 자체만으로도 심각한 문제가 된다.

콩고에서 분쟁으로 목숨을 잃은 사람은 지난 10년 동안 1000만 명이 넘는다. UN은 이에 대한 제재 조치로 콩고와의 무역을 금지했다. 콩고를 방문하기 전에는 정상적인 국가라면 UN의 요청을 따를 것으로 생각했다. 이 제재가 콩고 주민에게 어떤 도움을 줄지는 확신이 안 섰지만, 국제 사회가 함께 짊어져야 할 최소한의 책임이라고 생각했다. 하지만 콩고의 주석 광산을 한 번 가 본 것만으로도 UN이 표출한 분노가 얼마나 공허한지 느낄 수 있었다. 여기서 추출한 주석은 가정과 사무실에서 사용하는 거의 모든 전자 제품에 쓰일 뿐만 아니라 과자 봉지나 음료수 캔을 만드는 데도 필요하다. 모든 나라가 콩고와 거래를 끊었다고 하는데 이 많은 주석은 어디서 난 걸까?

이쯤 되면 내가 이번 여행으로 냉소적인 사람이 되었으리라 생각할 것이다. 윤리적인 사업이 가능하다고 믿던 사람이 현실을 경험한 뒤 윤리적인 행위가 아무 의미가 없다는 결론을 내렸다는 것은 뻔한 이야기다. 윤리적 논리가 통하는 곳은 없고, 윤리와 돈의 싸움에서 윤리가 이기는 경우도 없다는 생각은 굳이 여행을 하지 않아도 할 수 있다. 하지만 현실은 생각과 달랐다. 아프가니스탄을 방문한 이후로 사업과 윤리가 양립할 수 있다는 믿음이 확실해졌고, 이 믿음은 이번 여행 내내 나를 지켜 주었다. 방문한 거의 모든 국가에서 깜짝 놀랄 만한 성공 스토리를 들려주는 사람을 1~2명은 꼭 만났다. 그 이야기는 아마 당신이 짐작하는 것하고는 많이 다를 것이다.

당신이 균형 잡힌 시각을 지니는 데 내 여행이 도움이 되기를 바란다. 이 책은 대기업들이 어떻게 사업을 하는지 보여 주는 책이 아니다. 내가 직접 만난 사람들의 삶을 통해 가난한 사람들은 왜 점점 더 가난해지고,

부자들은 왜 점점 부자가 되는지를 보여 주는 책이다. 더불어 이 책은 당신이 품고 있는 생각을 뒤흔들면서 우리가 나아가야 할 길이 있음을 보여 준다. 이는 현재 대다스 기업이 나아가겠다고 외치는 길과는 다른 길이다.

온두라스
엘살바도르
미스키토
빌위
니카라과
카리브해
코스타리카

니카라과 Republic of Nicaragua

위치	중앙아메리카 중부
면적	13만 373㎢(97위)
인구	589만 1199명(110위)
수도	마나과 Managua
국내 총생산	65억 5100만 달러(136위)
1인당 총생산	1202달러(140위)
화폐 단위	코르도바 Cordoba

PART 1
니카라과

바닷가재가 팔릴 때마다
죽어 가는
사람들이 있다

"일하러 갔다가 다친 적은 한 번도 없어요. 그런데 한 형이 다리가 아프대요. 저기 보이세요? 발을 절고 있잖아요. 여기서는 젊은 애들이 너도나도 다이버를 하려고 해요. 그래야 돈을 더 많이 버니까요. 하지만 압력 문제 때문에 오래 못해요. 죽지 않으면 몸이 망가지거든요. 돈은 좀 못 벌어도 선원이 훨씬 낫죠. 더 오래 살고."

chapter 1

모든 청년이 목발을 짚는 마을

처음부터 불안했다. 길이 9미터짜리 소형 보트가 바람을 받아 나아가는 동안 돛에 새겨진 미국 국제 개발청(USAID)의 거대한 로고가 보였다. 국제 개발청은 미국의 대외 원조 기관이다. 니카라과 해안 중에서도 이 구간이 허리케인에 취약하다는 말이 떠올랐다. 2007년에 허리케인 펠릭스가 니카라과 해안을 처참히 파괴하자 국제 개발청은 식료품과 의복, 텐트 등 긴급 구호품을 보냈다. 그 가운데 대형 방수포에는 'USAID-미국인이 보냅니다'라는 문구가 크게 적혀 있었다. 당시에 받은 방수포 대부분이 소형 보트의 돛으로 쓰이게 되었다. 하지만 내가 불안한 진짜 이유는 심해 다이빙을 앞두고 있기 때문이었다.

제도에서 1.5킬로미터 정도 떨어진 곳에 다다랐다. 함께 간 다이버 한 사람이 닻을 내리는 사이, 다른 사람들이 카누 석 대를 바다에 내려놓았다. 셀 수 없이 반복된 일상이어서인지 공기통 6개를 싣고 카누로 옮겨 타는 데 3분도 채 안 걸렸다. 나와 함께 다이빙하기로 한 윌리는 근육질의 탄탄한 몸이 돋보였다. 팔과 다리는 보트의 돛대만큼 두꺼웠다. 그의 장비는 돛대와 오리발, 공기통을 부착하는 벨크로(찍찍이) 줄이 달린 검은색 작은 플라스틱 삼각판, 그리고 한쪽 끝에 갈고리가 달린 쇠꼬챙이였다. 그 모든 장비가 너무 원시적이어서 어이가 없었다. 서양 다이버들의 필수 장비인 수심계나 공기압 측정기 같은 것은 찾아볼 수 없었다. 그러니 얼마나 깊이 들어갔는지, 산소는 얼마나 남았는지 알아볼 방법이 없었다. 그나마 나는 수중 컴퓨터가 있어서 운이 좋은 편이었다. 얼마나 깊이 내려갔는지도 알 수 있고, 수면으로 올라가기 전에 감압 정지를 해서 압력을 낮출 시기도 알 수 있었다. 이마저 없었다면 나도 윌리처럼 원시적인 장비에 전적으로 의존해야 했을 것이다.

감압 정지는 심해 다이버들이 필수적으로 지켜야 하는 안전 수칙이다. 공기통에는 질소와 산소가 섞여 있다. 이 두 가지 기체가 폐를 통해 혈액으로 흡수된다. 산소는 잠수를 하는 동안 소진되지만, 질소는 몸속을 돌아다니다가 폐로 돌아가 이산화탄소와 함께 배출된다. 수심 30미터까지 내려갔을 때 우리가 마시는 공기는 어마어마하게 압축되어 있다. 문제는 질소가 몸속을 돌아다니다가 폐로 가기까지 1~2분이 걸린다는 것이다. 그런데 질소가 미처 빠져나가지 않은 상태에서 물 위로 올라가면 남아 있는 질소가 팽창하면서 동맥에 작은 기포를 만든다. 이것이 혈관을 막아 감압병(잠수병)의 원인이 된다. 불구가 되거나 심한 경우 목숨을 잃을 수도 있는 무서운 병이다.

내려가기 전부터 마음이 편치 않았다. 윌리의 아들이 삼각판에 부착한 공기통을 가져와 나에게 건넸다. 그는 공기통을 허리에 둘러메라고 다급히 신호를 보냈다. 내가 물속으로 뛰어들자, 그가 몸을 아래로 뻗어 공기 밸브를 열어 주었다. 제대로 된 마우스피스를 꼈으면 지상에서 숨 쉴 때처럼 물속에서도 숨을 쉴 수 있다. 그런데 마우스피스가 불량이었는지 그럭저럭 작동은 했지만 공기가 제멋대로 새어 나왔다. 이럴 때는 보통 수리해 주거나 다른 것으로 바꿔 준다. 그런데 윌리가 별일 아니라는 듯 어깨를 으쓱하더니 자기 것도 고장 났다며 자신의 마우스피스를 보여 주었다. 쓸데없는 걱정 하지 말고 그냥 쓰라는 뜻이었다. 나는 괜찮지 않았다. 불안감이 확 올라왔다.

윌리는 조금도 기다리지 않고 물속으로 들어갔다. 그것도 머리부터. 안전 수칙대로라면 발부터 들어가서 귀의 압력을 맞춰야 한다. 고막을 다칠 수도 있기 때문이다. 윌리는 마치 고막 좀 다치면 어떠냐는 식으로 행동했다. 어둑어둑한 물속에서 윌리를 놓치지 않으려면 서둘러야 했다. 몸을 돌려 머리를 바닥으로 향한 다음 오리발을 차면서 그를 쫓아갔다. 컴퓨터를 흘끗 보니 벌써 6미터나 내려왔다. 갑자기 머리가 도는 듯한 어지러움을 느꼈다. 마우스피스가 찢어진 것이다. 공기통을 묶어 둔 찍찍이도 풀려 버렸다. 공기통이 나를 내버려 둔 채 수면으로 올라갔다. 공기 한 줌 없이 수심 6미터 아래에 남겨진 것이다. 나름 제법 노련한 다이버라 자부했지만 그땐 정말 죽는 줄 알았다. 다이빙 경력 15년 만에 처음으로 응급 상승을 해야 했다. 올라가면서 공기가 떨어지지 않도록 애를 썼다. 무엇보다 수면에 다다랐을 때 숨을 천천히 내뱉는 게 중요했다. 숨이 찬다고 확 내뱉으면 폐가 터질 수도 있다.

수면에 다다르니 윌리의 아들이 공기통을 건져 올리고 있었다. 삼각판은 여전히 내 등에 붙어 있었다. 곧이어 윌리가 솟아올라 어리둥절한 표정으로 헤엄쳐 오다가 상황을 눈치챘다. 월리가 아들에게 소리쳤다. 공기통 끈끈이도 제대로 못 매느냐며 야단을 치는 것 같았다(아니, 그렇게 말하는 것이길 바랐다). 나는 카누 위로 기어올라 공기통을 삼각판에 단단히 고정시켰다.

그날의 다이빙은 내 15년 다이빙 역사상 최악이었다. 월리가 눈앞에서 사라질지 모른다는 공포심으로 안전 수칙이고 뭐고 머리부터 다이빙했다. 물속에 있는 내내 귀가 아팠고, 공기통이 풀릴까 봐 신경이 쓰였다. 마우스피스는 공기가 새서 숨 쉬기가 힘들었다. 18미터 아래로는 내려가지 않으려고 쉴 새 없이 컴퓨터를 확인했다. 그 정도 깊이라면 뭔가 잘못돼도 응급 상승을 할 수 있었다. 그 와중에 월리가 일하는 모습도 지켜봐야 했다.

수심 16미터. 월리가 암초 가장자리의 벽을 따라 움직이기 시작했다. 매일같이 다이빙하는 사람치고는 일하는 모습이 왠지 어설퍼 보였다. 월리는 해류에 쓸려 가지 않도록 산호에 몸을 고정하고 바위의 갈라진 틈을 들여다보았다. 그러고는 몸을 돌려 나에게 가까이 오라고 손짓했다. 우리를 여기까지 내려오게 한 주인공과 처음 만나는 순간이었다. 어둑어둑한 바위 아랫부분에 바닷가재의 기다란 더듬이 2개가 삐죽이 나와 있었다.

월리는 쇠꼬챙이를 바닥에 평평하게 놓더니 구멍 안으로 조심스레 집어넣었다. 바닷가재가 수상한 낌새를 눈치채고 구멍으로 쑥 들어갔다. 그러자 월리가 쇠꼬챙이를 잽싸게 끌어당겼다. 낚싯바늘이 배에 박혀 있었다. 바닷가재가 이리저리 뒤척이자 월리가 다른 손으로 들어 올리더니 바늘을 빙 돌려서 머리 뒤쪽까지 뚫어 버렸다. 월리는 바닷가재를 자루에 넣고 한쪽 어깨에 걸쳤다.

늘 하는 일이라 그에게는 별일도 아니었겠지만 나는 잠수복도 입지 않은 채 다이빙한 터라 미칠 듯이 추웠다. 월리에게 'OK' 사인을 보내고 먼저 올라가겠다는 손짓을 했다. 월리가 '나중에 봐'라고 말하는 듯 고개를 끄덕였다. 1초라도 빨리 물 밖으로 나가고 싶었지만 감압 정지는 빼먹지 않았다.

공기통을 카누에 올려놓고 보트를 따라 헤엄쳐 가면서 바닷속을 빠져나왔다는 안도감을 느꼈다. 월리의 아들은 조심스럽게 노를 저으면서 물속을 주시했다. 카누에 있는 남자는 여기서 '도리맨'이라고 한다. 그의 임무는 다이버가 수면으로 내뿜는 공기 방울을 따라다니는 것이다. 쉬운 임무 같지만 그렇지 않다. 25분 뒤 수면으로 올라온 월리는 도리맨이 생각한 위치에서 100미터나 떨어져 있었다. 바람 한 점 없는 날이었는데도 말이다.

월리가 보트로 다가와 공기통을 아들에게 건넸다. 내 컴퓨터를 확인해 보니 월리는 45분 동안 물속에 있었다. 레저 다이빙이라면 수심 16미터에 부근에서 45분 정도 머무르는 것은 어느 정도 표준적이다. 올라오는 길에 감압 정지를 하고 물 밖에서 1시간 정도 쉬고 나면 비슷한 수심까지 다시 한 번 다이빙해도 안전하다. 그러고 나서 2시간 더 휴식을 취하면 다이빙을 한 번 더 할 수 있다. 하루에 세 번 이상 다이빙하거나 한 번에 1시간 이상 물속에 머무르는 것은 매우 위험하다. 이런 주의 사항을 말해 주려고 했지만 월리는 공기통만 바꾸고는 곧바로 물속으로 뛰

어들었다. 이번에도 머리가 먼저 들어갔다. 그리고 1시간 가까이 물속에서 나오지 않았다.

월리는 그날 열한 번을 다이빙했다. 감압 정지는 단 한 번도 하지 않았다. 감압 정지는 단 몇 분 만에 끝나는 간단한 일인데도 말이다. 아무도 월리에게 그게 왜 중요한지 설명해 주지 않았던 것이다. 월리는 하루에 열한 번씩 다이빙하면 치명적이라거나, 수심계 혹은 공기압 측정기를 사용하면 생존율을 높일 수 있다는 사실을 몰랐다. 그런 이야기를 들었더라도 그는 아마 지금처럼 했을 것이다. 그렇게 살아왔기 때문이다.

    해안가로 돌아와 보니 다이빙이 얼마나 위험한지 깨닫게 해 주는 것들이 여기저기 눈에 띄었다. 공식적인 이름은 푸에르토 카베사스, 마을 주민들은 빌위라고 하는 이곳은 니카라과의 카리브 해 해안선에 있는 항구 도시다. 카리브 해 지역의 전형적인 마을로, 물결 모양의 철제 지붕을 덮은 형형색색의 단층집과 하얀색으로 칠한 대형 교회 10여 채가 옹기종기 모여 있었다.

  나는 지인이자 현지인 통역 존 리베라 허드슨과 함께 마을을 돌아다녔다. 작고 마른 몸집에 머리가 벗어진 존은 노란색 티셔츠를 입었다. 티셔츠가 너무 커서 반바지를 덮는 것도 모자라 드레스처럼 보였다. 코 끝에는 철제 프레임으로 된 둥근 안경을 걸치고, 발에는 밝은 분홍색 고무 슬리퍼를 신었다. 내가 슬리퍼를 유심히 보자 그가 웃으며 말했다.

  "아내 겁니다. 저랑 사이즈가 같아요."

  마을 중심으로 나 있는 포장도로를 따라가던 중 눈에 띄게 다리를 저는 젊은 남자들을 여러 차례 지나쳤다. 시내 중심가의 공원에서 한 무리의 남자들이 낮은 담벼락에 걸터앉아 큰소리로 떠들어 댔다. 몇 명은 갈색 병에 든 맥주를 벌컥벌컥 마셨다. 여기까지는 특별할 것 없는 광경이었다. 그런데 그들 옆으로 목발이 쭉 늘어서 있었다.

  존이 아동용 경주용 자동차처럼 생긴 휠체어를 타고 다가오는 한 남자에게 알은체를 했다. 보스턴 레드삭스 티셔츠에 여윈 다리를 헐겁게 감싼 블랙 진을 입고 있었다. 그는 클레부스 톰슨이라고 자신을 소개했다. 휠체어는 클레부스가 손수 만든 것이었다. 바퀴가 셋 달린 나무 프레임 가운데에 뒷바퀴에 연결된 체인을 돌릴 수 있는 손잡이를 달아 놓았다. 그는 손잡이에 몸을 기대며 어쩌다 이 지경이 되었는지 설명해 주었다.

"12년 전쯤에 바닷가재 잡는다고 다이빙을 시작했는데 몇 년 못하고 병이 들었죠. 지금은 구걸하러 다닙니다. 그렇게라도 안 하면 먹고살 방법이 없어요."

클레부스는 심해 다이빙을 무리하게 반복한 대가를 치르고 있었다.

클레부스와 비슷한 처지에 놓인 젊은이가 4000명이 넘었다. 그나마 클레부스는 운이 좋은 편이다. 다이빙 때문에 매년 50명이 목숨을 잃는다. 이들은 모두 미스키토존으로 수백 년 전부터 이곳 해안에 거주해 온 토착 원주민이다. 영국 해적들이 이곳을 떠돌던 300년 전 빌위는 '브래그맨즈 블러프'로 알려졌다. 해적들은 미스키토 원주민들이 자신들에게 큰 도움을 줄 존재라는 걸 깨달았다. 이렇게 해서 서로에게 이득이 되는 교역을 하게 되었다. 미스키토족과 영국인은 1740년에 동맹 조약을 맺고 이후 100년 동안 밀접한 관계를 유지했다. 이 관계는 미국 독립 전쟁과 노예 무역이 이루어지던 시기까지 지속됐다. 이 지역 주민의 이름은 거의 영국식이다. 미스키토족 초대 왕부터 네 번째 왕까지의 이름은 제레미, 피터, 에드워드, 조지였다.

영국이 떠나고 한참 뒤, 미국 대기업 유나이티드 프루트가 이곳에 진출했다. 그리고 바나나와 목재를 수출해 수억 달러의 이윤을 남겼다. 하지만 풍토병이 퍼지면서 바나나로 돈을 버는 시대도 끝났다. 그 후 이 지역 사람들은 열대 우림 벌목으로 생계를 이어 갔다. 지난 50년 동안 155만 헥타르(서울 면적의 약 26배)에 달하는 산림이 벌목과 농업으로 손실되었다. 미스키토 지역의 산림 파괴에 대한 니카라과 환경 단체의 반발이 심해지자 니카라과 정부는 2006년 5월, 마호가니와 삼나무, 포초테, 소나무, 맹그로브, 케이폭 나무에 대해 10년간 벌채 및 수출 금지령을 내렸다. 이런 상황에서 바닷가재잡이는 마지막 남은 돈벌이 수단이었다.

chapter 2
중요한 일은 항상 비밀리에 이루어진다

　빌위에서 40킬로미터 떨어진 지점에 미스키토 제도라고 하는 암초가 많은 지역이 있다. 이 가운데 위플링이라는 곳에 윌리의 임시 거처가 있었다. 바다 밑바닥에 기둥을 박아 세운 허름한 판잣집이었다. 이런 집이 여섯 채 있었는데 멀리서 보면 바다 위에 떠 있는 수상 마을 같았다. 월리의 집에는 해먹이 3개 걸려 있었다. 하나는 월리가 잘 때 쓰고 나머지 2개는 10대 후반이 된 아들과 딸이 하나씩 썼다. 내가 갔을 때는 다이빙 하러 온 사람 5~6명이 머물고 있었다. 모두 본토에 있는 다키라에서 온 사람들이었다. 해안 마을 사람들은 바닷가재가 잡히는 9월부터 이듬해 5월까지 살던 집을 떠나 임시 거처가 있는 미스키토 제도로 나와서 생활한다.

　월리의 이웃집에는 도라라는 여성이 남편, 아들과 함께 머물고 있었다. 도라가 마루에 쭈그려 앉아 쳐 낸 생선 비늘을 모퉁이 너머 바다로 버렸다. 밝은 빛깔의 물고기 무리가 비늘 주위로 모여들었다. 도라가 생선을 손질하며 말했다.

"우리 아들은 여기로 나와 사는 걸 좋아해요. 남자들하고 어울리는 게 재밌나 봐요. 저는 여기보다는 육지에 있는 우리 집이 더 좋아요. 여기저기 걸어서 돌아다닐 수 있고 교회에도 갈 수 있으니까요."

대낮인데도 해먹은 비어 있을 틈이 없었다. 여기 사람들은 먹을 때를 빼고는 항상 누워 지낸다. 집 안에서 미스키토어로 재잘거리는 소리가 쉴 새 없이 흘러 나왔다. 월리는 숙소 바로 옆에 있는 별채에서 불을 지피고 있었다. 한쪽 구석에 놓인 반으로 자른 드럼통 위에다 가마솥을 얹고 무엇인가를 끓였는데 냄새가 지독했다. 중국에 수출하려고 잡은 해삼이었다. 마루 한가운데에는 포마이카로 도장한 1970년대 냉장고가 엎어져 있었다. 전기가 귀한 이곳에서 냉장고는 그저 식탁에 불과했다.

월리가 그곳에 머문 지 3주째가 되는 때였다. 집 한쪽 구석에 파란색 플라스틱으로 된 대형 냉동 탱크 두 대가 있었다. 하나에는 얼음이, 다른 하나에는 바닷가재가 가득 들어 있었다. 200킬로그램쯤 되는 바닷가재를 일주일 동안 보관한다고 했다. 반대편에서 잠수용 공기통 100개가 나뒹굴었다. 월리는 공기통 하나당 2.5달러(2800원)를 받고 다른 사람들에게 빌려 주었다. 대여료에는 원하는 곳까지 운반해 주는 비용도 포함되어 있다. 다이버들이 바닷가재를 잡아 오면 월리는 1킬로그램당 11달러(1만 2000원)에 사들였다. 천장에 식료품용 저울이 매달린 이유를 그때 알았다.

일주일에 한 번 빌위에서 배가 왔다. 월리는 그 배를 간단히 '회사'라고 했다. 그들은 신선한 얼음과 압축기용 디젤, 쌀이나 담배, 럼주 따위의 식료품 등을 내려놓고 바닷가재를 남김없이 가져갔다. 월리는 회사에 바닷가재를 1킬로그램당 16달러(1만 7000원)에 넘겼다. 바닷가재를 냉각하고 저장할 장비를 갖춘 사람이 윌리뿐이라서 그가 이 제도의 실질적인 보스였다. 그 덕에 윌리는 40퍼센트의 이윤을 남길 수 있었다.

간혹 다이빙이 아니라 그물로 잡은 바닷가재를 가져오는 사람들도 있었다. 윌리는 바닷가재를 어떻게 잡았는지는 따지지 않고 무조건 사들인다고 말했다. 어차피 회사가 모두 가져가니까 자기는 냉동 탱크만 채우면 된다는 것이었다. 어떤 방법이 더 좋은지 물었다.

"그물을 쓰는 사람은 별로 없어요. 바닷가재로 돈을 벌려면 직접 물속으로 들어가야죠."

나는 다이빙보다 그물을 쓰는 편이 훨씬 안전하니까 오래 일하려면 그물로 잡아야 하는 것 아니냐고 물었다. 윌리가 내 말을 듣고 웃으면서 고개를 저었다. 그물잡이로 바꾸고 싶어도 너무 비싸서 안 된다고 했다. 그물은 하나에 25~30달러(2만7000~3만3000원) 하는데 먹고살 만큼 벌려면 적어도 50개는 있어야 한다. 그는 이 지역 어부 중에서 비교적 잘사는 편인데도 그런 돈을 투자할 여력은 없다며 한숨을 쉬었다.

윌리의 바닷가재를 사들이는 '회사'는 바닷가재 가공 업체 중 하나다. 빌위에는 이런 가공 업체가 일곱 군데 있다. 빌위 주변 바다를 돌며 바닷가재를 모아다가 '레드 랍스터 컴퍼니' 같은 대형 레스토랑 체인에 넘긴다. 바닷가재는 비싸고 수요가 많아서 시장 규모가 크다. 비교적 부유한 사람들이 주요 고객이므로 그들에게 좋은 이미지를 심기 위해 미국 바닷가재 업체들은 기업의 사회적 책임을 매우 강조한다. 레드 랍스터 컴퍼니를 운영하는 초대형 외식 업체 다든이 자신을 어떻게 소개하는지 보라.

> 1800여 개 레스토랑을 운영하는 저희 다든은 매년 70억 달러(7조 7000억 원) 이상의 매출을 기록하는 미국 최고의 레스토랑 체인입니다. 항상 고객을 생각하고, 고객의 기대에 부응하는 기업 문화로 널리 인정받고 있습니다.

바닷가재를 잡기 위한 다이빙이 매우 위험하며, 다이버가 부상당하거나 목숨을 잃을 확률이 매우 높다는 것을 이런 기업들이 모를 리 없다. 그런데 니카라과에서 바닷가재를 수입하는 미국 기업들은 대부분 바닷가재가 어떻게 잡히는지 모른다고 주장한다. 그물로 잡든 다이빙으로 잡든 바닷가재 모양은 똑같다. 어떻게 잡았는지 알려 주는 스티커가 붙어 있지도 않다. 바닷가재가 일단 월리의 푸른색 대형 냉각기에 들어가고 나면 판단할 방법이 없다. 그러니 그들이 모른다고 해도 딱히 할 말은 없다.

이제 미스키토에 세습 군주는 없다. 그들의 새로운 지도자는 헥터 윌리엄스 목사다. 그는 위타-타라(Whita-Tara), 즉 위대한 판사로 불린다. 땅딸막한 체격에 연필처럼 가는 콧수염을 달고, 왕관과 망토가 아닌 말쑥한 회색 바지와 하얀 면화 셔츠를 입는 지도자다. 그가 집 밖에서 나를 따뜻하게 맞아 주었다. 방문객이 저 멀리 런던에서 날아왔다는 이야기를 듣고 헥터가 활짝 웃어 보였다.

"영국인이 우리의 첫 번째 조상이죠. 미국인이 두 번째고요."

2009년 4월 13일, 미스키토 386개 공동체의 원로들이 한자리에 모여 지도자를 선출했다. 총 1400명이 투표에 참여했다. 투표는 철저히 공개적으로 진행되었다. 후보 3명이 앞쪽 연단에 앉아 있으면 원로가 한 사람씩 나와 선호하는 후보 앞에 서는 방식이었다. 참석자 과반수가 헥터 윌리엄스 앞에 섰다. 그가 미스키토의 지도자로 선출되었다.

당시 니카라과는 독재자 소모사 정권을 몰아낸 산디니스타 해방 전선(FSLN) 지도자였던 다니엘 오르테가가 재선에 성공해 대통령직을 수행하고 있었다. 헥터가 행한 첫 번째 행동은 산디니스타 정부로부터 독립을 선포하는 것이었다.

미스키토의 자원에서 나오는 세금에 대해 잠재적 통제권을 쥐게 된 헥터는 무엇을 우선순위로 둘지 주저하지 않았다.

"우리에겐 병원과 의사, 간호사가 필요합니다. 그러나 그보다 먼저, 사람들이 굶주리고 있습니다. 이것이 더 시급합니다. 여기 사람들은 바닷가재를 사서 먹을 형편이 안 돼요. 바닷가재는 곧장 마이애미로 가죠. 바닷가재를 잡는 다이버들이 벌이가 시원치 않다 보니 가족들 먹일 음식을 살 형편이 빠듯합니다."

무수한 생선과 바닷가재가 잡히는 지구에서 가장 풍족한 해안에 사는 사람들이 굶주려야 한다는 사실이 놀랍기만 했다.

지난해 빌위의 다이버들은 소득이 계속 줄어 기본적인 생계를 유지하는 것도 어려워지자 집단행동에 나서기도 했다. 헥터가 깊이 한숨을 쉬며 말을 이었다.

"저희가 참다 참다 보름 동안 파업을 해 봤습니다. 그런데 씨알도 안 먹혔지요. 회사가 한발도 물러서지 않아서 다들 어쩔 수 없이 복귀했어요. 파산하고 굶주린 사람들이 한둘이 아니었습니다. 회사는 그것도 모자라 구매 가격을 깎았습니다."

헥터는 마이애미의 거대 기업만이 구매 가격을 인상해 줄 수 있다고 믿었다.

"그들은 충분히 할 수 있어요. 물론입니다. 그런데 이걸 알아야 해요. 니카라과에서는 모든 일이 '바호 델라 메사(비밀리에)' 이루어지죠."

30미터짜리 배 프로마호에서 단 며칠을 보냈을 뿐인데도 매일매일 판에 박힌 일을 하는 것이 얼마나 고된지 절실히 느껴졌다. 하얀 선체에는 배기가스의 잿빛 그을음이 덕지덕지 묻어 있었다. 60명이 배에 올랐다. 다이버와 도리맨이 각각 26명씩 있었고, 여기에 선원 6명과 요리사, 선장이 함께했다. 땅딸막한 체구에 콧수염이 덥수룩하게 난 온두라스 출신 선장이 형식적인 악수를 건넸다. 여권을 확인하더니 승선을 환영한다고 말했다.

배에는 다이빙 도구가 갖춰져 있었다. 갑판 양쪽으로 공기통 150개를 가득 채울 만한 압축기 두 대가 더러운 카누 더미 옆에 고정되어 있었다. 배는 열흘 동안 항해할 예정이었다. 그중 8일 동안 잠수 작업을 해야 한다. 첫째 날부터 바닷가재를 잡을 수 있는 심해로 나갔다.

프로마호의 작업 환경은 미스키토 제도에서 본 월리의 환경보다도 훨씬 열악했다. 작업은 하루에 두 번, 아침과 오후로 나눠 진행한다. 도리맨이 공기통을 채우고 카누를 대기시켰다. 그동안 선장은 GPS를 이용해 수심 40미터의 경로를 따라 항해했다. 일정한 간격을 두고 카누를 바다에 내리면 도리맨이 그 위로 뛰어올라 공기통 넉 대를 건네받고 바닥에 내려놓았다. 도리맨이 준비를 마치면 다이버가 올라타서 노를 저었다. 월리가 그랬듯이 기본적인 장비를 갖추고 수면 밑으로 사라지기까지 단 몇 초밖에 걸리지 않았다.

다이버들에게 수심계가 없기 때문에 그들은 얼마나 깊이 왔는지 정확히 알 수 없었다. 일부 미국의 바닷가재잡이와 관련된 기업들은 그물로 잡은 바닷가재만 구매할 수는 없다고 시인하면서도 '오직 얕은 바다에 뛰어내려 손으로 잡은 바닷가재만 사들인다'고 주장한다. 그들은 여기서 1500킬로미터나 떨어진 곳에 있는데 다이버들이 얼마나 깊이 잠수하는지 무슨 수로 안단 말인가? 다이버 스스로도 자신이 어디까지 잠수하고 있는지 모른다.

모든 다이버가 해협의 바닥 근처까지 가 보았다고 말했다. 배의 GPS를 보면 적어도 수심 30~40미터까지 내려간 것이 틀림없었다. 오전 작업이 끝나면 작업할 때마다 그 정도 깊이를 네댓 번씩 오르내렸다. 오전 작업이 끝나면 생선과 밥으로 점심을 먹고 잠깐 휴식을 취한 뒤 오후 작업을 시작했다. 다이버 한 사람이 하루에 30미터 깊이를 총 열 번씩 왕복한다. 배에 탄 다이버 중에 가장 어린 사람은 열다섯 살이었다.

젊은이들은 회사가 식사에다 공기통 비용까지 대 주고 있으므로 자신들이 제도 다이버들보다 더 낫다고 생각했다. 에수에라에서 온 열일곱 살짜리 소년 에두아르도는 '최소한 굶지는 않는다'고 말했다. 하지만 그러다가 망가지는 몸은 어떻게 한단 말인가?

"일하러 갔다가 다친 적은 한 번도 없어요. 그런데 한 형이 다리가 아프대요. 저기 보이세요? 발을 절고 있잖아요."

소년이 가리키는 곳을 따라 위쪽 갑판을 바라보니 젊은 남자가 오른쪽 다리를 절고 있었다. 감압병(잠수병)에 걸린 것이 분명했다. 그 남자는 고통스러워하면서도 매일 물속으로 뛰어들었다.

배에 탄 모든 사람이 다이버는 아니다. 어니스토는 배에서 일하는 선원이었다. 그가 '많이' 라는 단어를 카리브 해 식으로 길게 늘여 빼며 말했다.

"여기서는 젊은 애들이 너도나도 다이버를 하려고 해요. 그래야 돈을 더 많이 버니까요. 하지만 압력 문제 때문에 오래 못해요. 죽지 않으면 몸이 망가지거든요."

그가 손목을 뒤틀어 보이며 경련이 일어나는 흉내를 냈다.

"돈은 좀 못 벌어도 선원이 훨씬 낫죠. 더 오래 살고."

어니스토가 사악하게 웃었다. 많아야 스무 살로 보이는데 눈빛이 어두웠다. 그 나이에 벌써 고통스러운 광경을 수도 없이 목격한 모양이었다. 어니스토가 목소리를 낮춰서 계속 말을 이었다.

"이번 주에 있었던 일이에요. 우리는 블루필드에서 해안을 따라 올라가고 있었어요. 선장님이 다른 배에서 보내는 무선 통신을 받았어요. 그 사람들에게 문제가 생겼다고 해서 우리도 다이빙을 안 하고 그냥 돌아갔죠. 블루필드에서 온 한 소년 다이버가 수심 45미터 부근에 있다가 올라왔는데 온통 피투성이였던 거예요. 코랑 귀에서 피가 막 쏟아졌어요. 그 사람을 도리선으로 끌어올렸는데 피를 어찌나 쏟았는지 도리선이 금세 피바다가 됐어요. 오래 안 걸렸어요. 금방 죽었으니까요. 우리 모두 그 애를 잘 알아요. 안토니오였어요. 안토니오 윌리스."

허리케인을 두려워하기는 제도 사람들이나 배에 탄 사람들이나 마찬가지였다. 다이버 26명이 모두 물속에 들어간 상황에서 돌풍이나 폭풍이 몰아치면 대혼란이 일어난다. 어니스토도 이런 광경을 본 적이 있다고 했다.

"많이 봤죠. 비가 오는데 도리맨이 다이버를 찾을 수가 없는 거예요. 놓친 거죠."

그 말을 듣고 깜짝 놀랐다. 바다 한가운데에서 오도 가도 못하게 되었는데 배까지 찾을 수 없다면, 생각만 해도 끔찍할 것이다. 영화 〈오픈 워터〉에 이런 장면이 나오는데 여기 사람들에게는 일상이었다.

"다이버를 놓치면 그 사람들은 어떻게 되지?"

"바닥으로 가라앉아요. 수도 없이 봤어요."

그렇게 말하면서 어니스토는 다시 한 번 휘둥그레 눈을 뜨고 고개를 끄덕였다.

프로마호가 부두에 닿자 가방을 든 다이버들이 배에서 내려 부두 끝으로 향했다. 여자들이 반가운 얼굴로 그들을 맞았다. 재잘거리는 소리가 멀리까지 들렸다. 처음에는 저 여인들이 몇 주 동안 바다에서 지낸 젊은 남자들을 상대하는 매춘부일 것으로 짐작했다. 그런데 내 짐작과는 달리 여자들이 남자들에게 돈을 줬다.

무리 중에 마흔 살쯤 되어 보이는 알베르티나라는 한 여인이 있었다. 지저분해 보이는 회갈색 에이라인 스커트에 빛바랜 분홍색 조끼를 입고, 액세서리 하나 걸치지 않은 채 낡은 플립플롭(일명 조리)을 신었으며, 머리는 말끔하게 뒤로 묶었다. 그 모습이 묘하게 매력적이었다.

여인 몇 명이 남자들 사이를 왔다 갔다 하더니 알베르티나에게 돌아가 정보를 건넸다. 알베르티나는 쩌렁쩌렁한 목소리로 지시를 내리면서 여인들을 하나하나 가리켜 돈을 건네기 시작했다. 그러던 중 갑자기 군중 속을 빠져나와 다이버 한 사람에게 다가갔다. 조용하지만 단호한 목소리로 그를 다그쳤다. 남자는 어떻게든 상황을 모면하려고 했지만 알베르티나가 그를 놔주지 않고, 나무 가판대 근처의 으슥한 구석까지 몰아넣었다. 그제야 남자가 가방을 건넸다. 자초지종을 몰랐다면 마약 거래 현장이라고 해도 믿었을 것이다.

알베르티나의 남편도 다이버였다. 10년 전 남편을 잃고 홀로 남은 그녀는 세 아이를 혼자 힘으로 돌봐야 했다. 의지할 만한 사회 복지 제도가 없어서 스스로 돈을 벌어야 했다. 그녀는 바닷가재 시장의 틈새시장을 뚫었다. 일종의 여성 협동조합을 이끌면서 돈을 벌 기회를 발견했다.

선장들은 작업이 끝나면 집으로 돌아가는 다이버들에게 바닷가재 몇 마리를 챙겨 주는 것이 관례다. 이 바닷가재는 아빠의 무사 귀환을 기념하는 가족들의 저녁상에 오르곤 했다. 하지만 요즘은 바닷가재 가격이 너무 올라 니카라과인들이 감당 못할 사치가 되었다.

바다에서 14일을 보내고 돌아온 남자들은 곧장 술집으로 달려가고 싶어 몸이 근질근질했겠지만, 선장이 도시로 나가 바닷가재를 팔아야 그들도 돈을 받는다. 사나흘을 기다려야 하는 때도 있었다. 다이버들이 수당으로 받은 바닷가재를 회사에 직접 가져다 팔면 하루 일찍 돈을 받을 수는 있다. 문제는 지금 당장 맥주를 마시고 싶다는 것이었다. 이 틈새를 알베르티나가 개척했다.

빌위의 여성들이 다이버의 딜레마를 이용할 방법을 고안해 냈다. 다이버들은 선장에게서 1킬로그램당 150코르도바(2만 원) 정도 받고, 선장은 가공 회사로부터 1킬로그램당 280~330코르도바(3만1000~3만6000원)를 받는다. 회사는 바닷가자를 어디서 구했든 별로 관심이 없으니 중간 상인이 끼어들 여지는 충분했다. 알베르티나 일당은 배가 들어올 때마다 부두로 나가 다이버가 받은 바닷가재를 가능한 한 많이 확보해 1킬로그램당 220코르도바(2만4000원)에 구매했다. 그런 뒤 회사에 팔아넘겨

30~50퍼센트의 짭짤한 이익을 남겼다.

다이버들도 이 방식을 좋아했다. 심지어 떠나기 전에 선금을 받는 이들도 있었다. 방금 알베르티나가 한바탕 소동을 벌인 이유도 그 남자가 선금을 받아 놓고 약속을 어기려고 했기 때문이었다. 알베르티나는 과부인 자신의 처지를 생각하면 당신이 아비 없는 아이들을 등쳐 먹은 것이나 마찬가지다, 당신 하나로 동네 전체가 얼마나 고통을 받는지 아느냐며 따져서 약속대로 물건을 받아 낸 것이었다.

chapter 3
치명적인 일확천금의 유혹

 모든 사람이 힘든 나날을 보내고 있는 것은 아니었다. 늦은 밤까지 월리 가족과 시간을 보냈는데 월리가 식량이 모자라 해안으로 돌아가야 한다고 말했다. 월리는 제도에 더 오래 머물고 싶어 했지만, 어제 빌위에서 압축기용 디젤을 싣고 찾아온 회사 배가 쌀이나 담배를 넉넉히 가져오지 않아서 어쩔 수 없다고 했다. 나도 그 참에 배를 얻어 타고 본토로 돌아가겠다고 했다. 월리는 빌위로 갈 일이 없어 온두라스 국경으로 향하는 샌디 베이에 내려 주겠다고 했다. 거기서 차를 얻어 타면 집으로 돌아갈 수 있을 거라고 일러 주었다.
 바람이 뒤에서 불어오니 해안으로 나가는 길은 들어올 때보다 훨씬 수월했다. 월리는 보트 뒤에 몸을 기대고 부드럽게 키를 조종했다. 이 뱃길은 남아메리카에서 미국으로 건너가는 코카인 밀매상이 주로 다니는 경로인데, 미국에 도달하는 코카인은 대부분 이곳을 거친다. 미스키토 사람들은 이 모터보트를 '쾌속 보트'라고 한다. 보트에는 코카인을 한 번에 2톤(1억~2억 2000만 원어치)씩 실을 수 있다고 한다.

콜롬비아를 출발해 니카라과를 통과하는 쾌속 보트는 매년 수백 정에 달한다. 이 보트는 60노트(시속 110킬로미터)의 속도로 운항한다. 이는 니카라과 해군 소속 순시선의 최고 속도를 한참 뛰어넘는 수준이다. 그래서 미국 해군이 이곳 영해를 순찰하는 임무를 대신 맡고 있다.

미스키토인 대부분은 이러한 마약과의 전쟁을 기회로 본다. 쾌속 보트에 기름을 넣어 주거나 미국 순시선에 쫓기는 밀매상에게 은신처를 제공하고 사례를 받기 때문이다. 미스키토인이라면 누구나 '흰 바닷가재'를 찾아 큰돈을 번 사람을 한 명씩은 알고 있다. 쾌속 보트로도 순시선을 따돌리지 못하면 밀매상은 코카인을 25킬로그램짜리 방수 자루에 싸서 바다에 버린다. 증거를 없애는 동시에 배의 무게를 줄여 빠르게 도망가기 위해서다. 일주일에 두 번꼴로 해류에 떠밀린 코카인 자루가 해안에 당도한다. 이 자루를 발견하는 것은 복권 당첨과 맞먹는 횡재다. 자루의 가격은 최소 7만 5000달러(8300만 원)다. 니카라과 5500만 인구 중 절반이 하루에 1달러(1100원)가 채 안 되는 돈으로 살아간다. 서반구에서 아이티 다음으로 가난한 미스키토 사람들에게는 그야말로 엄청난 돈이다.

바닷가에서 주운 코카인 덕분에 벼락부자가 된 어부들 이야기는 이 해안의 전설이 되었다. 내가 만난 미스키토인들은 모두 떼돈을 벌어서 자신의 몫까지 챙겨 주었다는 형이나 삼촌, 사촌이 한 사람씩은 있었다. 그들이 입을 모아 말하는 전설적인 장소가 바로 지금 내가 가는 곳인 샌디 베이라는 작은 섬이다. 이 마을은 얼마전까지만 해도 나무 오두막과 트랜지스터라디오 일색이었지만 지금은 튼튼한 벽돌집에 위성 안테나와 대형 텔레비전이 즐비한 곳으로 변했다.

샌디 베이는 코카인으로 번 돈을 바탕으로 자체적인 개발 프로젝트를 진행했다. 그 덕분에 새집과 학교, 교회가 들어섰다. 이것은 마약 거래가 야기한 여러 가지 모순 중 하나에 불과하다. 코카인은 심각한 사회적 문제를 일으켰지만, 동시에 부 역시 가져다주었다. 다른 경제적 기회가 전혀 없는 상황에서 코카인 무역이 경제 발전의 원천이 되었다.

빌위에서 온 전도사, 카를로스 코핀은 샌디 베이의 미스키토 지역 사회를 위해 일하고 있었다. 그에게 코카인이 정부보다 지역 사회 발전에 더 도움이 되었다고 생각하는지 물었다.

"그건 물어보나 마나죠. 당연히 코카인이 정치인들보다 훨씬 더 많은 도움이 됐습니다. 안타깝지만 마약이 큰 공을 세운 것이 사실이에요. 저 아름다운 집들을 보세요. 다 마약으로 지은 겁니다. 이건 세금과 같습니다. 학교나 교회는 정부가 세워 주지 않았어요. 다 어부들이 주운 물건에서 난 돈으로 지은 거죠. 마약에서 번 돈으로 학교도 세우고 교회 지붕도 바꿨습니다. 여기 목사들은 마약을 판 돈에서 자기 몫을 못 받으면 성을 냅니다. 신자 한 사람이 15킬로그램짜리를 발견한다고 칩시다. 1킬로그램에 3500달러(388만 원)쯤 하니까 15를 곱하면 5만 2500달러(5820만 원)잖아요. 목사들은 여기에 십일조(10퍼센트)를 요구합니다. '신께서 주신 5250달러(582만 원)는 어디에 있는가?' 이러면서요."

빌위 부두는 니카라과가 바나나 수출국이던 시절에 유나이티드 프루트가 지었다. 이 기업은 막강한 영향력을 행사하면서 정부의 의사 진행을 방해하고 통제했다. 어마어마한 땅을 사들여 미국 시장을 겨냥한 바나나를 심고, 농장과 부두를 잇는 철도도 놓았다. 유나이티드 프루트는 수년 전에 사업을 중단했지만, 미스키토와 관계가 워낙 긴밀하다 보니 얼마 전 허리케인이 닥쳤을 때 빌위 병원에 5만 달러를 기부했다. 예전의 부두는 바다까지 위풍당당하게 수킬로미터 가까이 쭉 뻗어 있었지만 연이어 닥친 허리케인, 특히 2007년의 허리케인 펠릭스가 입힌 피해로 많은 부분이 깎여 나가서 이제는 몇 백 미터밖에 남지 않았다. 이곳을 드나드는 선박은 프로마호처럼 낡은 배와 이따금 찾아오는 화물선뿐이었다.

캡틴 D호도 이런 화물선 중 하나다. 이 배는 1942년식 미국 해안 경비선을 개조한 것으로, 냉동 바닷가재 꼬리와 목재를 빌위에서 라마 해안을 따라 국제 항구까지 운반한다. 노먼 다운스 선장이 나를 태워 주었다. 노먼은 산디니스타의 정권 탈취 전쟁 후 플로리다로 망명했기 때문에 영어를 꽤 잘했다. 그는 산디니스타 정부가 불법 징발한 자신의 재산을 되찾기 위해 1990년에 니카라과로 돌아왔다. 해안을 따라 선박을 운행하며 새 삶을 시작했다. 노먼은 자신의 낡은 배가 다른 어떤 신형 배보다 훨씬 좋은 '강철'로 만들어졌다고 자랑했다. 노먼은 이 해변의 바닷가재 산업에서 잔뼈가 굵은 사람이었다. 1960년대에 신선도를 유지하기 위해 바닷가재 꼬리를 냉각시켜 수출하는 방법을 처음으로 고안해 낸 사람이 그였다. 그 전까지는 날것을 미국까지 그대로 운반해야 했다. 당시 노먼은 대규모 수출 선단을 거느렸다고 말했다.

"돈도 많이 벌었어요. 1킬로그램당 37달러(4만 1000원) 할 때였으니까 돈을 쓸어 담았죠."

노먼에게 그때 이후로 미국 레스토랑의 바닷가재 가격은 많이 뛰어올랐지만 다이버에게 돌아가는 돈은 거의 변하지 않았다고 지적했다.

"중간에서 누군가 꽤 벌었겠지, 뭐."

그가 유감스럽다는 듯 눈썹을 찡그리며 대꾸했다.

노먼이 돌아온 뒤 아르놀드 알레만의 새로운 자유당 정부에서 그에게 수산부 장관직을 권했다. 기회를 잡은 노먼은 경험과 아이디어를 겸비한 수장이 되었다.

"취임 첫날 우리가 해야 할 일이 세 가지 있다고 말했지요. 첫째, 우리 영해에서 온두라스 선박의 바닷가재 어업을 금할 것. 둘째, 자원 축적을 위해 3년간 전체 어업을 금할 것. 셋째, 바닷가재를 잡겠다고 소년들을 사지로 내모는 이 정신 나간 사업을 중단하고 통발만 사용할 것. 그런데 어떻게 된 줄 압니까? 중앙 정부에선 조금도 좋아하지 않더군요. 결국 그렇게 3일 버티다가 쫓겨났죠."

정부는 이 정책 때문에 미국 기업의 심기가 불편해질지 모른다며 겁을 냈다고 했다.

노먼의 배는 쓰러져 가는 빌위 부두를 이용하는 몇 안 되는 선박 중에서 가장 컸다. 정부는 이 부두를 재건하는 대신 해안 아래쪽 라마 지역에 국제 항구를 짓고, 빌위 부두에서 가장 큰 캡틴 D호에 두 항구를 잇는 연락선 역할을 맡겼다. 내가 탔을 때 캡틴 D호는 빌위의 카로디 기업에서 보낸 바닷가자를 목요일 아침 마이애미로 떠나는 화물선까지 운반하는 일을 맡고 있었다. 수요일까지 라마에 도착해야 했다. 마이애미행 선박에는 미스키토 제도부터 빌위와 블루필즈, 콘 아일랜드에 이르는 해안 전역에서 잡은 바닷가재가 모두 모여들었다.

노먼의 분석과 생각은 논리 정연했다. 노먼은 미스키토의 젊은 남성들이 집단으로 부상을 입는 것은 부당하다고 믿었다. 이상적인 세계였다면 바닷가재를 통발로 잡는 움직임이 대대적으로 일어나고, 자원 축적을 위해 모든 어업을 중단했을 것이다. 그러나 현실에서 그나마 실현 가능한 방법은 심해 다이빙의 위험을 줄이는 일이다. 다이버들이 안전하게 일할 수 있도록 적절한 예방책과 안전 기술을 가르쳐 주어야 한다. 그러면 부상도 최소화할 수 있다. 문제는 장비 설치와 교육에도 돈이 든다는 사실이다. 이 돈을 누가 댈 것인가?

노먼은 니카라과 정부에 손을 벌리는 것은 비현실적이라고 생각했다. 이 공급망에서 가장 강력한 축은 니카라과 정부가 아니라, 미국 레스토랑과 해산물 기업이다. 그들이야말로 다이버들의 작업 환경에 가장 큰 변화를 몰고 올 수 있는 존재다. 많은 기업이 공정한 거래와 사회적 책임을 위해 노력하겠다고 선언한다. 그들이 이렇게 말하는 것은 진심에서 우러나온 선의 때문이다. 그런데 여기에는 사업적인 이유도 깔려 있다. 노골적으로 말해 '윤리적'인 것이 잘 팔리기 때문이다. 예를 들어 레드 랍스터 컴퍼니의 메뉴판에는 자사가 수백만 달러를 투자해 해양 보존에 힘쓰고 있으니 고객님 앞에 놓인 음식은 맛도 훌륭할 뿐 아니라 기분까지 좋게 해 준다는 자랑스러운 문구가 실려 있다. 그러나 메뉴판 어디에도 니카라과 다이버에 대한 이야기는 없다. 공급망의 이런 어두운 면에 대해 묻자 다든(레드 랍스터 컴퍼니의 모회사)의 구매 및 조달 부서 상무, 빌 허지그가 이렇게 응수했다.

"저희 상품 설명서에는 다이빙을 해서 포획한 바닷가재를 구매하지 않을 것이라고 분명히 언급되어 있습니다. 저희는 지속 가능한 방법으로 수확한 바닷가재만 취급합니다."

비참하게도 미스키토의 다이버들은 이중 사고의 덫에 갇혀 있다.

'우리는 심해 다이빙으로 수확한 바닷가재가 나쁘다는 것을 알고 있다. 그래서 우리는 바닷가재를 잠수해서 잡았다는 사실을 알고도 구매한 적은 없다.' 이 논리는 이렇게도 풀이할 수 있다.

'우리는 바닷가재 수확 방법을 일일이 확인하고 구매한 적 없으니 해결할 문제가 없다.'

그러나 이것은 입증할 수 있는 엄연한 사실이다. 세계 야생 생물 기금(WWF)의 감사 결과, 생명을 위협하는 심해 다이빙으로 잡은 바닷가재가 전체 유통량의 50퍼센트가 넘는다고 한다. 통계적으로 봐도 이 바닷가재가 '윤리적인' 미국 기업의 상품 진열대나 메뉴에 오르고 있다는 것은 명백한 사실이다. 바닷가재가 한번 포장되어 운반되고 나면 그것이 어떻게 잡혔는지 파악할 길이 없기에 문제가 되지 않을 뿐이다.

이것은 기업의 사회적 책임에 내재한 전형적인 결점의 일부분이다. 기업들이 사회적 책임을 중시하면서 몇몇 문제는 분명히 나아졌다. 기업은 이를 통해 경쟁 우위를 얻었다. 그러나 아직도 많은 문제가 무시당한 채 그대로 남아 있다. 미스키토 다이버 문제는 간단하고 현실적인 해결책이 있기 때문에 비교적 적은 비용으로 문제를 해결할 수 있다. 하지만 그 전까지 다이버들은 마약이 담긴 자루를 찾아다닐 것이다.

PART 2
영국

공정 무역으로
돈을 버는 사람은
따로 있다

"우리는 마케팅이 필요했고, 공정 무역 재단은 소비자들에게 내세울 수 있는 상품이 필요했죠. '여기 확실한 공정 무역 제품이 있습니다. 사세요!' 라고 말이죠. 그들 덕분에 돈을 많이 번 건 사실입니다. 그들도 마찬가지였죠. 그런데 얼마 지나지 않아 사이가 틀어졌습니다. 그쪽에서 로고 사용료를 너무 많이 요구했습니다. 그 규정이 말도 안 되는 것이었어요. 처음엔 2퍼센트라고 했다가, 좀 있다가 3퍼센트, 또 금방 4퍼센트를 달라고 했습니다. 얼굴이 어떻게 그리 확 변하는지."

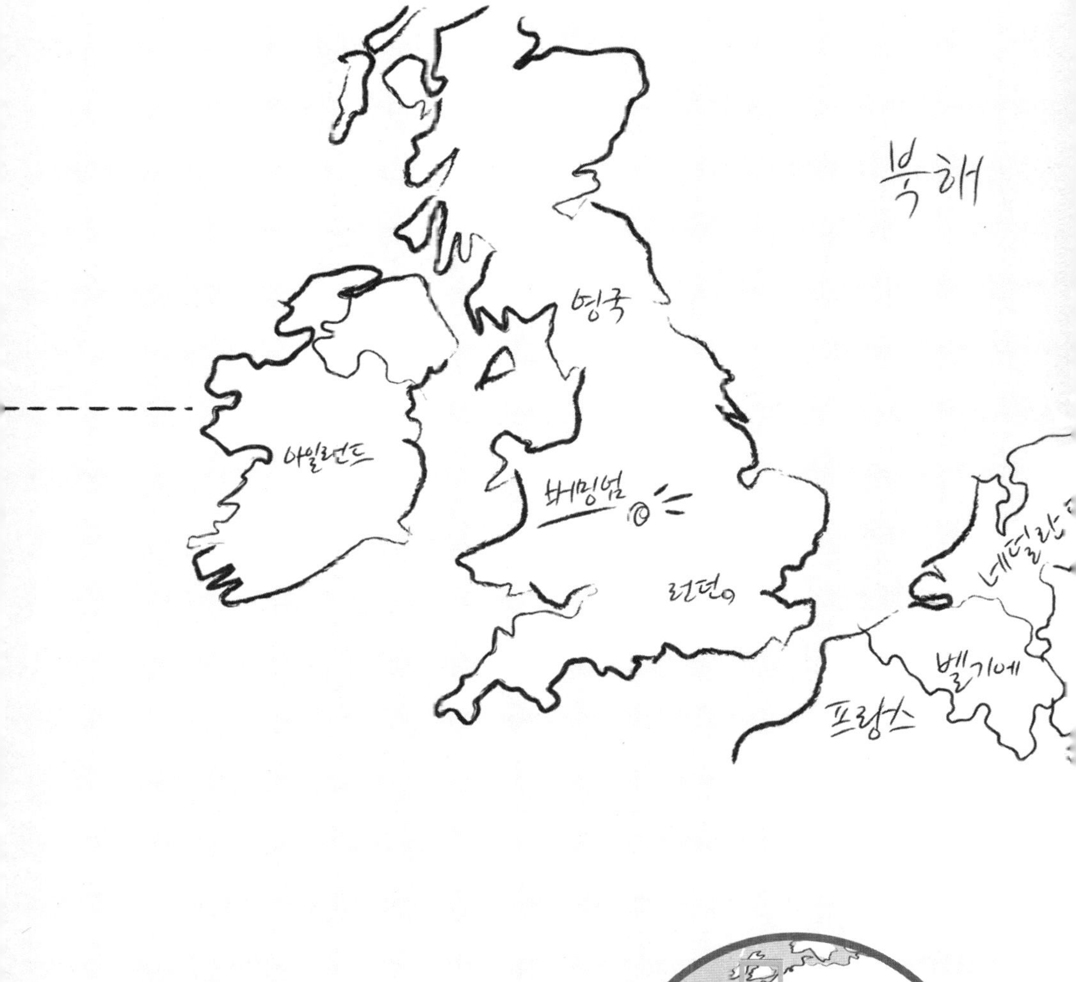

북해

영국

아일랜드

버밍엄

런던

네덜란드

벨기에

프랑스

영국 United Kingdom

- 위치 | 유럽 서북부
- 면적 | 24만 2900㎢(80위)
- 인구 | 6226만 2000명(22위)
- 수도 | 런던 London
- 국내 총생산 | 2조 2502억 900만 달러(6위)
- 1인당 총생산 | 3만 9604달러(22위)
- 화폐 단위 | 파운드스털링 pound sterling

chapter 4
맥도날드의 영리한 공정 무역 사용법

영국 맥도날드 본사는 왜 사옥을 런던 북부의 한산한 변두리인 이스트 핀칠리로 옮겼을까? 사소한 의문이지만 너무 궁금해서 맥도날드의 영국 공급망 책임자인 딘 매케나를 만났을 때 맨 먼저 물어보았다. 그는 이전 담당자가 이 근처에 살았던 것 같다면서 대수롭지 않다는 듯 대답했다.

런던에서 집 근처에 사무실이 있다는 것은 매우 편리한 일이다. 최고의 명성을 누리는 기업이 아닌 이상, 도심 한가운데에서 멀리 떨어진 평범한 건물에 사무실을 두는 것도 꽤 좋은 방법이라고 생각한다. 맥도날드가 환경 운동과 관련해 곤욕을 치를 때가 있었다. 그때 시위대의 거센 항의를 받았는데, 만약 사무실이 이스트 핀칠리에 있었으면 그런 굴욕은 피할 수 있지 않았을까 하는 생각이 들었다.

2005년에 맥도날드와 그린피스 소속 환경 운동가인 스틸과 모리스 사이에서 벌어진 소송의 최종 판결이 나왔다. 장장 20년을 끈 소송이었다. 그린피스 운동가인 스틸과 모리스는 맥도날드가 열대 우림을 파괴하고 동물을 학대하며 노동자와 아동을 착취했다는 전단을 배포했다. 맥도날드는 이에 대해 명예 훼손 소송을 제기했고, 그에 맞서 그린피스의 항소가 끝없이 이어지면서 이 사건은 영국 법조계 역사상 가장 오랫동안 진행된 재판이 되었다. 결국은 맥도날드가 승소했지만, 기업 이미지는 이미 무너질 대로 무너진 뒤였다. 맥도날드로서는 그야말로 대재앙이었다.

이후 맥도날드는 발 빠르게 움직였다. 스타벅스와 네슬레가 비정부 기구의 반대 운동의 영향으로 윤리적 상품을 제품 목록에 추가했듯이, 맥도날드도 비슷하게 대응했다. 매장 외관과 메뉴를 대대적으로 바꿨고, 샐러드를 추가하고 유기농 재료를 사용하기 시작했다. 맥도날드는 지난 4년간 건강하고, 신선하고, 친환경적인 이미지를 만들기 위한 노력을 아끼지 않았다. 사용하는 모든 소고기를 영국과 아일랜드 현지 농부로부터 조달하고, 방목으로 기른 닭이 낳은 달걀을 사용하며, 셰이크용 우유도 유기농 제품만 쓴다. 또한 커피 제조 방식도 바꿔서 스타벅스나 네로 등 인기 있는 커피 전문점 품질에 버금가는 라테와 카푸치노를 제공했다.

"맥도날드가 새로운 것을 받아들이는 속도는 느릴지 몰라도, 한번 시작한 일에는 100퍼센트 올인 합니다. 그 전에는 필터 커피밖에 없었습니다. 그러다 보니 매장마다 맛도 다르고, 품질이 형편없었습니다."

딘이 웃으며 말했다. 그는 현장 경험이 풍부한 관리자였다.

맥도날드는 커피의 품질을 높이는 데 아주 많은 공을 들였다. 그즈음인 2005년, 맥도날드는 세계 2대 식품 기업인 크래프트 푸드와 합의해 커피를 더 윤리적인 공급원에서 사들이기로 했다. 2007년부터 맥도날드에서 판매되는 모든 커피는 열대 우림 동맹의 인증을 받은 남아메리카 농장에서 들여왔다. 이것은 그야말로 획기적인 전환이었다.

앙증맞은 청개구리를 마스코트로 쓰는 열대 우림 동맹은 1980년대 후반에 설립된 비정부 기구다. 뉴욕에 거점을 두고 농부와 다국적 기업, 소규모 협동 농장과 함께 활동한다. 이 단체는 이름이 말해 주듯이 열대 우림과 환경의 지속 가능성에 초점을 맞추고 있다. 수입은 대부분 기부금에서 나온다. 최대 기부자는 빌 게이츠와 멜린다 게이츠가 설립한 세계에서 가장 큰 민간 재단인 빌 & 멜린다 게이츠 재단이다. 열대 우림 동맹에서는 산림업과 농업, 관광업의 지속 가능성을 목표로 한 몇 가지 프로그램을 운영한다. 그중 하나가 '스마트우드'라는 이름의 지속 가능한 산림업 프로젝트다. 환경적·사회적 책임을 다하는 산림업을 장려하는 이 프로젝트는 그린피스로부터 최고의 계획이라는 찬사를 얻었다.

다양한 이해관계가 서로 균형을 이루어 진정한 성장을 거둔 유일한 계획이며, 토착민에게 '사전 동의'를 구하는 유일한 계획이다.(그린피스 2008)

유럽 전역에서 하루 동안 팔리는 맥도날드 커피는 100만 잔 정도라고 한다. 이 엄청난 양의 커피가 모두 윤리적으로 인증 받은 공급원에서 제공된다. 맥도날드 스티로폼 컵에는 금빛 M자 로고와 옆에 열대 우림 동맹의 로고가 새겨져 있다. 딘이 말했다.

"스타벅스 컵을 들고 거리를 걸어가는 것으로 자신의 정체성을 알리

던 때가 있었죠."

딘은 이제 맥도날드 컵이 '당신은 윤리적인 커피를 마시는 사람'이라고 과시하는 수단이 되기를 바라고 있었다.

과연 영리한 변화다. 스틸과 모리스는 맥도날드가 값싼 소고기를 생산하기 위해 열대 우림 파괴를 지원한다는 혐의를 제기했다. 그런데 이제는 유럽 전역의 맥도날드 대장에서 파는 모든 커피 컵에 열대 우림 동맹의 로고가 붙어 있다. 열대 우림 파괴자라는 불명예를 씻는 데 이보다 확실하고 편리한 방법이 어디 있겠는가. 맥도날드 커피 컵을 든 사람은 걸어 다니는 광고판이 되어 시내 중심가의 모든 사람에게 맥도날드가 이제 기업의 사회적 책임을 다하고 있음을 알린다. 똑똑한 마케팅이다. 딘이 웃으며 말했다.

"멍청한 마케팅은 하고 싶지 않습니다."

영국 맥도날드는 왜 하필 열대 우림 동맹을 선택했을까? 공정 무역 재단은 안 되는가? 딘은 웬만한 소비자는 공정 무역 재단과 열대 우림 동맹의 미묘한 차이를 알지 못한다고 했다. 소비자들은 맥도날드가 자신들 대신 무엇이 더 나은지 파악해 주길 기대한다는 것이었다. 열대 우림 동맹은 기부금 모금 방식으로 수익을 창출하는데, 미국 국제 개발처를 통해 들어오는 미국 정부의 보조금, 인증료와 민간 재단의 기부금, 그리고 기업 보조금(빌 게이츠 같은 사람들이 내놓는) 등 세 가지가 주요 재원이다. 그러나 딘은 열대 우림 동맹이 시장 중심적이고 기업 친화적이라고 말한다. 왜냐하면 열대 우림 동맹은 최저 가격을 지정해 놓지 않기 때문이다. 바로 이 점이 맥도날드가 공정 무역 재단이 아닌 열대 우림 동맹과 손을 잡은 이유다. 이러한 마케팅 전략은 큰 성공을 거두었다. 열대 우림 동맹 로고를 붙인 뒤 맥도날드 커피 판매량은 25퍼센트 증가했다.

최저 가격을 정해 놓지 않았다는 것은 때에 따라 큰 약점이 될 수 있다. 맥도날드는 커피를 구매할 때 농가나 생산자에게 일종의 추가금을 지급한다. 이 돈은 맥도날드가 파괴한 책임이 있는 열대 우림을 재건하는 등의 사회 책임 프로젝트 기금으로 사용된다. 하지만 맥도날드는 최저가를 정해 두지 않았기 때문에 국제 커피 시장의 가격이 폭락해도 손해 볼 일이 없다. 가격이 떨어진 만큼 지급 비용을 낮출 수 있기 때문이다. 반면 열대 우림 동맹으로서는 커피 시세가 하락하면 그들이 받는 가격 역시 내려야 한다. 이런 사태를 막고 생산자를 보호하기 위해서는 최저 가격이 꼭 있어야 한다.

딘과 이야기를 나누다 보니 마음이 편치 않았다. 윤리적 무역은 분명 큰 사업이 되고 있다. 대기업이 이런 새로운 윤리적 이상을 옹호하는 이유가 얼마나 진실한지는 알 수 없다. 다만 그들은 윤리 인증이 경쟁 우위를 점하는 데 유용하다는 사실을 잘 안다. 미국의 레드 랍스터 컴퍼니는 레스토랑의 모든 데뉴판에 윤리적인 자격 요건을 갖췄다며 자랑스레 홍보한다. 이를 통해 고객 충성도가 한층 더 높아질 것을 기대한다. 맥도날드는 열대 우림 동맹과 계약을 맺음으로써 커피 판매량이 크게 상승했다. 윤리적인 행위로 인해 실적이 좋아졌다는 것으로 이들을 비난할 수는 없다. 하지만 미스키토 해안의 상황을 직접 보고 온 나로서는 전체 그림이 언제나 장밋빛은 아니라는 사실을 잘 알게 되었다. 이 모든 고무적인 일들이 과연 타당한지 의심해 봐야 한다. 더불어 윤리적 무역 자체가 거대한 사업이 된 뒤에도 순수함을 유지할 수 있을지 따져 봐야 한다.

윤리적 무역 운동에 참여한 일류 광고 회사의 런던 본사를 방문한 뒤 내 걱정은 더욱 깊어졌다. '위든+케네디'는 내가 한 번쯤 일해 보고 싶은, 마음에 드는 공간이었다. 언뜻 보면 오락실이나 자전거 판매장처럼 보인다. 로비 가장자리 스탠드에 자전거 30여 대가 세워져 있었다. 방

한쪽 끝에는 농구대가, 계단 아래에는 핀볼기와 다트 판이 보였다. 나는 이런 사무실에서 일해 본 적이 없다. 이런 곳이라면 일이 손에 안 잡힐 것 같긴 한데 광고 일을 해 본 적이 없으니 할 말은 없다. 위든+케네디는 당시에 공정 무역 재단의 광고 의뢰를 받았다. 대형 광고 회사에 광고를 의뢰했다는 것은 공정 무역 재단이 브랜드 이미지를 진지하게 생각한다는 증거이다.

위든+케네디는 세계에서 가장 많은 상을 받은 광고 회사다. 2007년 광고 뉴스 전문지 〈애드위크〉가 '올해의 광고 회사'로 선정했고, 런던은 물론 뉴욕과 도쿄, 상하이에 지사를 두고 있다. 게다가 오락실 같은 사무실이 증명하듯이 세계에서 가장 '쿨한' 광고 회사이기도 하다. 기업 이름부터가 특이하다. '위든 앤 케네디'가 아니라 '위든+케네디'다. 기업의 홍보물에서도 '좋은 기업과 고객 사이에 강력하고 자극적인 관계를 창출한다'고 선언하고 있다. 그들과 함께 일하는 '좋은 기업'으로는 〈가디언〉(영국의 유력 일간지)지와 세이브 더 칠드런(세계 최대 규모의 아동 구호 비정부 기구), 코카콜라와 나이키가 있다. 참고로 나이키의 유명한 슬로건, '저스트 두 잇(Just Do It)'도 그들이 만들었다.

그들은 공정 무역 재단의 의뢰로 이제 막 윤리적 소비 분야에 관심을 보이기 시작했다. 내가 이 주제로 책을 쓰고 있다는 사실을 알고 '의견'을 들어 보고자 나를 초청했다. 나 역시 그들의 의견이 궁금했다. 특히 윤리적 소비자들의 메시지를 더 많은 대중에게 어떻게 전달할 계획인지 듣고 싶었다. 지난 20년간 수많은 윤리적 브랜드는 소비자들의 인식을 바꾸는 데 많은 공을 세웠다. 전체 소비자의 75퍼센트가 그들의 로고를 알아본다는 자체 연구 결과도 나왔다. 하지만 실제로 사람들로 하여금 윤리적 상품을 구매하도록 하는 것은 인지도를 높이는 것과는 다른 문제다. 예를 들어 미국의 공정 무역 재단은 2012년까지 커피와 초콜릿, 차 시장의 점유율을 50퍼센트까지 끌어올리기 위해 엄청난 노력을 쏟아붓고 있다. 2009년 영국에서 팔리는 전체 커피 중에 '공정 무역(FAIR-TRADE)' 마크가 붙은 커피는 5퍼센트에 머물렀다. 참고로 영국은 공정 무역 시장 규모가 세계에서 가장 크다.

위든+케네디에서는 4명이 나와 나를 반갑게 맞이했는데 사장으로 보이는 사람은 없었다. 소피와 엠마는 공정 무역 재단의 회계를 관리했다. 소피는 20대였고, 엠마는 조금 더 나이가 있어 보였다. 그래서 확실하지는 않지만 엠마가 사장이 아닐까 추측해 보았다. 하지만 한쪽 구석에 스페이스 인베이더 게임기가 있는 사무실에서 연장자가 사장이라는 상식이 들어맞을지는 확실하지 않았다. 나머지 두 사람, 괜과 레이는 '개발자'다. 둘 중 누구도 사장이 아니라는 것은 한눈에 알아볼 수 있었다. 창조적인 일을 해야 하는 사람들에게 창조적인 일에 방해가 되는 사장직을 맡기지는 않을 것 같았다.

지금까지 공정 무역 재단은 학교와 대학 재단의 인지도를 높이기 위해 다양한 활동과 행사를 펼쳐 왔다. 그런 노력은 꽤 성공적이었다. 공정 무역 재단은 광고를 할 때 '여성 언론'에 막대한 비중을 두었다. 여성 언론이란 댄이 '아스다 주부들(아스다라는 영국 대형 마트 체인을 주로 이용하는 주부들)'이라고 하는 주요 고객층이 읽는 잡지를 말한다. 주부들은 가정의 주된 의사 결정자이며, 장바구니에 무엇을 넣고 무엇을 뺄지 결정하는 사람이다. 위든+케네디가 세운 전략의 성공 여부는 이들을 얼마나 끌어들이느냐에 달려 있었다.

대화를 조금 나누어 보니, 댄은 조금 더 깊은 쟁점에 대해서는 전혀 모른다는 사실을 알 수 있었다. 가령 물가 같은 가장 기본적인 경제 원칙을 들어 국제 커피 가격이 오르내리는 이유를 물어봤다. 댄은 제3세계 농부들이 생산 원가보다 낮은 가격에 상품을 판다는 사실을 걱정하면서, 슈퍼마켓이 '원플러스원' 같은 특가 행사를 벌이는 것이 가장 큰 원인이라고 답했다. 특별 할인을 하려면 유통업자와 도매업자가 생산자에게 낮은 가격을 제시해야 하고, 그 때문에 생산자는 공정한 거래를 하지 못한다고 설명했다. 다시 말해 소비자가 슈퍼마켓에 더 저렴한 상품을 요구하다 보니, 제품을 판매하는 제3세계 농부들이 생산 원가도 안 되는 가격에 제품을 팔아넘겨야 하는 상황이 벌어진다는 이야기다. 댄은 얼마 전 공정 무역 재단의 초대를 받아 공정 무역 농장이 있는 카리브 해안의 윈드워드 제도를 방문했는데, 그곳에서 이런 설명을 들었다고 했다.

설득력 있게 들릴지는 모르지만 댄의 이야기는 틀렸다. 커피와 설탕 등의 농산물 가격은 국제 거래소에서 결정된다. 2010년, 국제 설탕 가격은 당시 역사상 최고치인 1킬로그램당 51센트(565원)였다. 이것은 중간 상인이 자신에게 유리한 가격에 협상했기 때문이 아니라, 인도의 극심한 이상 기후 때문이었다. 인도는 세계 최대 사탕수수 생산국이다. 인도의 사탕수수 수확량이 줄면 국제 사탕수수 가격이 급등한다. 공급량이 현저하게 줄었는데 수요는 과거와 비슷하니 가격이 오를 수밖에 없다.

영국의 한 아스다 슈퍼마켓에서 네스카페 커피 두 병을 한 병 가격에 제공해도 국제 커피 가격에 별 영향을 주지 않는다.

댄이 설득하려 하는 '아스다 주부들'에게는 이런 미시적인 경제 문제가 그리 중요하지 않을 것이다. 공정 무역 재단은 이상적인 가치를 판매한다. 이 재단은 죄의식을 갖지 않아도 되는 제품을 판매해 일종의 구원을 제시한다. 물론, 공평하게 따지면 댄은 광고인이지 경제학자가 아니다. 윤리적인 커피나 바나나, 설탕에 대한 광고를 만들 때 그는 긍정적인 점들에 초점을 맞출 것이다. 웃고 있는 농부, 마을에 들어서는 새 학교와 우물, 그리고 윤리적 소비와 관련된 긍정적인 여론 등에 주의를 기울일 것이다. 분명 댄이 문제를 더 깊이 알 필요는 없었다.

댄은 소비자가 게으르다는 결론을 내렸다. 특정 브랜드에 대한 선호도가 강한 소비자는 어지간해서는 브랜드를 바꾸지 않는다는 것이다. 댄이 말했다.

"사람들은 좋아하는 브랜드를 바꾸려고 하지 않아요. 그저 이렇게 생각하는 거죠. 내 차가 제일 좋아. 내 커피가 제일 좋아. 그리고 사람들은 캐드버리나 네슬레 같은 유명한 대형 브랜드의 제품이 (공정 무역을 위해) 품질을 희생하는 것을 원하지 않습니다."

소비자는 자신이 가난한 농부들을 지원하면서 더 윤리적인 소비를 한다고 느끼길 원하지만, 그렇다고 품질이 낮거나 잘 알려지지 않은 제품을 구매하려 하지는 않는다는 뜻이다. 이에 대한 대기업의 해법은 명백하다. 팔고 있는 제품을 그대로 생산하되, 소비자를 안심시킬 수 있는 윤리적 로고를 붙이면 모두가 만족하는 결과를 얻는다.

맥도날드에서 본 위험 신호가 여기에도 있었다. 올바른 일을 하고 싶어 하는 소비자들이 있지만, 올바른 일이 무엇인지 스스로 찾을 만한 시간도, 의지도 없어서, 그런 일은 대기업이 알아서 해 주리라 기대한다. 기업들은 윤리적 제품이 장사가 된다는 것을 알고 자사 제품에 '올바른' 로고를 붙이기 위해 혈안이 되어 있다. 이러한 로고를 관리하는 조직 역시 여느 평범한 기업들처럼 '브랜드'의 입지를 다지기 위해 공을 들인다. 그런데 이렇게 번드르르한 광고 메시지가 말이 안 된다면 어떻게 되는 걸까?

chapter 5

대기업은 손해 보는 장사를 하지 않는다

　이런 의문을 확인하기 위해 전에 살던 동네를 찾아갔다. 매일 통학 길에 타고 다니던 11번 버스가 본빌의 큰 언덕을 툴툴거리며 올라갔다. 캐드버리의 초콜릿 공장을 지나 아담하고 귀여운 크리켓 경기장 옆에 섰던 게 기억이 났다. 그로부터 20년이 지난 지금, 나는 크리켓 경기장을 가로질러 새롭게 공정 무역 인증을 받은 캐드버리 데어리 밀크 초콜릿 공장으로 걸어갔다. 2009년 3월, 캐드버리는 주력 상품인 데어리 밀크 초콜릿의 원료 공급원을 바꾸기로 했다. 다시 말해 전 영국 구멍가게와 슈퍼마켓에서 팔리는 그 흔한 데어리 밀크 초콜릿이 모두 윤리적으로 구매한 코코아와 설탕으로 만들어진다는 뜻이었다.

　이것은 영국 소비자들에게 꽤 큰 사건이었다. 데어리 밀크 초콜릿은 영국에서만 한 해에 300만 개 이상 팔려 나간다. 영국 내에서 데어리 밀크 초콜릿을 팔지 않는 가게는 거의 없다. 초록색과 파란색이 어우러진 공정 무역 로고를 붙인 데어리 밀크 초콜릿이 영국 전역의 3만 개가 넘는 상점 선반을 장식하게 될 것이다.

캐드버리는 현재 데어리 밀크 초콜릿에 사용되는 모든 코코아를 가나에서 구매한다. 그들은 100년 전, 노예제에 항의하는 뜻에서 원료 생산지를 가나로 변경했다. 1893년, 본빌에 이 초콜릿 공장을 세운 캐드버리 형제는 서부 아프리카의 코코아 농장에서 벌어진 강제 노역 반대 투쟁에서 중요한 역할을 했다. 코트디부아르의 공급자가 노예를 쓰지 않겠다는 확답을 하지 않자, 캐드버리 형제는 노예제가 없는 이웃 국가 가나로 생산 시설을 옮겼다. 가나와의 거래는 지금까지 이어지고 있다. 캐드버리는 기업의 사회적 책임을 보여 준 이러한 유산을 자랑스럽게 생각한다. 공장에 있는 모든 이의 얼굴이 밝아 보이는 것을 보면 직원들도 회사의 결정을 자랑스러워하는 것 같았다.

트레버 본드는 당시 캐드버리 영국 지사의 전무 이사였다. 그가 본빌의 캐드버리 회의실에서 열린 기자 회견을 주재했다. 여러 언론사의 경제부 기자와 FAB라고 적힌 검은색 티셔츠 차림의 운동가 무리가 모여들면서 사람 수가 많아졌다. 처음에는 버밍엄 사람들 특유의 복장이려니 하고 대수롭지 않게 넘겼는데, 그들은 버밍엄 공정 무역 협회(FAB) 사람들이었다. 트레버의 발표를 듣는 그들의 상기된 얼굴에서 자긍심과 보람이 느껴졌다. 트레버는 이런 극심한 불황에 '좋은 소식'을 전하게 되어 다행이라는 말로 발표를 시작했다. 그날은 자신들이 캐드버리 형제의 윤리적 발자취를 따르는 역사적인 날이라고 하면서, 회사의 결정을 자랑스러워할 것이라는 말로 발표를 끝냈다.

경제부 기자들이 공정 무역 재단과의 협력이 제품 가격과 수익에 어떤 영향을 미칠지에 관해 질문했다. 또 캐드버리가 공정 무역 재단에 내는 비용에 대해 주주들은 어떤 반응을 보일지에 대해서도 물었다. 트레버는 이것이 텔레비전 광고나 마케팅처럼 이미 사업 계획에 내정된 투자이기 때문에 이번 결정이 회사의 실적에 영향을 미칠 일은 없다고 자신 있게 대답했다. 공정 무역 재단과의 협력은 캐드버리의 미래를 위한 투자라고 덧붙였다.

캐드버리의 고민은 가나의 아이들이 부모의 코코아 농장을 이어받지 않은 탓에 가나의 코코아 산업이 위기에 빠졌다는 사실이었다. 새로운 세대는 농장에 눌러앉는 대신 좀 더 수익이 높은 일거리를 찾아 도시로 떠나고 있다. 2008년 캐드버리가 가나에서 조사한 바로는 학생 125명에게 앞으로 농장 일을 할 것인지 묻자 오직 3명만이 긍정적으로 답했다고 한다. 캐드버리의 전직 세계 기업 관리자 알렉스 클이 나머지 학생들은 이런 질문에 깔깔대며 웃었다는 말을 덧붙였다. 그런 연유로 가나 농부들의 미래를 위한 투자어 캐드버리가 직접 나서게 된 것이라고 했다. 그렇지 않으면 머지않아 가나에서 코코아 농부가 사라질지도 모른다고 알렉스가 말했다. 알렉스는 잠시 멈추었다가 말을 이었다. 그녀가 얼마나 이 말을 하고 싶었을지 짐작이 갔다.

"코코아가 없으면 초콜릿도 있을 수 없습니다."

데어리 밀크 초콜릿은 코코아, 설탕, 우유를 원료로 해서 만들어진다. 캐드버리는 코코아와 설탕을 '공정 무역 원칙'에 따라 공급 받기로 하는 계약에 서명했다. 계약에 따르면 캐드버리는 코코아를 구입할 때 1톤당 1600달러(177만 2000원)라는 공정 무역 최저가를 준수해야 한다. 여기에 '사회 발전 기금(공정 무역에서 발생하는 수익에서 기금을 적립해 낙후된 생산

지역의 학교, 상하수도, 장학 사업 등을 지원하는 것)'으로 1톤당 150달러(16만 6000원)를 추가로 지급하고, 가나 농부들이 공정 무역 인증을 받는 비용도 부담한다. 트레버의 선언은 그 자리에 모인 FAB 일원들의 열렬한 환호를 받았다. 그들의 눈에는 눈물이 차올랐고, 가슴은 감격으로 부풀었다. 누군가 소리쳤다.

"잘했어요!"

어느 흥분한 FAB의 한 회원이 공정 무역을 어떻게 알게 되었는지, 그리고 얼마나 열심히 활동했는지에 대해 이야기했다. 갑자기 광신도 모임에 온 것 같은 이상한 기분이 들었다.

알렉스 콜이 모인 사람들에게 말했다.

"이제 영국의 모든 상점, 모든 진열대를 공정 무역 제품이 차지하게 될 겁니다. 모든 영국 국민이 공정 무역 소비자가 되는 겁니다."

또 다른 FAB 운동가는 이렇게 외쳤다.

"사람들은 커피를 마시고 초콜릿을 먹는 것으로는 세상을 바꿀 수 없다고 생각했습니다. 그런데 이제는 그렇게 할 수 있어요."

굉장한 주장이었다. 하지만 세상을 바꾸려면 가만히 앉아 공정 무역 로고가 박힌 초콜릿을 수억 개씩 먹는 것보다는 조금 더 움직여야 하지 않을까 하는 생각이 들었다. 그다음 이어진 영국 공정 무역 재단의 정책 및 커뮤니케이션 담당자 바바라 크라우더의 말을 듣고 어안이 벙벙해졌다.

"이번 결정으로 코코아 농부들은 기쁨을 되찾을 수 있습니다."

듣기엔 좋은 말이었다. 하지만 잠깐 계산 좀 해 보자. 국제 코코아 조직(ICCO)에 따르면 2009년 7월 20일 현재(캐드버리가 새로운 계획을 발표할 당시) 코코아의 가격은 1톤당 2939달러(320만 6550원)였다. 같은 시기에 공정 무역 재단이 보증한 코코아 가격은 1톤당 1600달러(177만 2000원)로, ICCO가 제시한 1일 가격의 절반을 조금 넘는 수준이었다. 공정 무역 재단의 보증이 효과를 발휘해 가나의 평범한 코코아 농부들이 혜택을 받으려면, 국제 코코아 가격이 절반 이상 떨어져야 했다. 캐드버리는 계약 기간을 제시하지 않았기 때문에 공정 무역 재단이 보증한 가격이 지속될지는 시장 가격이 보증 가격 이하로 떨어져 봐야 알 수 있을 것이다.

최소 1500달러(166만 2000원)가 든다는 소규모 협동조합의 인증 비용은 캐드버리에서 부담한다. 따라서 가나 농부는 인증 비용을 낼 필요는 없다. '사회 발전 기금'의 사용처도 농부들이 직접 결정한다. 공정 무역 재단의 웹사이트에서는 사회 발전 기금에 대해 이렇게 말하고 있다.

> 사회·환경·경제 발전 프로젝트에 대한 투자 비용으로 공정 무역 최저가에 추가로 지급되는 돈이다. 이 기금의 사용은 조직 내 생산자 또는 농장 노동자 집단이 민주적으로 결정한다.(공정 무역 재단, 2009)

사회 발전 기금은 '공동 투자'를 위해 농부들에게 제공된다. 이 비용을 어디에 쓸지는 농부들이 결정한다. 양수기를 사거나 학교를 지을 수도 있고, 농지를 개선할 수도 있다.

사회 발전 기금이라는 말이 마음에 들었다. 옥스팜이나 워터 에이드, 기타 개발 도상국의 사회 개선을 위해 기부금을 모으는 구호 단체를 지지하는 것과 비슷한 감정이었다. 제대로 이용한다면 사람들의 삶을 크게 바꿀 수 있다. 냉소주의자라면 이것이 윤리적 무역이 아니라 원조라고 주장할지 모르지만 사람들의 삶에 긍정적으로 기여하는 무언가에 토를 달기는 어렵다.

캐드버리는 캐드버리 코코아 파트너십이라고 하는 자선 프로젝트를 운영한다. 지난 10년 동안 캐드버리는 UN과 힘을 모아 학교 건설 등 지역 사회 프로젝트에 투자해 왔다. 가나와 인도, 인도네시아 등 코코아 재배 지역에 4500만 파운드(800억 원)를 기부했다. 이것은 기업의 사회적 책임을 보여 주는 이타적인 행동이자, 진정 지속 가능한 계획이다. 캐드버리는 앞으로 10년 동안 계속해서 이 프로젝트에 뛰어들 것이다. 그렇다면 이런 프로젝트는 공정 무역과 비교해 무엇이 다를까?

코코아의 시장 가격이 급락해 공정 무역 최저가가 시장 가격보다 비싸져도 캐드버리가 큰 손해를 보는 것이 아니다. 이번 결정으로 그들은 데어리 밀크 초콜릿에 사용될 공정 무역 코코아 1만 톤 구입비와, 1톤당 150달러(16만 6000원)로 책정된 사회 발전 기금을 부담해야 한다. 말하자면 코코아 가격과 사회 발전 기금이 초콜릿 생산비에 큰 부담이 될 일은 없다는 이야기였다. 1톤당 추가 150달러(16만 6000원)라는 것은 100그램당 1.5센트(17원)라는 뜻이다. 캐드버리 데어리 밀크 초콜릿 1개가 49그램이고 여기에 코코아 함유량은 단 30퍼센트이다. 즉 초콜릿 1개당 부담하는 사회 발전 기금은 1센트(11원)의 4분의 1도 안 되는 셈이다.

그 자리에 모인 기자들이 발표 내용을 수첩에 휘갈겨 썼다. 트레버의 '좋은 소식'은 다음 날 신문에 크게 실렸다. 공정 무역 재단과의 협력이 마케팅이나 광고처럼 투자라고 했던 트레버의 말뜻을 이해할 수 있었

다. 1년에 450만 파운드(80억 원)가 드는 캐드버리의 코코아 파트너십에 대해 아는 사람은 그리 많지 않다. 하지만 이제 모든 사람이 캐드버리와 공정 무역 재단의 협력에 대해 알게 되었다. 이것만으로도 캐드버리는 이미 투자한 것 이상의 효과를 얻었을 것이다.

공정 무역 재단 초창기를 함께했던 1세대 윤리적 초콜릿 사업가이자 그린 앤 블랙스(지금은 캐드버리에 인수되었고, 캐드버리는 세계 2대 식품 기업인 크래프트 푸드가 소유하고 있다)의 공동 설립자인 크레이그 샘즈를 만나 공정 무역 재단의 초기 활동에 대한 증언을 들었다. 켄트에 있는 그의 저택 정원에서 그린 앤 블랙스가 초창기에 내린 결정의 내막에 대해 이야기를 나누었다.

"이 사업을 시작할 때만 해도 초콜릿은 아직 걸음마 단계였어요. 신비에 싸인 남자가 침실 창문을 기어 올라오고 뭐 그런 것들이 나오는 광고 장면이 기억나네요."

그가 추억에 잠겨 말했다. 밀크 트레이 광고가 나온 지 오랜 시간이 흘렀지만 크레이그는 그 당시를 잘 기억하고 있었다. 크레이그가 1991년에 세운 그린 앤 블랙스는 그로부터 3년 뒤, 영국에서 공정 무역 로고를 처음으로 단 브랜드가 되었다. 크레이그는 차를 한 모금 마시더니 네브래스카 사람 특유의 나른한 목소리로 말을 이었다.

"당시는 우리가 슈퍼마켓 바이어에게 카카오 열매를 보여 주면 '와우!' 하면서 감탄하던 시절이었죠. 그때 사람들은 카카오가 열대 우림에서 자란다는 것도 몰랐습니다. 물론 누더기를 걸치고 굶어 죽지 않으려고 발버둥 치는 사람들이 열매를 딴다는 것도 당연히 알려지지 않았고요."

지금은 상황이 달라졌다. 이제는 바이어가 직접 전 세계의 농부들을 만난다.

"이제는 다들 알죠. 그래서 상당히 투명해졌습니다. 초콜릿은 원산지가 아주 중요하거든요. 이제는 자신이 구매한 제품에 자부심을 느끼고 싶어 하는 사람이 점점 더 늘어나고 있습니다."

그린 앤 블랙스는 공정 무역의 인증을 '어쩌다 보니' 받게 되었다고 했다. 크레이그가 그 과정을 설명해 주었다. 유기농 초콜릿 전문 제조업체였던 그린 앤 블랙스는 토고, 그리고 벨리즈의 소규모 농가와 좋은 관계를 맺고 있었다.

"우리는 유기농 초콜릿 전문 회사입니다. 그래서 카카오 재배 방식을 유기농으로 전환해 달라고 벨리즈의 농부들을 어렵게 설득했어요. 그들이 유기농 재배의 전 과정을 익히게 도와줬죠. 5년 계약을 맺고 최저가를 보장해 줘서, 그 사람들이 유기농 방식으로 계속 코코아를 재배하도록 유도했습니다. 그런데 우리가 이렇게 일한다는 것을 공정 무역 재단에서 우연히 알게 된 것이죠. 우리는 공정 무역 재단을 사업에 이용할 생각은 없었습니다."

1991년에 공정 무역 재단은 자신의 브랜드를 알리기 위해 인증할 만한 제품이 절실하게 필요했지만 찾지 못하고 있었다. 크레이그가 기억을 더듬으며 이야기했다.

"재단은 타이푸(영국 잎차 회사)와 계약을 맺을 뻔했죠. 그런데 어떤 이유로 마지막 순간에 엎어졌습니다. 재단 사람들은 우리 회사를 발견하고 무척 기뻐했다고 했습니다. 그린 앤 블랙스는 당시로서는 특이하게 공정 무역 재단의 기준을 훨씬 뛰어넘고 있었으니까요. 딱 하나 그 사람들이 실망한 점은 우리가 듣도 보도 못한, 시시하고 작은 초콜릿 회사였다는 것뿐이었습니다."

공정 무역 재단 입장에서는 꼭 필요한 회사였다. 첫 인증 업체를 선정한다는 것은 무엇보다 중요한 행보였다. 크레이그의 눈에도 공정 무역 운동가들과 제휴를 맺음으로써 얻게 될 이익이 훤히 보였다. 크레이그가 후회하는 듯한 미소를 지으며 말했다.

"우리는 마케팅 수단이 필요했고, 그쪽은 공정 무역을 대표할 만한 상품이 필요했죠. '여기 확실한 공정 무역 제품이 있습니다. 사세요!' 라고 말이죠. 우리가 의도한 것은 아니었는데 설교 시간에 우리 회사 초콜릿을 이야기해 주는 목사님도 많았습니다. 오전 예배가 끝나고 커피를 마시는 자리에서 우리 회사 초콜릿을 돌렸습니다. 재단 덕분에 돈을 많이 번 건 사실입니다. 그들도 우리 덕을 본 건 마찬가지였죠. 그런데 얼마 지나지 않아 사이가 틀어졌습니다."

크레이그는 이별의 원인이 몇 가지 있었다고 했다.

"재단에서 터무니없는 규정을 내세우며 로고 사용료를 너무 많이 요구했습니다. 처음엔 2퍼센트라고 했다가, 좀 있다가 3퍼센트, 또 금방 4퍼센트를 달라고 했습니다. 얼굴이 어떻게 그리 확 변하는지."

사실 도매상이 지급하는 비용은 공정 무역 재단의 수익에서 가장 큰 비중을 차지한다. 도매상이 공정 무역 재단의 브랜드 사용료로 지급하는 돈은 영국 공정 무역 재단 총수입의 90퍼센트를 차지한다. 그중 절반이 인증 제도를 운영하고 감독하는 행정비로 지출된다.

그렇다면 수입의 나머지 반은 농부들에게 돌아가는 것일까? 천만의 말씀. 남은 돈은 공정 무역 브랜드의 캠페인과 홍보비로 나간다. 공정 무역 재단은 브랜드 홍보 및 광고비로 수입의 절반가량을 쓴다. 이런 지출이 목표 달성에 상당히 성공적이었음을 수치가 말해 준다. 영국 내에서 지난해 공정 무역 로고가 붙은 제품의 판매액은 10억 파운드(1조 8000억 원)에 달했다. 불경기라 소매상들이 돈에 쪼들리고 있을 때였는데, 공정 무역 로고가 붙은 제품의 판매량은 지난 2년 동안 20퍼센트씩 증가했다.

영국 공정 무역 재단은 인지도를 높이고 영국 내 시장 점유율을 높이는 것이 최우선 전략임을 숨김없이 인정한다. 공정 무역 재단의 바바라 크라우더는 이렇게 말했다.

"우리 재단은 지역 사회의 공동체 의식 고취에 투자합니다. 사람들이 제품은 어디에서 생산되는지, 그들 자신이 어떤 변화를 줄 수 있을지 생각하도록 만드는 것이 목표입니다."

공정 무역 재단은 개발 도상국의 농장을 인증하고 감사하는 세계 공정 무역 상표 협회(FLO)와 별개로 운영된다. 영국 공정 무역 재단은 자신의 로고를 사용하는 영국 기업으로부터 돈을 받는다. 그 돈으로 로고를 사용하는 영국 기업을 최대한 늘리는 활동을 벌인다. 당연히 많은 기업과 계약할수록 사업은 성공적이다. 따라서 공정 무역 로고에 새로운 고객을 끌어들이는 것뿐 아니라 소비자들이 좋아하는 브랜드와 제휴를 맺음으로써 소비자들에게 공정 무역 로고를 알리는 것도 그들의 전략이다.

크레이그는 공정 무역 재단의 접근법이 마음에 들지 않았다고 말했다.

"2000년 즈음에 마야 골드바에서 공정 무역 마크를 떼어 냈는데 마음이 안 좋았습니다. 선구자적인 제품인데 마크를 떼라고 하니 억울하기도 했지요. 우리 회사의 주력 상품이었는데 우리 손으로 딴죽을 건 셈이니까요. 그건 교황이 가톨릭교를 포기하는 것과 마찬가지입니다."

크레이그의 가장 큰 고민은 공정 무역 재단이 브랜드 인지도가 확대되면서 제휴 업체로 영세 기업보다는 대기업을 선호하게 되고, 그리하여 영리를 우선으로 하는 농장에서 생산된 제품을 점점 더 많이 보증하는 지금의 상황이다.

"대규모 농장은 에너지와 탄소를 낭비할 뿐만 아니라 생산성을 따지면 비효율적이기까지 합니다. 영세 농민이 1헥타르(축구장 면적의 1.2배)에서 27을 생산하는데, 공장 같은 대형 농장은 1헥타르에서 1을 생산해 냅니다. 게다가 대형 농장의 제품은 유기농일 수가 없는데도 모두 공정 무역 인증을 받고 있지요."

바바라 크라우더도 크레이그의 비판을 인정하면서 이렇게 지적했다.

"크레이그는 윤리적 무역에서 '유기농'을 최우선으로 꼽았습니다. 그런데 공정 무역 재단이 가장 중요시하는 것은 소외된 생산자를 돕는 일입니다."

그녀는 대형 농장과 제휴하는 것이 공정 무역 사업을 확대할 수 있는 유일한 방법이라고 덧붙였다. 그래야 대형 소매상이 필요로 하는 믿을 수 있는 물량을 1년 내내 확보할 수 있기 때문이었다.

"세인즈버리(영국 3위의 슈퍼마켓 체인) 같은 경우, 필요한 물량을 확보하려면 대형 농장과 일해야 합니다. 소규모 자작농만으로는 충분한 양을 생산해 낼 수가 없어요."

다시 말해 대형 슈퍼마켓과의 거래에 영세농을 끌어들이려면 대형 농장도 포함시켜 수량을 맞춰야 한다는 것이다. 바바라 역시 대형 농장의 노동자들을 돕기가 더 어렵다는 사실을 인정했다.

"관리가 매우 힘든 상황입니다."

크레이그는 공정 무역 재단의 접근법에 만족하지 않았지만, 공정 무역 재단의 입장에서는 그린 앤 블랙스와 제휴하면서 마침내 자리를 잡을 수 있었다고 한다. 크레이그의 기업이 공정 무역 재단과 제휴를 시작하면서 클리퍼 티와 영국 커피 시장에서 여섯 번째로 큰 기업 카페다이렉트도 차례로 재단과 계약했다. 크레이그는 '잘 알려진' 이 모든 대안 무역 단체가 합류하는 것이 무엇보다 필요하다고 보고 있다.

"좋은 기업과 제휴를 맺지 못하면 사람들은 포장지에 찍힌 공정 무역 마크를 보고 감시가 필요한 나쁜 회사라고 생각할 겁니다. 그런데 카페다이렉트는 누구나 잘 알고, 또 이미지도 좋은 기업 아닙니까."

전략은 분명했다. 우선 좋은 기업을 모두 포섭하라. 그러고 나면 다른 기업은 더 쉽게 끌어들일 수 있다.

바바라는 현재 영국 상점 내에서 공정 무역 인증을 받은 제품이 4000여 가지이며 전 세계적으로 재단과 제휴를 맺은 기업은 2000여 곳이라고 말했다. 이제 시내 중심가의 웬만한 대형 브랜드는 윤리적으로 인증을 받고 관련 로고를 붙인 제품을 하나 이상 소유하고 있다. 그렇다면 '좋은 기업'이 진정 더 많아진 것일까, 아니면 '좋은 기업'을 가려내기가 더 어려워진 것일까?

chapter 6
진짜 공정한 무역은 이렇게 하는 것이다

　데이브와 이안을 만나고 나자 기업들이 단순히 제휴를 맺고 그치는 것이 아니라 실제로 올바른 일을 실천해서 강력한 변화를 몰고 올 수 있다는 사실을 확실히 알 수 있었다. 또한 공정 무역에 대한 몇 가지 의혹도 사실임을 확인할 수 있었다. 내가 도착했을 때 그들은 다트 게임에 빠져 있었다.

　"사업상 중요한 미팅 중이었어요."

　데이브가 멋쩍은 듯 웃으며 나를 맞이했다. 데이브와 이안이 운영하는 에시컬 어딕션이라는 이 기업은 '올바른 일을 올바르게 하자!'를 슬로건으로 삼고 있다. 그들은 여기서 각각 '대장 콩(Chief Bean)'과 '두목 콩(Head Bean)'이다.

　이안이 자신들의 주요 고객은 레스토랑과 커피숍, 그리고 일부 호텔과 작업장이라고 설명했다. 그들은 고객이든 공급자든 직접 접촉한다. 그들은 커피 거래를 중개할 뿐 아니라 커피를 어디서, 누가, 어떻게 생산하는지에 대한 정보를 전달한다. 에시컬 어딕션은 5년밖에 안 된 기업이지만 이미 아프리카와 아시아, 라틴 아메리카 일부 지역에서 스무 가지의 싱글 오리진 커피를 구매 및 판매하고 있다. 그들이 관리하는 커피 중에는 킬리만자로 산 비탈에 자리한 작은 마을, 오레라에서 재배된 것도 있다. 데이브가 오레라산 커피를 내 앞에 놓으며 말했다.

"다른 아프리카산에 뒤지지 않는 커피예요. 우리에게는 올바른 일을 하는 것이 중요합니다. 단순히 올바른 일을 하는 것처럼 보이기를 원해서가 아니에요. 저희는 칭찬도 바라지 않고, 스티커도 필요 없어요. 다만 사업을 잘 하고 싶은 거죠. 그 말은 이익을 내야 한다는 뜻입니다. 그건 마을 사람들도 마찬가집니다. 관계가 계속되려면 모든 사람이 이익을 봐야 합니다. 바로 이 원칙이 지속 가능한 큰 그림이죠."

탄자니아 커피의 공정 구역 최저가는 1킬로그램당 2.81달러(3114원)다. 이것은 공정 무역 재단에 등록된 커피 농가 조합에서 공정 무역 스티커가 붙은 커피를 팔 때 청구할 수 있는 금액이다. 하지만 오레라의 농부들은 이 가격을 받지 못한다. 그들은 최저가의 반도 안 되는 1킬로그램당 1.39달러(1540원)를 받고, 이웃 마을에는 1달러도 못 받는 사람도 있다고 했다. 이안은 협동조합에 들어가는 돈이 대부분 조합 회장의 임금을 포함한 관리비에 쓰인다는 사실을 알게 되었다.

"조합에 100달러(11만 원)가 들어가면 그중 30~40달러(3만 3000~4만 4000원)가 원로들에게 돌아갑니다."

이안과 데이브는 오레라 마을 주민들과 직접 거래하기로 했다. 이안이 계산해 보니 그들은 1킬로그램당 4달러(4430원)까지 쳐 줄 수 있었다. 이마저도 커피 품질을 높이기 위한 제분 비용을 포함한 것보다 1킬로그램당 86센트(953원) 저렴한 가격이었다. 이 정도면 공정 무역 가격을 훨씬 뛰어넘는 것은 물론 시장 가격보다도 높은 수준이었다. 그런데 주민들이 그들의 의도를 잘못 이해했다고 했다. 이안이 웃으면서 말했다.

"완전히 오해한 거죠. 자루 하나에 대해서만 그렇게 쳐 주는 걸로 생각한 겁니다. 그것만으로도 펄쩍펄쩍 뛰며 얼마나 좋아했는지 몰라요. 그래서 자루 하나가 아니라 전체를 말하는 거라고 다시 설명했습니다. 모든 커피에 대해 1킬로그램당 4달러(4430원)를 쳐 주겠다고 말이죠. 그러자 갑자기 조용해지더라고요. 다들 가만히 자리에 앉아서 저희를 멀뚱멀뚱 쳐다보았습니다. 놀라서 할 말을 잃었던 거죠."

데이브와 이안은 가격을 좀 더 낮게 불러서 막대한 이익을 챙길 수도 있었다. 하지만 이런 방법은 그들의 사업 모델에 맞지 않는다고 했다. 단기간에 이익을 극대화한다는 접근법으로 마을 사람들에게 인색하게 굴어 돈을 손에 더 쥘 수도 있지만 데이브와 이안은 상황을 다르게 보았다. 그들에게는 장기적으로 이 마을 사람들이 브랜드에 맞는 훌륭한 커피 공급자로 거듭나는 것이 더 중요했다. 만약 데이브와 이안의 실험이 성공한다면 대기업도 새겨들어야 할 교훈이 하나 생길 것이다.

'멀리 보는 자만이 지속 가능한 공급원을 개발할 수 있다.'

데이브와 이안은 공정 무역 최저가보다 높은 가격을 제시하기 때문에 오레라산 커피 포장지에 공정 무역 로고를 붙일 수도 있다. 그러려면 커피 가격의 2.4퍼센트를 사용료로 지급해야 한다.

"그들에게 돈을 내는 것이 무슨 의미가 있나요? 그중에 농부들에게 돌아가는 돈은 한 푼도 없습니다."

그런데 슈퍼마켓에서 공정 무역 로고가 붙어 있는 탄자니아산 커피가 있는데, 바로 옆에 진열된 데이브와 이안의 오레라산 커피에는 아무런 윤리적 로고가 붙어 있지 않다면? 게다가 내가 그 전후 사정에 대해 아무것도 모르고 있다면? 나는 그 탄자니아산 커피를 구입하는 것이 농부들에게 도움이 되리라 생각할 것이다. 하지만 오레라의 경우처럼 그 믿음이 항상 맞을 수는 없다. 조합 공동 업체인 킬리만자로 주민 협동조합(KNCU)에는 상당한 액수의 간접비가 들어간다. 실제로 조합에 속한 마을 주민들에게 돌아가는 몫은, 오레라 사람들이 데이브와 이안에게 아무런 인증 없이 직접 커피를 팔아서 얻게 되는 이익의 절반밖에 안 된다.

물론 윤리적 인증 단체가 모든 마을에 개별적인 인증을 부여하는 것은 현실적으로 불가능하다. 따라서 조합과 협력하는 것이 이러한 시스템을 운영할 수 있는 현실적이고 유일한 방법이다. 하지만 이상적인 방법은 아니다.

데이브는 소비자의 결정에 영향을 미칠 수 있는 커피 사업 운영 방식에 대한 정보 중에도 잘못된 것이 많다고 말했다. 가령 공정 무역 재단은 웹사이트에서 이렇게 주장하고 있다.

> 커피 가격은 2000년 이후 사상 최저치를 기록하고 있습니다. 이는 커피 생산 원가에도 한참 못 미치는 것으로, 전 세계의 농부들을 위기로 몰아넣고 있습니다.
> (공정 무역 재단, 2010)

사실 뉴욕 시장에서 매겨진 국제 커피 가격은 2002년 이래로 꾸준히 상승했다. 탄자니아산 부드러운 아라비카 커피의 경우, 1킬로그램당 1.32달러(1463원)이던 것이, 내가 탄자니아에 머물던 2010년 1월에는 1킬로그램당 3.38달러(3745원)까지 치솟았다. 이 글을 쓰고 있는 2011년 1월 현재, 뉴욕에서 부드러운 아라비카 커피의 가격은 1킬로그램당 5.73달러(6349원)로 껑충 뛰었다. 바로 이 가격이 국제 커피 가격 역사상 최고가였다. 공정 무역 최저가는 그것의 반도 안 되는 2.81달러(3114원)였다. 2008년 후반에 국제 금융 회사인 리먼 브러더스의 몰락으로 세계 경제 위기가 몰아닥쳐 모든 상품 가격이 잠시 내림세를 보인 석 달을 제외하면 근 5년간 커피 가격이 공정 무역 재단이 주장하는 최저가로 떨어진 적은 한 번도 없었다.

　이 이야기를 꺼내자 공정 무역 재단도 사실을 인정했다. 커피 가격이 13년 만에 최고치를 기록했다는 것은 사실이니 웹사이트를 업데이트하도록 '주의' 하겠다고 답해 왔다. 그러면서 이 자료가 2003년과 2004년 연구 결과를 바탕으로 한 것이라고 덧붙였다. 시대에 뒤처진 통계치는 그렇다 치더라도 여기서 짚고 넘어갈 게 있다. 커피와 마찬가지로 코코아와 설탕, 차의 가격은 모두 역사상 최고치를 기록하고 있는데, 공정 무역 재단이 설정한 최저가는 모두 현재의 시장 가격에 한참 못 미치고 있다. 이런 상황은 지난 5년간 계속되었는데, 이 시기는 캐드버리와 네슬레 같은 대기업이 이 재단에 등록한 시기와 일치한다. 실제 제품 가격이 공정 무역 최저가보다 훨씬 높을 때니, 대기업이 공정 무역 재단에 등록하기에 적절한 시기였다. 소비자는 기업이 시장 가격보다 더 높은 값을 지급하기 위해 공정 무역에 등록했다고 생각한다. 하지만 현재 시장 가격으로 미루어 보면 그건 사실이 아니다.

생각해 봐야 할 문제가 하나 더 있다. 공정 무역 재단은 기업에게 앞으로도 공정 무역 계획을 고수할 것을 요구하지 않는다. 따라서 어떤 기업이든 사전 통보 없이 공정 무역 로고를 떼어 버릴 수 있다. 바바라가 말했다.

"캐드버리를 비롯해 자사의 제품에 공정 무역 로고를 단 그 어떤 기업도 이 계약을 장기간 따르겠다 합의를 하지 않았습니다. 우리로서도 귀사는 ○○년 동안 계약을 유지해야 한다고 말할 수 없는 실정입니다. 현재로서는 장기적인 관계 구축의 '중요성을 강조'하려고 애쓸 뿐이지요."

트레버 역시 캐드버리가 이 계약을 단기적으로 이행하는 데 그치지는 않을 것이라고 말했다.

"저희가 길게 내다보고 이 계획에 뛰어들었다는 사실을 믿어 주셔야 합니다."

그럼에도 물가가 다시 떨어지기 시작해 공정 무역 최저가가 제품 가격과 큰 차이가 나지 않는 상황이 닥쳤을 때 어떻게 될 것인지 의문스럽다. 이 시기가 되면 윤리적 상표가 붙은 제품 가격이 치솟고, 기업의 이익과 주주들에게 영향을 미칠 것이다. 그렇다고 캐드버리가 약속을 철회할 것이라는 이야기는 결코 아니다. 하지만 우리는 그런 시나리오에서 어떤 일이 벌어질지 질문을 던져야 한다.

커피 시장에 윤리 인증제를 도입한다는 아이디어는 물가가 낮을 때, 재단에서 농부와 그들의 생계를 충분히 보호할 수 있을 때 나왔다. 하지만 재단이 협약을 맺은 수백 개의 다국적 기업 중 어느 곳도 생계를 보장하지 않는데, 재단에서 이런 보장을 해 줄 수 있다는 것이 현실적으로 가능한 일인가? 데이브와 이안이 자사의 고객들에게 제시하는 것과 같은 보장을 대기업은 왜 하지 못하는 것일까?

공정 무역 재단이 개발 및 지속 가능성과 관련한 기업의 역할을 자극했다는 사실은 마땅히 존경받고 칭찬받을 만하다. 이 재단은 윤리 운동의 기수가 되었고, 내가 버밍엄에서 보았듯이 대중은 물론 기업 간부들에게 이 문제에 대한 인식을 높이는 데 영향력을 행사했다. 하지만 윤리적 인증 상표가 사실은 소비자와 상품의 단절을 일으키고 있다는 생각을 지울 수가 없었다. 캐드버리는 가나의 코코아 농부들을 돕기 위해 수백만 파운드에 달하는 지속 가능한 계획을 과거에도 실천하고 있었고 지금도 계속하고 있다. 공정 무역 재단에 등록하기 훨씬 전부터 실천해 왔다. 나는 캐드버리의 고객으로서 캐드버리가 코코아 파트너십에 지속적으로 투자하는 것이 로고나 인증 작업보다 훨씬 더 중요한 일이라 생각한다. 하지만 캐드버리는 외부의 윤리 인증 기관과 제휴하면 자사의 메시지를 소비자에게 더 잘 전달할 것으로 판단했을 것이다. 이러한 결정으로 긍정적인 홍보 효과를 얻었으므로 그들의 판단은 옳았다. 캐드버리의 의도는 훌륭하지만 데이브와 이안의 행보를 더 닮기를 바란다.

지금까지 나는 커피와 초콜릿같이 윤리적 역사가 깊은 상품을 살펴봤다. 하지만 이 분야의 현실은 바라던 것과는 달리 만족스럽지 않았다. 윤리적 인증 상표 없이도 윤리적일 수 있는 거래 방식은 없을까? 지금까지 윤리적 사업의 대상은 대부분 식품이나 의류 등 기본 품목들이었다.

이렇게 된 것도 이들 제품이 좀 더 빈곤한 나라(아프리카, 남아메리카, 아시아 일부 지역)에서 생산되기 때문이 아닐까 생각해 본다. 초저 수입으로 생계를 이어 가는 이곳 농부와 노동자들은 국제 무역의 잔인한 측면에서 보호받기를 간절히 바라고 있다. 그렇다면 세계 산업에서 상당한 비율을 차지하는 고도의 기술로 제작된 상품은 어떨까? 컴퓨터나 아이팟, 새로운 운동화 한 켤레를 살 때 우리가 단번에 알아보는 브랜드 회사에서는 자사의 제품이 얼마나 윤리적으로 생산되고 있는지 과연 자세히 따지고 있을까? 이 부분 역시 헤아려 볼 필요가 있다.

중국

상하이

광저우 선전

대만

중국 china

위치 | 동아시아
면적 | 959만 6961㎢(3위)
인구 | 13억 3972만 4852명(1위)
수도 | 베이징 Beijing
국내 총생산 | 5조 8782억 5700만 달러(2위)
1인당 총생산 | 5184달러(90위)
화폐 단위 | 위안 Yuan

PART 3
중국

그들에게
많은 걸 기대하지 마라

"중국은 완전히 자본주의 국가로 변하고 있어요. 중국 대기업에는 이사회와 기관 주주가 있습니다. 그런데 저는 그게 필요 없다고 생각합니다. 우리 회사에는 이사회가 없어요. 회사에서 하는 일은 모두 저에게 달려 있죠. 주주가 많으면 사사건건 논쟁이 벌어집니다. 그런 곳에서 사회적 책임을 지자는 이야기를 누가 꺼내겠어요? 지금 세대는 저처럼 생각하지 않아요. 젊은 세대는 짊어질 책임도 얼마 없을 테니 돈을 버는 데만 집중하지, 선행 같은 데는 신경도 안 쓸 겁니다."

chapter 7

중국 정부도 못 건드리는 공룡 기업, 폭스콘

"그들이 건물에서 왜 뛰어내렸는지 누가 알겠어요? 그 사람들에게 고 맙다는 얘긴 아니지만, 그 덕분에 우리는 돈을 더 받게 되었습니다."

주는 자신이 일하는 공장으로 이어진 길 아래쪽의 차량 진입 방지 말 뚝에 앉아 이야기하면서 천천히 담배를 빨아들였다. 그가 일하는 공장 은 중국 남부의 제조 중심지, 선전 외곽에 있다. 주의 시선은 한시도 가 만히 있지 않았다. 내 얼굴에 머물렀다가 금세 앞을 지나가는 사람들의 얼굴로 분주하게 움직였다. 우리는 이야기를 나눌 수 있는 조용한 곳을 찾았다. 휴대폰이나 가짜 명품 티셔츠를 파는 가판대에서 조금 떨어진 곳이었다. 거리는 즉석 시장으로 변했다. 노점상들은 기숙사로 돌아가 는 공장 노동자 무리의 주머니를 노리고 있었다.

주는 당시에 주간 근무를 했다. 오전 7시에 시작해 오후 5시에 작업을 마쳤다. 다음 날도 오전 7시부터 작업을 시작할 것이었다. 다시 출근 도 장을 찍기까지 13시간이 남았다. 우리가 앉아 있던 곳도 점점 사람이 늘 어나면서 불편할 정도로 붐비기 시작했다. 주가 다른 곳으로 가자고 제안하면서 물었다.

"롤러스케이트 탈 줄 알아요?"

"못 타요."

주가 고개를 끄덕였다.

"그럼 광장으로 가도 좋겠네요. 지금쯤이면 많이 나와 있을 거예요."

사람들 무리에서 그를 놓치기라도 할까 봐 바짝 쫓아갔다. 그 와중에도 그의 눈은 반대편에서 걸어오는 사람들 얼굴을 쉴 틈 없이 살폈다. 딱 한 번 그의 눈이 한곳에 멈췄다. 키득거리는 소녀들 무리가 잠시 그의 눈길을 끌었다. 오후 6시가 지나고 사방이 어두워졌다. 붐비는 거리를 따라 조금 더 올라가자 가판대의 불빛이 하나둘 깜박이며 켜졌다. 카니발이나 음악 축제에 온 것 같았다. 주는 젤을 잔뜩 발라 머리를 삐죽삐죽 세워 놓았는데, 이것이 중국 10대 소년들 사이에서 유행하는 스타일이라고 했다. 게다가 다른 소년들처럼 주도 일할 때 입는 청바지에 흰 티셔츠 차림이었다. 소녀들도 하나같이 똑같은 옷을 입고 있었는데 그들의 티셔츠는 빨간색이었다. 티셔츠에는 모두 그들이 일하는 회사, 폭스콘의 로고가 붙어 있었다.

2010년 봄, 폭스콘이 국제적인 뉴스의 주인공이 되었다. 한 달 사이에 이 공장에서 일하던 직원 16명이 투신자살했다. 몇 명은 근무 중에 공장 창문에서 뛰어내렸고, 다른 이들은 자신의 침실에서 뛰어내렸다. 공장 밖에 서 있는 동안 나를 단번에 놀라게 한 것은 노동자들의 나이였다. 대개가 10대 후반으로, 서양 같으면 이제 대학에 다니거나 아르바이트를 할 나이였다. 나는 월마트나 테스코에서 여름 방학을 맞아 아르바이트를 하던 10대 16명이 한 달 사이에 스스로 목숨을 내던졌다면 그 파장이 얼마나 컸을지 상상해 보았다. 서양 소비자들에게는 다소 낯설지 모르겠지만 폭스콘에서 생산하는 제품은 애플, 노키아, 델, HP, 소니, 마이크로소프트, 닌텐도 등 누구나 알 만한 브랜드의 제품이다.

중국은 현재 전 세계에 매년 1조 달러(1100조 원)에 달하는 제품을 수출하고 있다. 미국이 중국에서 들여오는 수입품은 8년 만에 세 배가 증가해 3370억 달러(370조 원)에 달했다. 다시 말해 2008년 한 해 동안 미국 세관을 거친 모든 제품 중 16퍼센트(석유를 제외하면 20퍼센트)가 중국에서 생산되었다는 뜻이다. 월마트 한 곳에서 수입한 중국산 제품만 해도 180억 달러(20조 원)에 이른다. 이 수치는 전 세계 주요 선진 공업국에서도 비슷한 수준을 보인다. 이렇게 어마어마한 공세를 퍼붓는 중국산 제품 중에 큰 몫을 차지하는 것은 기계와 의류, 전자 제품 등 주와 같은 사람들이 중국 공장에서 만들어 낸 것들이다. 하지만 미국이나 유럽, 호주나 아시아의 소비자들에게는 이들 제품을 생산한 회사의 이름이 생소하기만 하다. 제조 업체의 이름은 브랜드에 드러나지 않기 때문이다.

중국은 전 세계 제조업의 조립 중심지가 되었다. 2008년에는 중국산 수출품의 절반 이상이 수입된 부품으로 만들어졌다. 대부분의 서양 유명 브랜드 회사가 다른 개발 도상국에서 구매한 자재를 중국으로 운반해 중국 노동자들이 공정 및 조립, 테스트를 거쳐 포장하는 작업 방식을 따랐다.

소비자들은 최근 구매한 상품이 윤리적 자격 요건을 갖추었는지 알고 싶어도 제조 업체와 판매 업체가 달라서 어려움을 겪는다. 간단한 예로

아이폰을 뒤집어 뒤에 적힌 정보를 보자. '캘리포니아에서 디자인, 중국에서 조립'이라 쓰여 있다. 애플의 로고는 당신이 어떤 브랜드를 구매했는지 확실히 알려 주지만, 그것이 누구의 손을 거쳐 조립되었는지에 대해서는 어떤 실마리도 주지 않는다. 커피나 초콜릿 역시 농부에게서 서양의 기업 한 곳을 거쳐 우리에게 직접 판매되기에 커피콩이나 코코아 꼬투리의 출처를 밝히기가 어렵기는 하다. 하지만 휴대폰의 윤리적 투명성은 그보다 훨씬 더 불투명하다. 여기에는 또 다른 생산 단계가 생략

되어 있기 때문이다.

폭스콘의 1년 매출액은 애플이나 델, 마이크로소프트의 매출액을 뛰어넘는다. 폭스콘은 휴대폰과 노트북 컴퓨터 분야에서 내로라하는 몇몇 브랜드의 제품을 생산할 뿐만 아니라 애플의 최신 '머스트해브 아이템' 아이패드의 독점 생산자이기도 하다. 폭스콘은 막강한 가격 경쟁력을 내세워 계약을 성사시켰다. 이는 폭스콘의 이익률만 봐도 알 수 있다. 애플의 이익률이 27퍼센트인 데 비해 폭스콘의 이익률은 단 4퍼센트에 그친다. 공급망에서 절약한 거액을 소매상인 서양 기업이 거두어들이는 것이다.

따라서 폭스콘의 이익은 생산량이 증가할수록 높아진다. 제품 하나를 생산해 고작 몇 센트 벌어들일 뿐이라면 그리 성공적으로 보이지 않지만, 제품을 셀 수 없이 만들어 내면 수지가 맞아떨어진다. 애플의 아이패드는 출시 두 달 만에 유럽과 미국 등지에서 6000만 대가 팔렸다. 고객들이 신제품을 기다리며 줄을 길게 늘어서는 바람에 제품은 금세 팔려 나갔다. 제품을 더 많이 더 빨리 생산하라는 압력이 애플은 물론 폭스콘에 가해졌다. 공급 업체를 바꾼다는 것은 상상할 수도 없는 일이다. 폭스콘은 아이패드 같은 대형 계약을 통해 애플을 어디도 못 가게 꽉 붙잡았다.

이것이 21세기 제품 공급망의 현실이다. 중국은 제품을 타국 생산비의 몇 분의 1밖에 안 되는 가격으로 생산할 수 있게 되면서 전 세계의 공장이 되었다. 아웃소싱이라는 개념은 새로울 것이 없다. 저렴한 노동을 제공하는 개발 도상국들은 자신의 노동력을 기꺼이 구매해 줄 서양 고객들을 발견했다. 그들 중에 중국이 두드러지는 것은 투입 가능한 노동 규모가 막대한 데다 노동력의 품질과 신뢰도도 높기 때문이다.

아이패드 같은 전자 제품 제작 공정에는 정밀한 조립과 엄격한 테스트가 필요하다. 그중에는 기계로는 안 되고 사람이 직접 해야 하는 몇 가지 특별한 단계가 있다. 이런 반숙련 노동에 대한 필요 때문에 사상 최대의 인구 이동이 이루어졌다. 지난 30년간 중국에서 고향을 떠나 이주한 사람들이 19세기에 유럽에서 미국으로 이주한 전체 인구수의 네 배나 된다. 이 어마어마한 수의 이주 노동자들은 중국의 낙후된 시골 지역 출신이다. 중국에서 이러한 현상을 '추취(出去)'라고 하는데 이제는 일자리를 찾기 위해 고향을 떠난 젊은 세대를 가리키는 말이 되었다. 현재 중국에는 이러한 이주 노동자가 1억 3000만 명에 달한다. 폭스콘의 공장 한 곳에만 40만 명의 노동자가 일하고 있다. 공장의 규모도 엄청나서 한 공장에서 다른 공장으로 이동하는 데 자동차로 30분이 넘게 걸린다.

주 또한 이주 노동자다. 그는 중국에서 가장 가난한 지방 중 하나인 허난 성 지역에서 가난한 농부의 아들로 태어났다. 열여섯 살에 공업 학교를 졸업한 뒤, 고향을 떠나 폭스콘에 취직했다. 지금은 조립 라인에서 노트북 컴퓨터와 아이패드, 아이폰을 조립하고 있다.

중국의 여느 젊은이들처럼 주 역시 매달 봉급의 일부를 집으로 보낸다. 이주 노동자들이 가족에게 보내는 돈은 중국 농촌 지역의 빈곤 해소에 도움이 되고 있다. 이런 체계를 지속시키는 데에는 전통도 한몫하고 있다. 중국에서는 신혼집을 남자의 부모님이 지어 주는 것이 전통이다. 결혼을 하려면 지참금을 포함해 4만 위안(680만 원)이 있어야 한다. 집을 짓는 데에도 그만한 돈이 든다고 한다. 그래서 주를 비롯해 누이 3명 모두 이런 공장에서 일하며 주가 결혼하는 데 보태려고 돈을 보낸다고 했다. 주가 어깨를 으쓱이며 말했다.

"농장 일로는 그만한 돈을 못 만들어요. 집이 그리워요. 물론 돌아갈 날만 기다리죠. 하지만 그러기 전에 좀 더 배우고, 색다른 일도 경험해보고 싶어요."

공장에서 주는 똑같은 일을 하루에 만 번씩 반복한다. 같은 일을 4초에 한 번씩 하는 셈이다. 명민한 젊은 청년이니 교대 근무가 끝날 즈음부터 신경이 조금 곤두서 있는 것도 놀라운 일은 아니었다. 그는 반복적인 일뿐만 아니라 혹독한 작업 환경 때문에 조금씩 지쳐 간다고 말했다.

"일할 때에는 말도 못하게 해요. 그러니 참을 수 없이 외로울 때도 있어요. 돈도 중요하지만 좀 더 재미있는 일을 하고 싶습니다. 일을 잘하면 승진도 하겠죠. 제가 여기서 2년 더 버티면 우리 부서의 감독관이 될 수 있을 거예요."

주의 동료들이 자살한 뒤에 폭스콘에서는 기본 월급을 900위안(15만 4000원)에서 1200위안(20만 6000원)으로 올렸다. (평상시처럼) 주말에도 일을 한다면 주는 한 달에 2000위안(34만 3000원)을 벌 수 있다. 지난해 아이패드 작업을 맡았을 때는 일주일에 25시간씩 초과 근무를 해서 한 달에 3100위안(53만 3000원)을 벌어들였다고 한다. 중국에서는 합법적인 초과 근무 시간이 한 달에 36시간 이하지만, 폭스콘에서는 초과 근무가 의무 사항이다. 주는 초과 근무로 매우 피곤하다고 했다. 그런데 당시 회사에서 더 큰 변화를 계획하고 있다며 걱정했다.

"폭스콘이 내년에 허난 성 지역으로 이사 간다는 소문이 나돌고 있어요. 여기서 계속 일하려면 저도 같이 옮겨야겠죠. 물론 고향하고는 가까워지겠지만 허난 성 지역에서는 월급이 그리 많지 않을 겁니다."

실제로 2010년, 폭스콘 측에서 허난 성으로의 이주가 임박했다고 발표했다. 자살 사건이 벌어지기 전에 폭스콘은 선전의 합법적인 최저 임금 수준인 한 달 1100위안(13만 9000원)을 어기고 있었다. 그때 임금을 인상한 것은 자살 사건에 이은 언론의 극심한 취재 열기 때문이었다. 애플과 델 등은 소비자들이 폭스콘 사건에 당신들도 간접적 책임이 있는 것 아니냐며 염려의 목소리를 높이자 철저한 조사에 들어갔다. 의심할 것도 없이 이들 기업은 폭스콘에 자사의 불편 사항을 충분히 인식시켰다. 그런데 최저 임금이 600위안(10만 3000원)밖에 안 되는 허난 성 지역으로 이주하면 폭스콘은 고객 기업과의 약속을 지키면서 최저 임금 의무도 이행할 수 있을뿐더러, 임금을 절반 가까이 삭감해 제품의 단가를 낮은 수준으로 유지하는 등 추가로 상당한 이익을 누릴 수 있을 것이다. 애플은 폭스콘의 이주에 대해 '노동자들이 고향과 좀 더 가까워질 수 있을 것'이라고 밝혔다.

폭스콘과 거래하는 대형 전자 회사에게 임금 인상은 더 큰 피해를 막는 중요한 대책이었다. 애플이나 소니 등 세계적인 주요 기업은 자살 사건이 벌어진 공장과 거래해 이미지를 더럽히는 것을 절대로 원치 않는다.

소니는 사회적으로 책임을 다하는 기업이라는 자사의 명성을 튼튼히 다지기 위해 중국에 열심히 공을 들이고 있다. 2008년 쓰촨 성에 지진이 일어났을 당시, 소니는 재난 구호 기금을 기부해 지진으로 파괴된 지역

학교에 칠판과 책상을 보급하는 데 힘썼다. 기업의 사회적 책임 '계획'에 참여해 베이징에 소니 익스플로라사이언스 박물관을 세우기도 했다. 소니는 웹사이트에서 이 박물관을 '아이와 어른을 위한 교육적 놀이터' 라고 지칭했다. 어린이들에게 '최신 전자 기기를 체험하면서 과학의 원리를 탐험하는' 기회를 누리게 하는 것이 박물관의 목적이다. 소니는 이곳에서 '다양한 신제품을 체험해 볼 수 있다' 고 약속한다. 하지만 주나 그의 동료들이 빠듯한 하루를 쪼개어 그곳을 방문할 여유는 없어 보였다. 그들은 한평생 접할 수 있는 전자 기기를 이미 충분히 접하고도 남지 않았을까?

폭스콘 자살 사건에 대한 기업의 반응을 묻자 애플의 스티브 잡스는 이렇게 대답했다.

> 애플은 이 산업 분야에서, 아니 실제로 그 어떤 산업 분야와 비교해도 공급망의 작업 환경을 누구보다 잘 이해하고 있습니다.

그의 말이 맞을지도 모른다. 하지만 애플이 최선을 다해 왔는데 조립 라인에서 근무하는 10대 16명이 스스로 목숨을 끊었다면 이는 무엇을 말하는 걸까?

물론 모든 사건의 책임이 중국 당국에 있다고 주장할 수도 있다. 자국 기업을 규제하고 관리하는 것은 중국 당국이 알아서 할 일이지 외국 기업의 몫이 아니라고 말이다. 그보다 더 현실적인 견해는 책임이 양측 모두에게 있다는 것이다. 하지만 누구 책임인지 따지는 사이 문제는 점점 더 악화된다. 임금 인상이 도움은 되겠지만 그 효과는 일시적일 뿐이며, 중국의 경제 발전에 생긴 거대한 균열을 가린 미봉책에 불과하다.

20년 전에 일자리를 찾아 도시로 이주한 사람들은 문맹의 농부들이었지만 중국이 지난 20년간 시골 지역에서 무상 의무 교육을 실시하면서 상황이 바뀌기 시작했다. 시골의 가난한 사람들이 일자리를 찾으러 도시로 몰려드는 것은 변함없지만 그들은 이전 세대보다 더 많은 교육을 받았다. 더 나은 능력을 갖추었고, 눈도 높아졌다. 그들은 생각 없이 반복적인 업무를 수행하는 로봇이 필요할 뿐인 산업과 어울리지 않았다. 주처럼 똑똑한 젊은이들이 4초에 한 번씩 반복되는 일을 입도 뻥긋하지 못한 채 하루에 12시간, 일주일에 7일씩 하면서 월급 520위안(8만 9000원)을 받는다. 그런 삶 속에서 희망을 잃는 것은 당연하다.

chapter 8
중국 최고 기부자에게 중국을 묻다

중국에는 비정부 기구가 많지 않다. 이주 노동자들의 권리를 지지하는 단체는 얼마 없는데, 전직 경제부 기자에서 운동가로 돌아선 리우 카이밍은 그중 하나를 이끌고 있다. 키가 작고 마른 몸에 머리카락이 짧고 숱이 없는 그는 자신이 왜 이런 어려운 일을 택하게 되었는지를 서툰 영어로 설명했다.

"이주 노동자들이 자국에서 어떤 취급을 받는지 보고 신물이 났습니다. 중국은 노동자의 권리를 존중해야 해요. 그러라고 나라를 세운 것 아닙니까. 그런데 중국 노동자는 대기업의 이익 때문에 우선순위에서 밀려나 있습니다."

중국의 7억 3700만 명의 노동자 중에 이주 노동자는 1억 3000만 명에 달한다. 이주자들은 대개 서면 계약 없이, 노동의 대가로 얼마의 임금을 주겠다는 구두 약속만 해 주는 단순 노동직 자리를 얻기 위해 경쟁하고 있다. 리우가 하는 일은 전체 사업장의 3분의 2와 충돌하게 된 이주 노동자들을 지원하는 것이다. 이들 사업장은 법에서 정한 서면 계약서도 제공하지 않고 구드로 계약을 철회했다. 안타깝게도 계약서가 없으면 이주 노동자가 보상 받을 길이 없다. 리우는 당시에 공장 800군데의 자료를 수집해 이주 노동자의 임금과 작업 환경을 조사했다. 그가 비꼬듯 웃으며 말했다.

"대부분 초과 근무 수당조차 지급하지 않고 있습니다. 수당은 고사하고 임금을 제대로 안 주는 곳도 수두룩해요."

중국 당국에서는 이주 노동자에게 지급되지 않은 임금이 120억 달러(13조 3000억 원)를 넘을 것으로 추산했다.

공장주들은 비용을 절감하는 동시에 서양 바이어들을 달래기 위해 윤리 규범을 높여야 한다는 이중 압력에 시달리고 있다. 리우는 일부 중국 기업에서 작업 환경이 뛰어난 '공개용' 공장을 만들어 놓고, 기본적인 수준에도 못 미치는 작업 환경과 불법 초과 근무가 일상처럼 벌어지는 '그림자' 공장을 운영하는 실태를 여럿 적발했다.

"서양 기업에서 감사를 나오면 공장주는 '공개용' 공장을 보여 주어 고객을 안심시키고, 보이지 않는 음지에서는 다른 공장을 계속 가동할 겁니다. 그렇게 해서 비용을 저렴한 수준으로 유지할 수 있는 거죠."

서양 사람들은 중국의 중앙 정부가 이러한 만행을 가만두지 않을 것이라 짐작하겠지만, 사실 국가 지도부에서 통과시킨 무수한 노동법은 제대로 시행되지 않고 있다. 리우의 말에 따르면 그 이유는 법 집행 권한이 지역 공무원들에게 있는데, 이들이 뇌물을 받고 무수한 불법 행위를 눈감아 주기 때문이라는 것이다.

"젊은이들 상당수가 지방 정부 공무원이 되고 싶어 합니다. 부자가 되는 지름길로 여기고 있거든요. 아마 그 사람들이 공장주보다 더 많이 벌 걸요."

규모가 큰 공장이라면 문제는 더욱 복잡해진다. 리우는 공장이 클수록 중국 정부가 더 많은 부분을 용인해 준다고 했다. 대형 업체에서 일하는 노동자가 더 열악한 이유는 무엇일까?

"폭스콘 같은 기업이 중국 경제에서 차지하는 비중이 너무 크다 보니까 정부조차 그들을 건드릴 엄두를 못 냅니다."

2010년, 폭스콘의 전자 기기 수출량은 중국 전체 수출량의 4퍼센트를 웃돌았다. 다른 경쟁 업체의 수출량과 비교해 압도적인 실적이다. 폭스콘은 중국 최대의 수출 기업이 되었지만 중국 정부로부터 어마어마한 세금 감면을 받은 덕에 중국의 100대 납세 기업 안에는 이름이 없다. 수입품에 대한 관세까지 모두 면제 받고 있었다. 지방 자치 단체장들은 폭스콘 같은 기업이 일자리를 대량 창출한다는 이유로, 그들의 공장을 관할 지역에 유치하는 데 혈안이 되어 있다.

폭스콘 같은 중국 기업 제품에 대한 세계의 수요는 기하급수적으로 증가하고 있다. 역설적이게도 노동자들을 돕는 일이 그들의 사장을 해치는 결과를 가져올 수 있다. 중국의 한 자녀 정책으로 젊은 노동자층의 유입이 감소하기 시작할 것이며, 얼마 지나지 않아 중국의 13억 인구로도 값싼 노동력에 대한 수요를 충당할 수 없게 될 것이다.

"특정 산업에서 노동력이 부족해질 겁니다. 그러면 노동자들이 힘을 갖게 되겠지요."

리우가 낙천적으로 말했다. 이주 노동자들의 상황이 조금씩 바뀌고 있지만, 이는 누군가 그들을 돕기 때문이 아니라 수요와 공급이라는 단순한 경제적 요인 때문이었다.

사실 여기에는 몇 가지 요인이 함께 작용하고 있다. 노동력 부족은 곧 노동자들이 선택할 수 있는 여지가 많아졌다는 뜻이 될 수 있다. 좀 더 교육을 받은 노동자들은 단순히 집에 보낼 돈을 벌기 위해서가 아니라 자기 계발을 할 기회를 찾게 된다는 뜻도 된다. 주를 비롯해 내가 만난 폭스콘의 다른 노동자들과 마찬가지로 중국의 새로운 이주 노동자 세대는 배우면서 돈을 벌고 싶어 한다. 중국 빈곤 지역에서는 지난 20년 동안 교육 분야의 발전을 이뤄 왔지만, 전국 대학 수학 능력 시험인 '가오카오'를 치르는 졸업생 수가 2년 연속 50만 명 가까이 줄면서 이런 발전도 감소 추이를 보이고 있다. 리우가 덧붙여 말했다.

"과거에는 학생들이 열심히 공부하면 좋은 직업을 가질 수 있다는 생각에 학업에 열중했습니다. 그런데 이제 더 나은 직업은 없다는 사실을 깨닫고, 대학 교육이 그리 좋은 투자가 아니라고 생각하게 되었습니다. 그러니 이주 노동자가 더욱더 매력적으로 보일 수밖에요."

리우 같은 운동가들은 이러한 변화가 어디서 끝날지 두렵다고 했다. 그는 열세 살밖에 안 된 아이들이 직장을 구하러 도시로 '이주'하면서, 학업을 포기하는 경우를 자주 보았다. 시골 지역의 젊은이들은 학업을 계속해 봤자 나아지는 건 없다고 생각한다. 일을 늦게 시작할수록 돈을 벌어 고향에 집을 구하고 가족과 함께 살겠다는 목표가 연기될 뿐이라는 것이다. 이제 중국 농촌에서 교육은 쓸모가 없어졌다.

그럼에도 리우는 이주자들 사이에서 한 가닥의 희망을 찾는다. 첫째,

새로운 이주 세대는 그들에 앞서 이주 노동자의 삶을 겪은 위 세대로부터 사장의 파렴치하고 끔찍한 이야기를 셀 수 없이 들은 뒤에 도시에 도착한다. 둘째, 젊은 이주자들은 서로 소통하고 있다.

"가장 중요한 것이 인터넷입니다. 이주 노동자들이 공장 안에서의 삶에 대해 정보를 나눌 방법을 천천히 찾아가고 있습니다."

물론 중국 정부가 페이스북이나 트위터 등 소셜 네트워크 사이트를 막기 위해 정교한 방화벽을 구축하고 있지만 인터넷에 익숙한 젊은 중국인들이 '벽을 넘는' 방법을 점차 배워 가고 있다. 변화를 일으키는 데 필요한 투명성을 기르는 것은 결국 노동자 자신이다.

광저우 대학 학생 커피숍에 앉아 있는 리앙은 평범한 늦깎이 대학생 같아 보이진 않았다. 그는 비싼 폴로셔츠에 유명 브랜드의 청바지 차림으로 자동차 키를 만지작거리고 있었는데 열쇠고리의 로고를 보아하니 BMW 같았다. 리앙은 늦깎이 대학생이면서 백만장자다. 30년 전에 고등학교 졸업장도 받지 못한 채 학교를 그만둔 그는 중국 제조업의 심장부에 성공적인 사업 제국을 건설했다. 그의 회사는 공장과 창고에 쓰이는 알루미늄 창문과 문, 선반을 제작하고 있었다.

리앙의 공장은 중국 남부에서 흔히 볼 수 있는 전형적인 형태였다. 500명 정도 되는 직원 대부분이 이주자였다. 리앙은 알루미늄 제품을 미국 경쟁 업체보다 훨씬 싼 가격에 생산해서 성공을 거두었다. 이는 값싼 임대료 덕이기도 하지만 대개가 이주자들의 값싼 노동력 덕분이었다.

리앙의 사업은 요즘 같아서는 구하기 어려운 우수한 노동력을 찾으면서 성공 가도에 오르기 시작했다. 리앙이 말했다.

"이주 노동자들은 너도나도 초과 근무를 하려고 합니다. 가끔은 우리 쪽에서 말려야 할 정도예요. 하지만 새로운 노동자를 찾아 훈련시키는 비용이 더 비싸기 때문에 균형점을 찾아야 합니다."

리앙은 노동자들이 공장 내에서 즐길 수 있도록 기숙사와 구내식당을 제공한다.

중국은 노동자와 고용자의 관계가 독특하다. 중국 기업은 노동자 대부분이 다른 지역에서 온 이주자이기 때문에 회사에서 작업 현장의 환경뿐만 아니라 근두가 끝난 뒤의 생활 환경까지 책임을 진다. 이주 노동자들은 밥을 먹고 잠을 잘 곳이 필요하다. 이것은 곧 공장이 생활의 터전을 마련해 준다는 뜻이 된다. 최악의 상황이라면 이주 노동자들은 낮 동안 열악한 작업 환경에 시달리고, 일이 끝난 뒤에는 형편없는 식사와 불편한 잠자리를 견뎌 내야 한다. 이런 이유로 중국 기업은 자신의 사회적 책임을 매우 진지하게 받아들여야 한다. 이주 노동자들은 길 건너에 조금이라도 좋은 조건을 제공하는 곳이 있으면 바로 옮겨 간다고 리앙이 말했다.

"노동자들 눈이 얼마나 날카로운데요. 저희도 시설에 더 신경 쓰고 싶죠. 그런데 사업은 능력 문제지, 시설 문제가 아니지 않습니까."

여기서 리앙이 '능력'이라고 한 부분은 일반 노동자에 해당하는 것이 아니었다. 2010년 그는 막대한 돈을 들여서 디자인과 엔지니어링 분야의 대학 교수 두 사람을 영입했다. 그들의 명성이 자사의 브랜드 가치를 높이는 데 일조할 것이라고 그는 믿고 있었다. 한편으로 그는 고객들이 다른 노동자들에 대해서는 크게 신경 쓰지 않는다고 생각했다.

"이 업계에서 비밀은 없어요. 경쟁 공장의 시설이 어떤지, 그곳 노동자들은 어떤지 다 알고 있죠."

얼핏 보면 노동자들이 마음껏 선택할 수 있으니 좋을 거라는 생각이 든다. 안타깝게도 이 때문에 실제 공장 현장에서는 개선할 필요가 있기 전까지 현 상태를 고수하려 한다. 한 공장에서 새로운 구내식당을 열면 다른 공장도 그 뒤를 따라야 하겠지만, 이런 일이 벌어지기 전에는 모두 기존의 구내식당으로도 평균 수준을 유지할 수 있다. 리앙도 마찬가지였다. 개선 계획은 있지만 그럴 필요성이 절실해지기 전까지는 개선하지 않을 생각이라고 했다. 그럴 돈으로 교수들을 끌어오는 편이 더 낫다고 했다.

대학과 연을 맺으면서 리앙은 자기 계발에 집중하게 되었다. 이번에 영어와 고대 중국 철학 수업에 등록했다고 했다.

"저 자신에게 조금만 투자하면 사업은 그 이상으로 성장한다는 것을 알게 되었습니다. 이제 저는 제 내면세계에 다다르고 있어요. 이전 세대는 그렇게 열심히 일해서 무엇을 남겨 놓았을까요?"

그러나 리앙은 그런 수업을 이주 노동자들에게 제공해 그들이 자신만의 '내면세계'에 다다르도록 하는 것이 마찬가지로 현명한 투자라고는 생각하지 않았다.

"그러다가 사람들이 떠나 버리면 어떡합니까?"

그가 되물었다.

나는 리앙과 헤어진 뒤 중국 경제계의 거물을 만나기 위해 서둘러 도시를 가로질렀다. 저녁 10시인데도 위팡린은 광저우 시내 중심가의 사무실에서 부동산 계약의 마지막 세부 사항을 두고 치열한 협상을 벌이고 있었다. 위는 끝까지 양보하지 않았다. 커다란 책상 맞은편에 앉은 세 사람은 나이가 위의 절반밖에 되지 않아 보였다. 그들의 표정을 보아 하니 꽤 쩔쩔매고 있는 듯했다. 위팡린은 회사 창립 이래로 중국 최고 부자 명단에 한 해도 빠지지 않고 올랐으며, 중국의 부자 연구 기관인 후룬(胡潤)의 보고서에 5년 연속 중국 최고의 자선가로 선정되기도 했다. 지금까지 그가 기부한 금액은 약 73억 위안(1조 3000억 원)에 이르고, 2010년에는 전 재산 30억 위안(5300억 원)을 자선 단체에 기부하기로 발표해 세상을 놀라게 했다. 기부 문화가 자리 잡지 않은 중국에서 매우 이례적인 인물이었다.

위는 사업과 관련된 일이라면 일절 타협하는 법이 없었다. 여든 살이 넘은 그에게 이런 상황은 이미 익숙했다. 11시가 다 되어 계약이 끝나자 그가 만족스러운 표정을 지었다. 계약서 한 장 한 장에 도장을 꼼꼼히 찍은 뒤에야(그러니 위를 속일 사람은 아무도 없을 것이다) 그의 하루 업무가 끝났고, 그제야 그와 이야기를 할 수 있었다.

내가 이렇게 큰 고층 건물 소유자를 만나는 것은 처음이었다. 우리는 광저우의 부산한 쇼핑가가 내려다보이는 58층의 사무실에 앉았다. 사무실 벽에는 위가 중국의 다양한 고위 정치인과 악수하는 사진이 걸려 있었다. 창문 밖 하늘은 카르티에며 포르쉐의 광고판에서 뿜어내는 빛으로 붉게 물들어 있었지만, 위의 차림새는 현대적이라 할 만한 것이 아무것도 없었다. 그는 마오쩌둥 주석이 자주 입던 전통 중국 의상을 입고 있었다. 위가 마오쩌둥과 다른 것은 엘비스 프레슬리 저리 가라 할 만큼 독특하게 부풀려 빗어 올린 새까만 앞머리였다.

중국 본토에서 추방되어 홍콩으로 망명한 그는 30년 동안 홍콩에서 부동산 거래로 막대한 부를 쌓았다.

"덩샤오핑, 그러니까 '개방'이 아니었으면 나는 본토로 돌아오지 못했을 거요."

앨범을 휙휙 넘기면서 위가 말했다. 찾던 페이지를 펼치더니 앨범을 내 쪽으로 돌려 30년 전에 찍었다는 사진을 보여 주었다. 젊은 시절의 위가 구급차 행렬 앞에 서서 찍은 사진이었다. 늘어선 구급차들은 그가 고향 병원에 기증한 것이었다. 홍콩에서 돌아온 이후 가장 먼저 한 일이었다. 앨범에는 그와 비슷한 사진이 가득 실려 있었다.

위는 자선 활동 덕택에 정부 관료들의 환심을 사게 되었고, 그에 따라 더 많은 돈을 벌어들일 수 있었다며 솔직하게 털어놓았다.

"사업은 돌고 도는 겁니다. 내가 개발이 덜 된 분야에 좋은 뜻으로 돈을 쓰면, 그것이 다시 지방 정부의 호의로 돌아옵니다. 그러면 그 지역의 부동산 계약을 따내는 데에도 도움이 되죠. 그런 식으로 자선 사업을 하는 기업의 동기가 명성을 얻기 위한 것인지 선행을 위한 것인지는 쉽게 구분하기 어려워요."

위는 아무래도 상관없다는 듯 어깨를 으쓱해 보였다. 하지만 위는 필요한 곳에 쓰라며 기부금을 정부에 직접 전달하는 방법은 추천하지 않았다. 그는 중국 정부를 믿지 않았다.

"가난한 사람들에게 돈을 직접 주는 것이 좋습니다. 그렇게 해야 내

돈이 어떻게 쓰이는지 알죠."

중국에는 정부에 전달한 기부금이 의도한 곳에 전해지지 않는다는 의심이 팽배해 있다. 얼마 전 중국에서 활동하는 한 비정부 기구가 부패한 관료들이 쓰촨 성 지진 구호 기금을 압수, 횡령했다는 혐의를 제기하기도 했다. 위는 나를 진지하게 바라보면서 자신의 손을 가슴에 갖다 댔다.

"내가 번 돈은, 사람들이 벌게 해 준 것이니 그들에게 돌려주고 싶어요. 물론 그렇게 하려면 우선 돈을 벌어야겠지."

위는 내가 자기의 말뜻을 이해했는지 확인하려는 듯 고개를 끄덕이더니 잠시 껄껄거리고는 이렇게 덧붙였다.

덩샤오핑의 '개방' 정책 이후 자본주의가 폭발적으로 팽창하면서 벼락부자도 폭발적으로 증가했다. 2009년 말에 미국 달러를 기준으로 중국의 백만장자는 47만 7000명에 이르렀다. 2008년에 비해 31퍼센트 증가한 수치로 미국과 일본, 독일의 뒤를 이었다. 하지만 부자들의 기부 활동은 여전히 낮은 수준이고, 자신의 돈을 쓰지 않고 쌓아 두는 이들이 점점 더 늘고 있다. 2009년에 정부가 후원하는 자선 활동 실적표에는 총 121명의 중국인 자선 활동가가 이름을 올렸다. 이들의 기부금은 총 2억 7700만 달러(3070억 원)였다. 이는 미국의 400대 부자에 포함되는 스탠리 드러켄밀러 부부가 기부한 금액의 절반도 안 되는 수준이다.

위는 다음 세대의 성공한 중국 사업가들이 자신과 같은 뜻을 품지는 않을 것이라 말했다.

"중국은 완전히 자본주의 국가로 변하고 있어요. 중국 대기업에는 이 사회와 기관 주주가 있습니다. 그런데 저는 그게 필요 없다고 생각합니

다. 우리 회사에는 이사회가 없어요. 회사 일은 모두 제게 달려 있죠. 주주가 많으면 사사건건 논쟁이 벌어집니다. 그런 곳에서 사회적 책임을 지자는 이야기를 누가 꺼내겠어요? 지금 세대는 저처럼 생각하지 않아요. 젊은 세대는 짊어질 책임도 얼마 없을 테니 돈을 버는 데만 집중하지, 선행 같은 데는 신경도 안 쓸 겁니다."

그가 이전부터 해 둔 생각이라는 듯, 체념한 표정으로 나를 향해 고개를 끄덕였다. 위의 말이 맞다면 주를 비롯한 다른 이주 노동자들이 중국

업계에 의지할 부분은 얼마 없다. 기성세대 사업가들이 보여 주던 선의는 사라지고 있다. 그나마 남아 있는 얼마 안 되는 선의도 기업의 지속 가능한 사회적 책임 형태가 아닌 개인의 사적인 기부 형태로 나타난다. 사적인 기부는 중국인 소유 기업이 서둘러 받아들이는 개념이 아니다.

바로 여기에 중국의 노동 조건에 관한 핵심 문제가 있다. 공산주의 꼬리표는 아직 달고 있지만 중국은 극심한 개인주의 사회다. 그러고 보면 노동 조건과 관련하여 자국이 덜 공산주의적이라고 주장할 수 있는 나라는 거의 없다. 이에 더해 노동자보다 경영주의 이익을 더 지지하는 정부가 통치하는 사회에서 기업의 사회적 책임 따위는 전혀 고려 대상이 아니다. 사장들이 영향력 있는 정치인들에게 수표 하나만 써 주면 모든 귀찮은 일이 손쉽게 해결되는 현실에서 노동자들이 정부에 무엇을 기대할 수 있겠는가. 중국은 정부가 진정 원하는 일이라면 어떻게든 이루고 마는 나라다. 그래서 이런 현실이 더욱 안타깝다. 노동자들은 대응하지 않으면 안 될 정도로 압착이 거세질 때까지 기다리고 있는 것인지도 모른다.

2010년 한 해 동안 중국에서 발생한 노동 쟁의는 눈에 띄게 늘었다. 언론의 관심은 폭스콘과 혼다 등 외국 기업에 쏠렸는데, 전국적으로 1년 동안 10만 건이 넘는 시위가 벌어졌다. 지금까지는 노동 운동에 대한 대규모 탄압도 없었고, 아직 뚜렷한 노동 운동 지도자도 나타나지 않았다. 중국 노동조합의 역사가 짧은데다 노동자들도 권리 주장에 소극적이다. 그러나 상황은 변화하고 있으며 중국 정부는 이를 우려하고 있다.

리앙이 말했듯 노동자들은 예리하다. 서양 언론의 관심을 많이 받으면 받을수록 그들은 사장에 맞설 용기를 얻게 될 것이다. 냉전 시기에

폴란드에서 일어난 자유 노조 운동이 그러했듯 노동자들의 분노가 효과적인 사회 운동으로 결집하면 상황은 정말 치열해질 것이다. 중국인 사이에서는 정부 장관들이 유일하게 아는 폴란드어가 '솔리다르노시치(폴란드 자유 노조)'라는 말이 떠돈다.

chapter 9

중국 관료들은 우뇌를 쓸 줄 모른다

중국의 급격한 경제 성장이 몰고 온 인간의 고통에 맞서려는 사람이 또 있을지 궁금했던 차에 빌 발렌티노라는 이름을 듣게 되었다. 중국 기업의 변화를 이야기할 때 빠지지 않고 등장하는 이 사람을 만나 보려고 온갖 애를 썼다. 다행히 중국을 떠나기 직전 베이징에 있는 그와 이야기할 수 있었다. 그 당시 나는 상하이에 있었다. 자정이 다 된 시간에 스카이프(인터넷 음성 통화)로 얼굴을 맞대고 이야기했다. 이런 사실만 봐도 지금이 어떤 시대인지, 오늘날 중국에서 사업이 어떻게 이루어지고 있는지 짐작할 수 있었다. 여태껏 중국에서 만난 다른 사람들처럼 빌도 눈코 뜰 새 없이 바쁜 사람이었다.

당시 BP(세계 2위의 석유 회사)의 멕시코 만 원유 유출 사건으로 모든 뉴스가 도배된 터라 우리는 이 사고로 중국 내 BP의 평판에 미칠 영향에 관해 이야기를 나누었다. 빌이 말했다.

"저와 함께 일하는 중국인들은 다들 이렇게 말하더군요. '하지만 BP는 좋은 회사고 환경에 좋은 일도 많이 했잖아'라고 말이죠."

BP가 환경에 좋은 일을 많이 했다는 것은 사실이지만 원숭이도 나무에서 떨어질 수 있는 법. 그들의 훌륭한 평판도 손해가 막심한 실수는 막지 못했다. 빌도 동의하며 말을 이었다.

"사회적 책임의 정수를 보여 줬던 기업도 이것을 사업의 한 전략이라고 보지 않으면 하루아침에 최악의 상태로 몰락할 수 있습니다."

빌은 북미 출신으로, 중국 내 외국인 소유 기업에서 기업의 사회적 책임 프로그램 개선 방안을 모색하는 동시에 가치를 창출하는 일을 해 왔다. 그는 현재 아스피린으로 유명한 독일의 세계적인 제약 및 화학 회사인 바이엘에 고용되어 있다. 그는 중국 기업에서 가장 중요시하는 것은 무엇보다 가치 창출, 특히 경제적 가치 창출이고 이에 대해 확신을 주지 못하면 사회적 책임과 관련한 사업 이야기는 꺼내지도 못한다고 했다.

빌은 자신이 어디서부터 시작했는지 이야기하면서 지금 중국에 절실한 문제는 사회적 안정 구축이라고 열의를 다해 이야기했다.

"변화를 통해 어떻게 더 좋은 브랜드나 명성을 만들고 더 좋은 직원을 끌어들일 것인지, 또 변화로 공급망의 위험 요소를 어떻게 줄일 것인지에 대해 이야기해야 해요. 진정한 기업의 사회적 책임은 장기적으로 평가해야 하거든요. 단기적인 결과만 바란다면 그건 홍보에 불과할 뿐입니다. 지금 기업의 사회적 책임은 환경뿐만 아니라 빈곤 퇴치와 건강, 교육 등 우리가 '시민 사회의 능력 배양'이라 부르는 문제에 초점이 맞춰져 있습니다."

빌은 이 모든 것이 안정에 대한 다분히 중국적인 요구를 반영하고 있는데, 이것은 유교 관념으로부터 내려온 것이라 생각했다. 균형에 대한 요구는 지난 30년 등안 놀랄 만한 경제 성장을 겪은 이후 최고조에 달했다고 빌은 말했다.

"흔히 조화나 균형이라고들 하죠. 성장을 겪으면서 환경이나 사회적 발전에는 걱정스러울 만큼 소홀했기 때문입니다."

다시 말해 중국의 음과 양이 어긋난 것이다.

2007년 이후 중국의 모든 국영 기업은 사회적 책임에 대한 철칙을 부여 받았다. 문제는 기업들이 이 규칙을 어떻게 시행해야 하는지 전혀 모르고 있다는 것이다. 빌은 문제를 알아차리고, 해결 방안을 제시하기 위해 서양인의 사고방식이 필요하다고 생각했다.

"중국의 문제는 사람들이 굉장히 현실적이라는 겁니다. 중국인들은 본능적으로 좌뇌가 발달해 있습니다. 중국 공산당 정부의 지도부만 봐도 그래요. 90퍼센트 이상이 기술자나 군인으로 구성되어 있지 않습니까. 그런데 문제에 대해 창조적인 해결책을 내놓으려면 우뇌를 써야 합니다. 우뇌는 디자인, 공감 능력, 스토리텔링, 그리고 하는 일에 재미를 느끼는 능력을 담당하지요."

빌은 바이엘이 중국 내에서 수익을 내는 동시에 사회적 가치를 창출하는 데 자신이 어떤 역할을 했는지 자랑했다. 그의 사고 과정은 다분히 우뇌 중심적이었다.

"흔히들 똑똑한 이기심은 자기 자신만 생각한다는 나쁜 뜻이라고 받아들이지만, 당신이 하는 일이 환경적 가치나 사회적 가치를 창출한다면 당신은 이렇게 말할 권리가 있습니다. '나는 수익을 낼 권리가 있으며 나의 주주에게 부를 창출할 권리가 있습니다.'"

이런 견해는 지난 20년 동안 위팡린이 해 온 일과 크게 다르지 않았다. 하지만 빌은 더 나아가, 똑똑한 이기심이란 기업의 사회적 책임이 홍보의 또 다른 형태일 뿐이라는 생각에서 탈피함을 의미한다고 말했다. 여전히 대다수의 기업은 사회적 책임을 지며 장기적인 가치를 추구하기보다는 단기적인 명성에 더 큰 관심을 보인다. 조금 더 전략적으로 생각해야 할 순간에도 이러한 발상을 떨쳐 내지 못한다.

2002년에 빌은 바이엘에 소액 금융 지원 프로그램을 제안했다. 이것은 중국의 가난한 시골 지역, 그러니까 폭스콘에서 만난 노동자들이 고향이라고 하던 그런 지역의 농부들에게 대출을 해 주는 프로그램이었다. 처음에는 회사의 반대에 부딪혔다고 한다. 그는 분명 도전을 즐겼다. 아마 그가 전략적으로 생각하고 있었기 때문이리라. 빌은 그들의 얼굴이 아직도 기억난다는 듯 활짝 웃으며 말했다.

"이렇게 말하더군요. '대체 무슨 제안을 하는 겁니까? 우리는 화학 기업입니다. 은행이 아니라고요.' 중국에서 저희의 가장 큰 이해관계 분야 중 하나가 농업입니다. 하지만 중국 서부의 가난한 농부들은 저희 제품을 구매할 처지가 못 돼요."

빌은 비료나 살충제 같은 바이엘 제품의 거대한 잠재 시장이 그곳에 있을지 모른다고 판단했다. 하지만 먹이 사슬 피라미드의 밑바닥에 있는 농부들은 아무런 자금 없이 자급적 농업으로 생계를 유지하고 있기 때문에 이런 제품은 사 볼 엄두도 못 낸다. 그곳의 잠재 시장이 얼마나 클지는 누구도 모를 일이었다. 하지만 빌은 바이엘이 그곳 지역 사회에 관여하면 시장에 대해 더 잘 알게 될 것이라고 주장했다.

"이제 우리는 그곳 농부들에게 무엇을 원하는지 물을 수 있습니다. 무작정 가서 학교나 교회를 지어 주고 지역장에게 메르세데스 벤츠 몇 대 건네주고 마는 것이 아닙니다. 그곳 사람들의 생계를 개선하기 위해 그들의 필요에 답하는 것입니다. 그리고 돈을 빌려 주면서 살충제를 안전하고 효과적으로 쓰는 방법을 알려 줄 수도 있습니다. 그렇게 하니까 농업부가 동참하더군요. 우리가 하는 일이 마음에 들었던 거죠."

이것이 빌이 말하는 '똑똑한 이기심'에서 가장 중요한 점이다. 바이엘의 모든 신약에 대한 중국 판매 허가 여부가 모두 중국 정부의 손에 달려 있기 때문에 중국 정부야말로 바이엘의 가장 중요한 고객 중 하나다.

그러면서 빌은 가난 퇴치가 기업의 책임이라고는 생각하지 않지만, 솔선해 모범을 보일 수는 있다고 지적했다. 기업은 자신의 주력 사업을 통해 문제가 어떻게 해결될 수 있는지 전례를 보이고 초기 투자를 제공해, 정부와 비정부 기구가 이전에는 생각하지 못한 일에 뛰어들도록 할 수 있다고 빌은 말했다.

"그래서 저희가 소액 금융 대출 같은 실험으로 농민의 생계 수단을 창출하겠다고 생각하기 시작한 것입니다. 그렇게 해서 건강은 물론이고 교육이나 환경같이 가난을 둘러싼 모든 것과 연계해, 이 실험을 지역 전체로 확장시킬 수 있는지 알아보려고 합니다."

이 대목에서 빌은 바이엘이 충칭 지역을 선택한 것이 전략적이었음을 인정했다. 중국에서 가장 가난한 지역인 데다 얼마 전 횡행한 조직범죄로 몸살을 앓으면서 이곳은 중국 정부에 눈엣가시 같은 존재가 되었다. 당시 중국 정치계의 기대주이자 차세대 지도자로 손꼽히는 보시라이(최측근의 미국 망명 시도 사건으로 2012년 3월 해임되었다)가 이곳에 파견되어 혼란을 수습한 바 있었다. 바이엘은 보시라이가 친밀하게 지내도 될 좋은 인물임을 알아보았다.

빌은 바이엘의 사장단을 설득하기 위해 빈곤 완화 전략 같은 말은 입 밖에 꺼내지 않으려 조심하면서, 주요 정치권과 접촉하고 새로운 시장을 창출할 수 있다는 등 계획의 긍정적인 면에 초점을 맞추었다.

"사장단은 빈곤 완화 같은 말을 듣기 싫어합니다. 먼저 경제나 수익 창출 같은 이야기를 해서 사리사욕을 채워 주는 게 좋아요. 그런 다음에야 사회적 가치 창출을 이야기할 수 있는 거죠."

빌은 많은 기업이 소위 '기업의 사회적 책임의 신화'가 되려고 앞다투어 나서지만 그들이 제대로 활동하는 건 보지 못했다고 했다. 그는 놀라운 일을 하는 몇 개 기업을 제시하면서 말했다.

"팀버랜드나 파타고니아(아웃도어 전문 브랜드) 정도가 그럴까요. 대다수 기업에게 사회적 책임은 어려운 과제입니다. 대개가 부서를 하나 만들어 놓고 직원 몇 명 데려다가 좋은 일을 하게 하지요. 다른 직원들은 그 일에 크게 신경을 쓸 필요가 없습니다."

중국에서 사업하는 기업에게는 이것이 가장 큰 과제라고 빌은 말했다. 기업 내에 대화를 장려해 수익 창출과 사회 기여의 균형을 유지하는 일은 특히 더 어렵다.

"문제는 계획을 어떻게 세우느냐입니다. 기업이 사회와 함께 어디에서 이익을 찾을 것인가가 핵심이죠."

중국에서는 이런 식으로 생각하는 사람이 많은 것 같지 않다. 빌이 보여 준 수평적 사고, 교차점을 찾기 위해 꼭 필요한 이런 사고방식은 아직 이곳에 뿌리내리지 않았다. 그러니 빌 같은 사람이 적극적으로 나서는 수밖에 없다. 빌은 희망에 부풀어 있었다.

"중국인들도 자신의 사고방식을 고집해서는 멀리 갈 수 없다는 사실을 깨닫고 있습니다. 이 나라 사람들은 창조력이 많이 부족하다는 큰 문제가 있기 때문에 어떻게 하면 창조성과 지략을 키울 수 있을까에 집중하고 있어요. 다들 이를 빨리 해결하려 합니다. 그러니 중국이야말로 새로운 아이디어를 시험해 보기 좋은 장소죠."

변화의 책임은 누구에게 돌아가는 것일까? 사업가들의 심기를 건드리지 않으려 하는 정부는 법률까지 기업이 알아서 제정하도록 내버려 두려 한다. 위팡린의 말이 사실이라면 필요한 변화를 몰고 오려는 의지는 중국 안에서 스스로 생기지 않을 것이다. 그리고 빌에 따르면 설령 그런 의지가 존재하더라도 이를 실천할 능력이 자라려면 시간이 걸릴 것이다. 그러니 지금으로서 최상의 바람은 중국 기업에 아웃소싱을 하는 서양 기업이 사회적 의제를 끊임없이 제기하는 일이다. 다시 말해 상황을 어떻게 개선할지 창조적으로 생각해 봐야 한다는 뜻이다. 지금 상태에서는 그럴듯한 말을 하는 사람은 많지만 그들이 변화를 위해 진정 능동적으로 움직이고 있다는 증거는 희박하기만 하다. 16명의 자살이 그 증거가 아니겠는가.

버마

•루앙프라방

라오스

태국

안다만 해

베트남

캄보디아

타이만

라오스 Laos

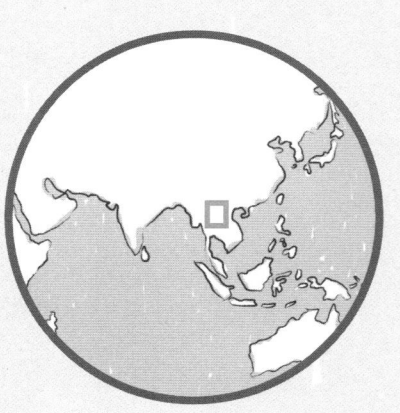

위치 | 인도차이나 반도 중부
면적 | 23만 6800㎢(84위)
인구 | 650만 명(104위)
수도 | 비엔티안 Vientiane
국내 총생산 | 64억 6100만 달러(137위)
1인당 총생산 | 1284달러(144위)
화폐 단위 | 킵 kip

PART 4
라오스

모든 산에
고무나무를 심는 나라

"저는 60달러(6만 6000원) 정도 벌어요. 중국 회사가 돈은 많이 주죠. 그런데 이것 좀 보세요. 다른 나무는 하나도 없어요. 우리도 환경 문제가 뭔지 알아요. 그래서 좋기도 하고 나쁘기도 해요."

chapter 10

라오스 예산의 90퍼센트를 지원하는 중국의 속셈

"돈을 거세요!"

딜러가 땡 하고 종을 치자 부산스럽게 움직이던 돈다발이 멈췄고, 베팅 칩이 바카라 테이블에 바삐 내던져졌다. 딜러가 잔뜩 쌓인 카드 한 벌로 손을 뻗어 맨 위의 한 장을 버리고 다른 두 장을 테이블에 깔았다. 첫 번째 카드는 용을 뜻하는 한자 앞에 조심스레 놓고 두 번째 카드는 호랑이를 뜻하는 한자 앞에 놓았다. 게임은 간단했다. 어떤 카드가 높을지에 돈을 거는 것. 전직 역도 선수인 로버트가 설명했다. 로버트는 중국어와 영어에 능통해서 이 카지노에 통역 담당으로 고용되었다.

"중국 사람들은 베팅 게임도 간단한 걸 좋아합니다. 그리고 같이 하는 걸 좋아하죠. 방 안에 빈 테이블이 이렇게 많은데 사람들이 다 이 테이블 하나에 모여 있는 것 보세요."

테이블에 모여든 중국 도박꾼들은 또 승자에게 돈을 걸기 좋아했다. 유독 한 사람이 큰돈을 걸었다. 그가 전략적으로 용 문자에 1만 위안(172만 원)을 걸었다. 다음 라운드에서 용 카드가 호랑이 카드보다 높다는 데 돈을 걸자, 다른 도박꾼들드 그를 따랐다. 딜러가 뒤집개처럼 생긴 도구를 용 카드 아래에 슬며시 넣더니 뒤집어서 남자 쪽으로 밀어 놓았다. 이제 쇼의 주인공이 된 남자가 결과를 밝혀야 했다. 테이블 끝에 앉은 남자 앞쪽의 용판 위에는 중국 화폐와 카지노 칩이 가득 쌓여 있고 반대편 호랑이판은 텅 비었다. 딜러가 먼저 호랑이가 쓰인 카드를 뒤집었다. 클로버 9. 모든 눈길이 테이블 끝에 앉은 남자에게 쏠렸다.

 남자가 오른손을 용 카드 위에 올려놓고 왼손으로 카드의 모서리를 아주 천천히 접어 올렸다. 서양 카지노에서는 카드가 어차피 완전히 드러날 것이기에 이런 행동이 용납되지 않는다. 그런데 여기서는 극적인 긴장감을 주는 연출로 여기는 듯했다. 드디어 모서리의 검은색 사이로 은색이 비쳤다. 그것이 그림 패라는 건 누구나 알아볼 수 있었다. 남자가 의기양양하게 카드를 펼쳐 보이더니 펠트천 위로 야단스럽게 쾅 내려놓았다. 구경꾼 사이에서 기쁨의 환호성이 터졌다. 남자가, 그리고 그들 모두가 이겼다. 딜러가 돈을 세는 동안 군중의 관심은 벌써 자신의 영웅이 다음 판에서는 어디에 돈을 걸지에 쏠려 있었다.

 이곳은 보텐에 있는 여러 카지노 중 하나이다. 이곳으로 연결되는 고급 호텔의 체크인 데스크 직원들은 손님이 들어설 때마다 공손하게 '니하오(중국어로 '안녕하세요')'를 외치며 그들을 반겼다. 놀라운 것은 여기가 중국이 아니라 라오스라는 사실이다. 중국에서는 도박이 불법이지만 이곳 보텐에서는 아니다. 발 빠른 투자자들이 이 도시로 몰려들어 중국 도박꾼들을 위한 카지노와 고급 호텔을 지었다. 투자자들은 이곳이 제2의 마카오가 될 것으로 기대하고 있었다. 성공을 예감한 그들은 도시 전체와 그 부근을 라오스 정부로부터 30년 동안 빌려 쓰고 있으며, 원한다면 30년 더 연장할 수도 있다. 그런데 라오스 정부가 중국에 임대한 땅은 이곳만이 아니었다. 보텐 부근의 수백만 헥타르에 달하는 숲도 농업 개발을 목적으로 중국에 매각했다.

보텐은 엄연히 라오스 땅인데도 라오스적인 것이 아무것도 없었다. 도로 표지판도 모두 중국어고 호텔 직원들도 중국어만 썼으며, 시내 번화가에도 만두와 프라이드 오리 같은 중국 음식을 파는 좌판이 줄지어 늘어서 있었다. 로버트가 말했다.

"전에는 여기도 쓰러져 가는 라오스 마을과 다를 게 없었어요. 그런데 마을 주민 한 사람당 미국 돈으로 800달러(88만 원)씩 쥐여 주고는 나가라고 하더군요. 그다음부터 완전히 차이나타운이 되었습니다."

그 뒤 차이나타운을 꾸미기 위해 중국의 노동력이 보텐에 유입되었다. 로버트가 일하는 카지노에서 라오스 출신은 20퍼센트도 채 안 되었다. 그들이 할 수 있는 일이라고는 청소부나 짐꾼들이 하는 하찮은 일이 전부였다.

오후 5시, 어스름이 질 무렵에 한 무리의 이주 노동자가 교대 근무를 하기 위해 들어왔는데 100퍼센트 중국인의 모습이었다. 호텔 반대편 도로는 서서히 어린 중국 소녀들로 가득 찼다. 5시 30분이 되자 대부분 10대로 보이는 70명이 넘는 소녀들이 호텔 진입로를 뽐내듯 걸어 다니면서 나이가 지긋한 중국인 남성들에게 자신의 명함을 들이밀었다. 이들 명함의 앞면에는 똑같은 휴대폰 번호가 적혀 있고, 뒷면에는 두 자리의 각기 다른 숫자가 쓰여 있었다. 만약 마음에 드는 소녀가 있으면 전화를 걸어 그 소녀가 준 카드 뒷면의 번호를 부르면, 성인용 중국 테이크아웃 음식처럼 그 소녀가 방문 앞에 배달되었다. 호텔에서도 제지하지 않으니 소녀들은 밤새도록 그곳을 들락거렸다. 그녀들은 펑펑 쓸 돈을 딴 도박꾼에게도, 큰돈을 잃은 도박꾼에게도 배달되었다.

나는 중국 남부에서 국경을 건너 라오스로 왔다. 중국에 있는 동안, 중국 산업이 전 세계적으로 중요해졌다는 사실에 눈을 떴다. 그러면서 이러한 경제적 도약이 중국 자체에 무조건 유익한 것만은 아니었듯이, 중국 공장에 절실히 필요한 원자재를 공급하는 국가들에게도 좋은 소식만은 아닐 것이라는 생각이 들었다.

"라오스 사람들은 중국 사람을 좋아합니다. 좋은 사업도 들여오고 값싼 오토바이도 많이 가져오니까요."

조금 전 내가 탄 택시의 운전사 켄이 비엔티안의 러시아워에 거리를 가득 메운 오토바이를 보며 장황하게 쏟아 내던 비난과는 사뭇 다른 어조로 말했다. 도시에서 16킬로미터 더 나아가 교외를 지나 새로 지어진 경기장에 도착하니 사방에 중국산 모페드와 스쿠터가 함대처럼 주변을 둘러싸고 있었다.

나는 막힌 도로가 뚫리기 시작했을 무렵 국립 경기장에 도착했다. 으리으리한 건물 4개가 당당하게 서 있었다. 육상 트랙을 비롯해 축구장, 수영장, 실내 경기장이 늦은 오후 낮게 깔린 햇빛 아래에서 어슴푸레 빛나고 있었다. 켄은 단지가 워낙 화려한 터라 들어가도 되는지 망설였지만 내 말을 듣고는 입구를 통과해 텅 빈 주차장으로 들어갔다. 우리는 위풍당당하게 서 있는 6미터 높이의 황금 횃불이 있는 중앙 스탠드 옆에 차를 세웠다.

켄은 나를 따라 계단을 올라가 스탠드 쪽으로 열려 있는 입구로 들어섰다. 8만 명 정도의 관중이 운집한 웸블리 구장의 축구 경기 결승전을 보기 위해 입장하는 느낌도 들었다. 주변에 아무도 없어서 우리는 마음대로 휘젓고 다녔다. 나와 육상 트랙 사이에는 장벽이 낮은 스탠드뿐이었다. 재미 삼아 한 바퀴 돌아 볼까 하고 만반의 준비를 하고 있을 때 뒤에서 사람들 소리가 들렸다.

마니 숭과 그녀의 세 자매가 박동이라는 나물을 캐러 근처 마을에서 경기장까지 걸어왔다. 이 나물은 텅 빈 주차장 사이에서 야생으로 자라고 있었다. 그녀가 말했다.

"시합 때는 사람이 아주 많았어요. 지금은 아무도 없지만요. 가끔 어떤 회사에서 사내 체육 대회용으로 경기장을 빌릴 때나 조금 있고요. 그때 아니면 아무도 보러 오지 않아요."

거대한 경기장을 짓는 대신 학교나 병원 같은 곳에 돈을 썼으면 어땠을까 하고 묻자 그녀가 대답했다.

"그런 건 잘 몰라요. 하지만 적어도 계획은 있어요. 사람들이 스포츠를 보러 매주 찾아오는 거예요. 그럼 우리도 돈을 좀 벌 수 있겠죠."

경기장은 중국 정부의 '선물'이었다. 라오스 지역에서 중국의 인지도를 높이기 위해 고안된 개발 프로젝트였다. 이것은 중국이 흔히 쓰는 개발 전략이다. 카리브 해 지역에는 크리켓 경기장을 지었고, 라틴 아메리카에는 축구 경기장을 세웠다. 중국은 라오스의 신뢰와 호감을 얻기 위해 온 정성을 쏟고 있다. 두 나라의 정상은 지난해에만 스무 번 넘게 만났다. 그중에는 대형 경기장 건축 계약에 서명하기 위한 것뿐 아니라 라오스의 수력 발전, 광산, 고무 자원 등에 대한 중국 기업의 개발권을 논의하기 위한 만남도 있었다.

타 강 기슭에 있는 루앙 남타는 라오스다운 느낌을 간직한 곳이었다. 이곳은 주로 근처 시골 지역에 거주하는 전통 부족을 찾아가기 위한 근거지로 쓰이거나, 중국으로 향하는 서양의 육로 여행객이 잠시 머물렀다 가는 곳이었다.

루앙 남타에는 약 18개의 부족 사회가 있다. 이 땅에 사는 소수 부족에 관심이 있는 배낭여행객들에게 '고산족 트레킹' 상품을 팔려는 여러 생태 관광 회사가 속속 들어섰다. 정부에서 관광객이 부족 사회에 개인적으로 방문하는 것을 법으로 금지한 이후 관광 회사가 수도 없이 세워지고 있다. 정부가 개인 관광을 금지한 이유는 부족 보호를 위해서였다. 관광객들이 무심코 실례를 저질러 부족민들에게 피해를 주는 일이 자주 일어났기 때문이다.

관광 안내 책자에서 여행객의 관심을 끌지 못하는 것은 마을에 뿔뿔이 흩어진 낮은 사무실 건물들이었다. 이런 건물은 중국 고무 회사의 소유였다. 국경 너머 중국 남부의 윈난 성 지역은 전 세계 고무 가공 산업의 중심지인데, 윈난 성의 등장에서 생산된 고무 라텍스는 2010년에만 200만 톤이 넘었다. 이 고무 라텍스는 브리지스톤의 자동차 타이어부터 나이키 운동화까지 온갖 고무 제품에 쓰이고 있다. 고무에 대한 수요는 급격하게 증가하는 추세다. 중국 정부는 가공된 고무 생산량이 2020년에는 400만 톤을 넘어설 것이라 예상했다. 문제는 윈난 성 지역에는 이 수요를 감당할 만한 고무 원료 재배 공간이 없다는 점이다. 중국 기업은 이미 다른 곳을 물색하기 시작했다. 라오스가 부족한 자원의 잠재 공급원으로 떠올랐다. 특히 윈난 성 지역과 지리적으로 가장 닮은 루앙 남타 같은 북부 지방을 대상으로 삼았다. 3개의 중국 업체, 루이펑 고무와 윈난 고무, 시노-라오가 이 도시에서 이미 두각을 드러내고 있었다.

루이펑 고무의 사장인 루이펑이 아침에 도착했다. 집 밖에 주차된 그의 새 차 도요타 하이럭스가 멀리서부터 눈에 띄었다. 주민 대다수가 오토바이를 탈 형편도 안 되는 곳이었다. 대낮이었는데 한 무리의 중국인들이 그의 집 테라스에 앉아 맥주를 마시고 있었다. 집 안에서는 도자기 타일을 유리 타일에 탁탁 내려치는 소리가 요란하게 들렸다. 아마도 마작판이 벌어진 듯했다. 사장은 내게 회사가 어떻게 돌아가는지 보러 왔다고 했다. 나는 중국 기업이 라오스 북부 지방에서 무엇을 기대하는지 물었다. 그러자 그가 퉁명스럽고 무례하게 쏘아붙였다.

"우리가 이 사람들을 위해 무얼 하고 있는지를 먼저 물어봐야 하는 거 아뇨? 참나!"

그가 비웃으면서 시선을 창밖으로 돌렸다. 질문을 바꿔 중국이 고무 산업에 투자하면 라오스가 어떤 혜택을 얻을 것으로 생각하는지 묻자, 그는 쯧쯧 혀를 차더니 몸을 휙 돌려 방을 나가 버렸다. 어깨너머로 마지막 충고 한마디를 던졌다.

"우리가 뭘 하고 있는지 알고 싶으면 여기 사람들한테 직접 물어보쇼."

루이펑은 라오스 정부와 르앙 남타 주 롱 지구의 고무 재배 농장 개발을 위한(축구장 면적의 1만 2000배) 토지 임대 계약을 체결했다. 이 계약에서 정확히 얼마를 지급했는지는 공개되지 않았지만, 루이펑은 이 지역에 공장을 지어 일자리를 창출하고 정수 처리 시설 설립에 투자할 것을 공개적으로 약속했다.

중국의 고무 가즈은 최저 가격제 대상 품목이다. 즉 중국 농민들은 고무 작물 가격이 바닥을 쳐도 거래가가 일정한 금액 아래로는 떨어지지 않도록 정부 정책의 보호를 받고 있다. 따라서 라오스의 고무 가격이 이 최저가를 밑도는 것만으로도 루이펑 같은 가공 업체에 아주 매력적인 투자처다. 여기에 더해 중국과 라오스 정부는 이곳을 더욱 매력적인 투자처로 만드는 추가 우대책을 제시했다.

1990년대에 라오스는 전 세계 아편의 주요 공급원이자 수출국이었다. 라오스 북부 지방 대다수가 황금의 삼각 지대(태국, 미얀마, 라오스의 국경이 인접한 지역으로 아프가니스탄, 파키스탄, 이란 국경 부근의 황금의 초승달 지대와 함께 세계 최대의 마약·각성제 생산지였다)에 속했는데, 이곳에서 전 세계 아편의 40퍼센트 가까이를 공급했다. 국제적인 압력을 극심하게 받은 라오스 정부는 이 문제를 처리하기 위해 우선 아편 근절과 작물 교체 전략을 채택했고, 그다음으로 중국과 라오스 정부가 종전의 아편 생산 지역에 투자하는 기업에 세금 우대 혜택을 주는 방안을 채택했다.

중국 기업과 양국 정부가 합의한 조건으로는 라오스 북부 지방에 투자한 중국 고무 기업은 50년 동안 토지를 빌려 쓸 수 있으며 처음 9년 동안에는 라오스 정부에 지급하는 임대료를 면제 받는다. 더불어 첫 수확을 시작한 이후 7년간 세금 면제 혜택도 받는다. 그뿐 아니라 라오스 정부는 중국의 노동 인력과 장비, 차량에 대해 국가 간 이동의 자유를 보장하고 관세와 수입 부가세까지 면제하기로 했다. 중국 정부로부터는 무이자 대출 등 다양한 세제 혜택을 받는다. 파격적인 조건 덕분에 중국 고무 기업은 라오스를 눈이 휘둥그레져서 바라보지 않을 수 없었다.

라오스의 아편 시대는 이제 역사의 뒤안길로 완전히 사라졌다. 아편의 원료인 양귀비 재배는 외딴 시골 지역으로 한정되었고 라오스는 더 이상 국제 아편 시장에 물건을 공급하지 않는다(UN 마약 범죄 사무소, UNODC 2009). 라오스 정부는 라오스가 아편 제조국의 오명을 벗었다고 선언했다. 하지만 아편 대체 작물에 대한 세금 우대 조치는 계속되고 있다. 일례로 루이펑은 라오스가 '아편 없는 나라'가 된 뒤 한참 후에 이곳에 투자하기 시작했는데, 생산을 시작한 지 7년이 지난 지금까지 수익에 대한 세금을 한 푼도 내지 않고 있다.

외국으로부터 막대한 투자를 유치하고, 윤리적으로 미심쩍었던 아편 무역을 합법적인 고무 무역으로 대체하는 등 얼핏 보면 라오스 사람들에게 이보다 반가운 소식은 없을 것 같다. 게다가 중국은 가난한 이웃들에게 엄청난 지원을 퍼붓고 있다. 중국은 라오스 정부가 지출하는 돈의 87퍼센트를 지원하는 초대형 원조국이 되었다. 하지만 중국이 자국민의 복지에는 상대적으로 무관심하다는 사실로 미루어 보면, 라오스 사람들이 과연 실제로 그렇게 많은 지원을 받고 있는지 의심이 갈 수밖에 없다.

chapter 11
돈을 벌기 위해 너무 많은 걸 잃었어요

내가 탄 오토바이가 앞서 가는 시만의 오토바이를 바짝 뒤쫓았다. 가파른 협곡을 오르느라 엔진에 무리가 갔는지 요란한 소리가 났다. 미얀마의 국경을 따라 메콩 강이 굽이쳐 흐르는 큰 도로에서 벗어나 왼쪽으로 꺾어 들어온 지도 1시간이 넘었다. 도로 상태가 원래 좋지 않은 데다가 비가 36시간째 내렸기에 우리가 지나왔던 길은 차다 도로라고 할 수 없는 상태였다. 상상 못할 만큼 엄청난 양의 물이 라오스의 비옥한 적색토와 섞여서 미끈거리는 진흙탕 길을 만들어 놓았다. 그 때문에 바퀴가 자꾸 헛돌아 요란한 소리만 나고 좀처럼 앞으로 나아갈 수가 없었다.

지금까지 나는 농부들이 특정한 작물 재배를 선호한 나머지 자연스럽게 독특한 개성을 지니게 된 지역을 무수히 봐 왔다. 남프랑스의 포도밭이 그랬고 케냐의 튤립 꽃밭과 중앙아메리카의 바나나 농장이 그랬다. 하지만 여기처럼 단일 재배가 널리 퍼진 곳은 본 적이 없었다. 산 양쪽으로 끝도 없이, 동서남북으르 바라본 산 전체가 단 하나의 작물로 뒤덮여 있었다. 키가 크고 호리호리하며, 얼룩덜룩한 은색 콤통에 넓적한 초록색 잎사귀를 달고 있는 나무, 바로 고무나무였다.

우리는 가파른 내리막길에 다다랐다. 그 길은 물 때문에 깊게 웅덩이가 파인 터라 새로 일군 들판과 다를 게 없었다. 시만은 발로 단단히 지탱하려고 애를 썼지만 바퀴가 자리를 못 잡는 바람에 정신을 차릴 새도 없이 미끄러져 옆길 진흙탕에 빠지고 말았다. 그러더니 잽싸게 일어나 심하게 다치지 않았다며 날 안심시키고는 단단히 조심하라고 경고했다. 붉은 진흙이 그의 판초를 두껍게 뒤덮었지만 쉼 없이 내리는 비가 이것마저 금세 말끔히 씻겨 줄 것이었다. 메콩 강을 헤엄쳐 건넜다 해도 이보다 많이 젖지는 않았을 것이다. 그 비에는 무언가 특별한 것이 있는지 옷은 물론 살갗 깊숙이까지 파고드는 느낌이었다. 심장까지 물이 스며든 것처럼 몸이 젖은 솜처럼 무거워졌다. 기온이 30도가 넘었지만 판초 속에 있는 몸이 덜덜 떨렸다. 오토바이를 조심조심 움직이며 시만처럼 험한 꼴을 당하지 않으려고 조심했다.

시만은 나를 목적지까지 데려다 주려고 엄청난 위험을 무릅썼다. 시만은 그의 본명이 아니다. 그는 만약 책에 자신에 대해 쓸 일이 있으면 가명으로 해 달라고 부탁했다. 라오스는 전체주의 국가라 북부 지방에서 정보가 빠져나가지 않도록 엄격히 통제한다. 입국을 거절당한 기자도 많았다. 나는 여행 비자를 통해 방문했다. 하지만 시만은 라오스 정부가 외부인들에게 절대 공개하지 않는 광경을 내게 보여 주고 싶어 했다. 너무나 무참하게 파괴된 자연의 모습이었다.

우리는 교차로에 멈춰 섰다. 한 무리의 소년들이 임시 피신처에 모여 있었다. 불을 피워 놓아 주변에 연기가 자욱했다. 바나나 잎과 찢어진 플라스틱 조각으로 만든 피신처는 곳곳에서 물이 샜다. 물에 옷이 흠뻑 젖은 소년들은 온기를 지키려고 몸을 잔뜩 웅크린 모습이었다. 가까이 다가가 보니 서로 농담을 주고받으며 웃고 있었다.

그들은 롱 지구의 마을에서 왔다고 했다. 원래는 가족 농장에서 일하는데 우기에는 할 일이 별로 없어서 일을 찾아 고무 능장까지 올라온다고 했다. 중국 기업 루이펑이 소유한 이 농장에서는 어린 고무나무 주위에 자란 덤불을 없애는 대가로 한 주에 40~50달러(4만 4000~5만 5000원)를 준다고 했다. 임금은 일을 얼마나 잘하느냐에 따라 달라진다. 한 소년이 으스대며 끝없이 펼쳐진 고무 농장을 건너다보았다.

"저는 60달러(6만 6000원) 정도 벌어요. 중국 회사가 돈은 많이 주죠. 그런데 이것 좀 보세요. 다른 나무는 하나도 없어요. 우리도 환경 문제가 뭔지 알아요. 그래서 좋기도 하고 나쁘기도 해요."

라오스 북부에 고무나무를 심기 전까지 이곳은 전체가 원시 열대 우림이었다. 현존하는 아시아 숲 코끼리의 마지막 세대를 비롯해, 다양한 생물이 살던 지역이었다. 그런데 고무나무를 재배하기 위해 서둘러 토지를 개간한 결과, 우리 앞에는 불에 탄 숲과 나무의 흔적만 남았다. 불에 탄 나무 중에는 지름이 3~4미터는 족히 넘어 보이는 것들도 있었다. 그것들은 불도저로 정리될 예정이었다. 이런 식의 무분별한 훼손은 어처구니없는 일이었지만, 라오스 정부가 얼마나 다급하게 개발에 임했는지는 어렵지 않게 짐작할 수 있었다. 이것은 정책적인 삼림 벌채였다. 개발이라는 목표 앞에서 열대 우림은 거치적거릴 뿐이었다.

라오스 정부와 고무 제조사들은 환경 운동가들의 거센 비판을 받자

자신들이 베어 낸 토착종보다 더 많은 고무나무를 심었다고 주장했다. '산림 파괴'가 아니라 '산림 재조성'이라는 황당한 논리를 펼쳤다. 그중 중국계 고무 기업인 기티에서는 이 사업을 자사의 사회 공헌 활동으로 소개하기도 했다. 하지만 고무나무 재배를 산림 조성으로 미화하는 것은 그야말로 억지일 뿐이다. 고무나무만 자라는 숲에서는 코끼리나 토종 생물, 토착 부족이 살아남을 수가 없다.

잡초와 불에 탄 나무를 치우는 일이 쉽지 않은 데다가 작업 환경 역시 매우 열악하고 위험했다. 젊은 남자들이 이런 극한 환경에서 기계로 작업하는 것도 위험한 일이었다. 그래서 기업과 계약을 맺으면 기업에서 100만 킵(약 11만 원)까지 보장해 주었다.

"계약서 같은 건 안 쓰는데요."

소년들이 천진난만한 표정으로 말했다. 다른 한 남자가 전 지역을 정리하겠다는 계약을 맺고 보험에 든 뒤 이 일을 소년들에게 하청한 것이었다. 이 지역 일은 대부분 이런 방식으로 진행되었다. 사고가 나면 당사자가 혼자 감당해야 한다. 하지만 소년들로서는 이 일이 그런 위험을 감수할 가치가 있었다. 열아홉 나이에 잃을 것도 없거니와 주급 40달러(4만 4000원)면 적지 않은 돈이기 때문이었다.

소년들과 헤어져 길을 따라 들어가다가 길가에 세워진 또 다른 판잣집 앞에서 멈춰 섰다. 안에는 윈난 성 지역에서 온 2명의 중국인 이주 노동자가 있었다. 그들 역시 농장에서 일하기 위해 이곳에 왔다고 했다.

반 샤그니는 라오스에서 쿠이라고 알려진 토착 부족이 주로 거주하는 오지 마을이다. 시만은 이곳에 와 본 적이 있다고 했다. 우리는 오토바이를 도로변에 세우고 비를 피하려고 마을 중심부에 있는 집으로 향했다. 보르사이라는 남자의 집이었다. 집 밖에는 닭들이 마음대로 돌아다니고 있고, 뒷마당에서는 오늘 저녁 식탁에 오르게 될 돼지가 묶인 채 괴로워하며 꽥꽥거리고 있었다.

30대 중반에 접어든 보르사이는 쪼그려 앉아 유리병에서 맑은 액체를 석 잔 따랐다. 그가 손을 흔들면서 직접 담근 밀주로 낮술을 함께 마시자며 우리를 불렀다. 술을 들이켠 후 보르사이는 전에 이 마을에서의 삶이 어땠는지 서슴없이 이야기하기 시작했고, 이곳에 중국인이 찾아오면서 보르사이를 비롯한 이웃 주민들의 삶이 바뀌었다고 말했다.

"옛날에는 돈은 없어도 쌀은 충분했죠. 물소도 키우고 동물도 더 많이 키웠어요. 음식은 숲에서 가져다 먹을 수 있었고요. 숲에서 카다멈(향신료)을 찾으면 그걸 팔아서 돈을 조금 더 벌 수도 있었습니다. 그런데 4년 전에 라오스 군대가 마을에 와서는 산에 있는 토지가 정부 소유로 넘어갔으니 그곳에 벼를 재배하는 사람은 체포될 것이라고 협박했습니다."

이는 쿠이족들에게 재앙이었다. 벼는 돌려짓기를 하지 않으면 땅에 필요한 영양분이 금세 고갈되기 때문이다. 보르사이가 시름에 잠긴 표정으로 말을 이었다.

"이제 벼농사를 한 땅에서 계속하려면 비료가 있어야 합니다. 그런데 그게 비싸요."

쿠이족은 몇 대에 걸쳐 산비탈에서 농사를 지으며 살아왔는데, 정작 그들에게는 토지에 대한 합법적인 소유권이 없다는 것이 문제였다. 마을 주민에게 소유권 관련 문서가 있다 해도 이를 읽을 줄 아는 사람이 없었다. 2006년부터 2010년까지 지난 5년간 정부가 실시한 계획에서 이 마을은 높은 문맹률과 시장에 대한 접근성 부족으로 개발이 어려운 지역으로 분류되었다. 쿠이족들은 '저 끝에 있는 바위까지가 내 땅이오' 혹은 '그림자를 드리운 저 나무까지가 내 땅이오' 하는 식으로 땅을 구분했다. 언제나 그런 식이었으니 토지 분쟁은 없었고, 토지 소유를 확인하는 문서도 필요 없었다.

군대에서 주민들에게 얼마간의 보상금을 지급했지만 이것은 토지에 대한 보상금이 아니었다.

"그들이 몰수한 이 들판에 우리가 들인 노동에 대한 보상금일 뿐입니다. 내가 이 땅에서 벼를 재배했다고 하면 일당으로 2000킵(280원)을 지급한 거죠. 땅은커녕 벼에 대한 보상도 못 받았습니다.'

더군다나 보상금 지급 지역은 정부에서 몰수한 산꼭대기 부근에 한정되었다. 계곡 아래쪽에 있는 가장 비옥한 땅은 중국 기업에 3년간 임대되어 묘목장으로 쓰이고 있었다. 그곳에 심은 고무나무 묘목은 산꼭대기로 이식될 예정이었다. 보르사이가 말을 이었다.

"토지는 지난해에 되돌려받아야 했는데 기업 측에서 아직 돌려주지 않고 있어요. 그러면서 '그건 우리 관할이 아니다, 당신네 정부한테 이야기해라' 라는 식으로 나오더군요."

이 마을에 중요한 묘지도 고무 재배원에 빼앗겼다. 이에 대해 받은 보상금은 120달러(13만 3000원)가 전부였다. 중국 기업은 공장과 중국계 기술자의 거주지가 들어선 토지에 대해서는 보상금으로 30달러(3만 3000원)면 충분하다고 생각했다. 보르사이는 지역 주민들이 항소도 못한다는 이야기를 들었다고 했다. 라오스 정부가 나를 이곳에 오지 못하게 한 이유를 알 것 같았다.

나는 보르사이에게 21세기라는 총구가 당신들의 코앞에 겨누어지고 있다고 말하고 싶었다. 그들이 원하든 원치 않든 변호는 닥쳤고, 이에 대해 그들이 할 수 있는 일은 없었다. 라오스 정부는 이미 길을 택했고, 무슨 일이 있어도 이 방침을 지키려고 했다. 사실상 정부는 토지와 일자리를 맞바꾼 것이다.

"우리는 예전이 더 좋아요. 물론 지금은 돈을 벌 수 있습니다. 하지만 대가가 너무 큽니다. 밥에 써야 할 돈을 오토바이나 전화 카드, 술에 쓰고 있어요."

이 마을을 방문하기 전에 보텐에 다녀온 나로서는 카지노와 매춘이 이 마을에 정착하는 것도 시간문제라는 생각밖에 안 들었다. 그때 가서 보르사이가 돈을 어떻게 관리할지 궁금해졌다.

보르사이가 말한 돈은 그가 농사를 짓던 땅을 사들인 중국 기업, 루이펑에서 일한 대가로 받는 것이다. 2009년에 보르사이 부부는 10헥타르(축구장 면적의 12배)의 고무 농장을 관리하기로 계약했는데, 이는 40~45일 동안 작업해야 하는 정도의 면적이었다. 보르사이는 작업 과정이 몹시 힘들었다고 말했다.

"작년에는 제시간에 일을 못 끝냈습니다. 그래서 올해에는 7헥타르(축구장 면적의 8.5배)만 맡고 있어요."

이것으로 토착민들이 풀타임 노동을 어떻게 생각하는지 잘 알 수 있었다. 가족을 충분히 먹일 만큼의 식량만 있으면 충분한 토착 부족의 생활 방식과, 아침 9시부터 오후 5시까지 고무 농장이라는 바퀴를 쉴 새 없이 돌려야 하는 현대인의 사고방식 사이에는 이처럼 간극이 컸다.

이 지역에 대해 라오스 정부가 내세운 목표는 빈곤 완화였다. 쿠이족과 이야기해 보면 고무를 들여오기 전까지만 해도 정부는 이곳의 가난이나 부에 대해 알지도 못했고, 관심도 없었다. 사실 라오스 정부도 새로운 중국 지주의 손에 놀아나면서 자신의 의지와 상관없이 개발에 뛰어들고 프롤레타리아 계층을 만들게 된 것이었다.

보르사이는 중국인 사장이 엄격한 감독관이라고 말했다. 사장은 그들을 수시로 감시하고 별다른 이유 없이 휴식을 취하는 노동자에게는 벌금을 물린다고 했다. 일전에 중국의 폭스콘 공장에서 일하는 주가 자신의 공장에 대해 하는 이야기를 떠올리며 보르사이의 말도 분명 사실일 거라는 생각이 들었다. 사장이 휴식을 허락해 주는 경우는 화장실을 가거나 담배를 피울 때뿐이라고 말했다.

"그래서 원래 여기 사람들은 담배를 안 피웠는데 이 회사에서 일하면서부터 피우게 됐어요. 담배를 피워야 더 많이 쉴 수 있으니까요."

갓 심은 고무나무가 다 자라려면 7년이 걸리는데, 그때가 되어야 라텍스를 채취해 자동차 타이어나 운동화를 만들 수 있다. 당시 루이펑의 고무 농장도 라텍스를 채취할 수 있는 시기가 가까워지고 있었는데 1만 헥타르(축구장 면적의 1만 2000배)에 달하는 전체 농장이 생산력을 갖춰 전면 가동되려면 5년은 더 기다려야 할 것이다.

chapter 12
열다섯 살 소년 분창의 하루

 내가 취한 입장이 모순적이라는 사실은 잘 알고 있다. 서양인들은 물질적 발전을 이루길 바란다. 그러면서도 모든 인류에게 닥친 불행에 대해, 즉 라오스에서 보는 것처럼 삶의 방식이 변화하면서 입게 되는 손해에 대해서는 쉽게 비난한다. '옛날식'으로 살아가는 부족민을 관찰하러 온 관광객들은 그들의 삶이 보존되고 있는 것에 기뻐하지만, 동시에 집약적 농업으로 생산되는 고무 제품을 누구보다 많이 사용한다. 우리는 또한 현지인들도 물질적 혜택을 바란다는 사실을 외면하려 한다. 현지인 중에도 라오스의 고무 산업으로 이익을 보기 위해 남아 있는 사람이 분명히 있다.
 반 하드 니아오 근처 마을에 사는 열다섯 살 소년 분창의 하루를 살펴보자. 그의 일과는 쉴 새 없이 돌아갔다.
 "보통 새벽 3시에 일어나요. 고무 농장까지 3킬로미터니까 3시 30분쯤에 도착합니다. 농장에는 고무나무가 500그루 있는데 4시부터 5시까지 나무를 베죠. 다 끝내면 돌아오면서 고무를 줍고 오후 1시쯤에 집에 돌아옵니다. 집에서는 논일을 하는 가족들을 도와주거나 새로 심은 나무 주변의 잡초를 뽑아요. 다 끝내면 오후 4시쯤 돼요. 평일에는 4시 30분부터 7시 30분까지 영어를 배우러 가고, 8시부터 10시까지 컴퓨터를 배웁니다. 집에 돌아와서 밥을 데워 먹고, 밤 11시쯤부터 잡니다. 가끔 아침에 일어나면 '아, 잠을 하나도 안 잔 것 같아'라는 생각이 들어요."

소년은 싱긋 웃었다.

그의 일과는 빈틈없는 톱니바퀴처럼 맞물려 굴러갔다. 새벽 4시의 어둠 속에서 이 나무 저 나무 오가며 일을 하는 동안 손전등을 머리 위에 매달아 앞길을 밝혔다. 우선 나무 밑동에 묶어 놓은 빈 통(반으로 자른 코코넛 껍질)에서 지난밤 내린 빗물을 비우고, 고무 유액의 흐름을 막지 않도록 전날 눌어붙은 찌꺼기를 떼어 냈다. 끝으로 모난 끌을 오른손에 쥐고 나무껍질을 위쪽부터 둘러 감아 벗겨 내 새로운 물길을 만들었다. 그러면 하얀 액체가 홈에서 배어 나오기 시작해 금속 주둥이를 통해 나무 몸통에서 빈 통으로 말끔하게 흘러내렸다. 분창은 통이 다 찰 때까지 놔둔 채 다음 나무로 옮겨 갔다.

그의 저녁 일과를 보면 고무 농장에서의 일이 고되기는 해도 그에게 이익이 된다는 사실을 알 수 있다. 다른 무엇보다 1회 수업료가 5000킵(700원)인 지역 사회 학교의 영어 수업을 들을 수 있게 되었다. 반 하드니아오 고무 농장이 없었으면 분창은 교사가 되겠다는 꿈을 이루게 해 줄 교육을 받지 못했을 것이다.

가까이 살지만 분창의 삶과 쿠이족의 삶 사이에는 중요한 차이점이 있었다. 분창은 거대 중국 기업에 고용되어 있지 않았다. 그의 가족은 손수 나무를 심었다. 물론 그 나무로 라텍스를 생산할 수 있으려면 몇 년은 더 있어야 한다. 분창은 지금 라오스 출신 농부가 소유한 농장에서 일을 돕고 있다. 아버지가 심은 나무가 다 자랄 때쯤이면 새로운 가업을 운영하는 데 필요한 기술을 다 익혔을 것이다.

분창이 일하는 농장의 주인은 이처럼 급변하는 지역에서 자신의 길을 찾은 몇 안 되는 라오스 사람이었다. 나는 한 위앙 성이라는 이 농부와 반 하드 니아오에 있는 그의 집에서 이야기를 나누었다.

"제가 라오스에서 고무나무를 처음 심은 사람입니다."

그가 자랑스럽게 말했다. 한은 담배를 꽁초 끝까지 태우고는 필터를 조각조각 찢었다. 그러는 동안 그의 옆에 앉아 있던 부인은 짙은 색 천 조각 위에 작고 노란 사각형 모양을 말없이 뜨고 있었다. 그녀는 남편이 자신의 역사를 늘어놓는 내내 눈길 한 번 주지 않은 채 가만히 듣고 있었다. 한은 다시 한 번 나를 올려다보더니 얼마 남지 않은 이빨을 드러내 보이며 억지웃음을 짓고는 말을 이었다.

"베트남에서 일하다가 전쟁이 터지면서 태국으로 넘어갔습니다. 그때 몽족이 많이 달아났죠. 우리는 체포되거나 더 안 좋은 일을 당할까 봐 두려움에 떨었습니다."

베트남 전쟁 동안 라오스는 공식적으로 중립을 지켰지만 CIA에서 몽족 6만 명을 게릴라 군대로 징발해 현지에서 공산당과 싸우게 했다. 전쟁이 끝나고 몽족과 적대적인 공산당이 집권하면서 그들은 국경을 넘어 태국 난민촌으로 달아났다. 그는 유럽이나 미국, 중국으로 송환된 수만 명 중 한 사람이었다. 그는 중국으로 이주한 이유와 다시 돌아오게 된 계기를 말해 주었다.

"고향에서 너무 먼 곳으로는 가고 싶지 않았습니다. 그래서 중국을 택했죠. 중국에 가서 고무 재배 기업에 취직했습니다. 그곳에 14년 동안 있었어요. 그렇게 살다가 아들들이 대학에 들어갈 나이가 되어 중국 대학에 지원했습니다. 그런데 중국 시민이 아니라는 이유로 입학을 거절 당했어요. 상처받았죠. 그때 라오스로 돌아가야겠다고 생각했습니다."

1990년대 초, 라오스는 전 세계 아편 시장에서 여전히 선두 주자였다. 양귀비 경작지가 무려 3만 헥타르(서울 면적의 절반)에 달했다. 문제는 정부가 아편 근절 정책과 작물 교체 전략을 추진하면서 농부들에게 사회적 피해가 덜한 노동으로 바꿀 것을 장려했는데, 빈곤 지역의 농부들은 아편 말고 무엇을 길러야 할지 앞이 깜깜했다는 것이었다. 그때 한이 지구장인 동료 몽족에게 고무나무를 심자고 제안했다. 그가 라오스를 떠난 지 16년이 지났을 때였다. 그는 양귀비 재배 근절 계획에 따라 보조금을 받고 가족과 함께 루앙 남타로 옮겨 왔다. 그가 말했다.

"루앙 남타를 선택한 것은 이곳 사람들이 제 동지, 몽족이기 때문이었습니다. 그런 데다 이곳은 지리적으로도 중국 남부 지방과 매우 유사하죠. 여기에서 중국에서 배운 방식대로 고무를 재배할 수 있겠다고 생각했습니다."

고무는 기르기가 쉽지 않다. 섬세한 작업이 필요하기 때문에 제대로 배우지 않으면 안 된다. 나무를 심고 나면 보살피고 접목하고 마지막으로 옮겨심기까지 해야 한다. 나무가 다 자라면 수액을 받으면서 공급이

끊이지 않도록 주의를 기울여야 한다. 중국에서 대대로 전해 내려온 이 기술이 이제는 라오스 사람들의 손으로 넘어왔다. 그는 한 그루 한 그루 정성을 다해 고무나무를 심었고, 벼는 가족이 먹고살기에 충분한 만큼만 심었다. 초기에는 어려움도 있었다고 했다.

"마을에 처음 왔을 때는 고무에 대해 아는 사람이 하나도 없었습니다. 물론 사람들이 저를 의심했죠. 고무에 대해 전혀 몰랐으니 저 사람이 뭐 하나 유심히 지켜보았습니다. 결국 라텍스를 채취하고 수출해서 돈을 벌게 되니까 미심쩍어 하던 사람들도 슬슬 다가와서 도와 달라고 하더군요."

한과 그의 아들들은 이제 20헥타르(축구장 면적의 24배)에 달하는 고무나무 농장을 소유하고 있다. 1700그루의 나무에서 매년 20톤의 라텍스를 생산한다. 현재 고무 가격이 1킬로그램당 10위안(1700원)이니 그들은 매년 20만 위안(3400만 원)이라는 꽤 큰돈을 벌어들이고 있다. 기술을 들여온 대가로 토지도 무상으로 받았다. 이제 반 하드 니아오의 모든 주민이 고무를 기른다. 이 마을은 중국 수입 업체와 계약을 맺고 있지만 누구와 협상할지는 주민들 마음이다. 수입이 얼마나 되는지 물어보았다.

"전 부자는 아닙니다. 중간쯤 되죠. 그저 충분히 있다고 해 둡시다."

이 마을 사람들은 처음에는 협조적이지 않았다. 농부들은 자기 토지를 직접 관리하고 무엇이 됐든 자신이 원하는 작물을 재배해 판매했다. 하지만 이곳 농부들은 고무를 재배하면 돈을 벌 수 있다는 사실에 하나둘 설득되었다. 그들은 또한 서로 힘을 모아 중국 수입 업체에 맞설 때 협상력이 더 커진다는 사실을 알게 되었다. 농부들끼리 힘을 모으면 부당하게 이용당하는 일이 줄어드니, 받는 가격도 좋을 수밖에 없다. 더군다나 그들은 물건을 더 좋은 가격에 팔 기회를 알아보았다.

반 하드 니아오의 농부들은 그들만의 1차 가공 처리 공장을 세우고 있었다. 고무는 가공 처리를 몇 단계 거치는데 첫 번째 단계를 생산지에서 바로 처리할 수 있도록 하려는 의도였다. 한이 미래를 내다보며 흐뭇하게 웃었다.

"공장이 완성되면 우리 고무의 가격이 1킬로그램당 25위안(4300원)까지 올라갈 겁니다."

모든 사람이 공장 건설에 동일하게 기여할 수 있는 것은 아니었다. 그래서 투자 비용을 우선 회수한 후 마을 주민 모두가 혜택을 볼 수 있는 방향으로 이용하겠다는 계획을 세워 놓았다.

바로 이 점이 중요하다. 우리 같은 선진국 사람들은 재래식 영농이 사라지고 고무 재배가 증가한다는 사실이 안타까울지 모르지만, 적어도 한 같은 사람들은 스스로 운명을 개척하고 있다. 한은 자신은 물론 지역사회를 위해 일하면서 자신의 발전을 스스로 책임지고 있었다.

한은 중국 기업이 라오스로 진출하는 상황을 우려하고 있었다. 생산량이 최고조에 달한 뒤에 고무를 재배하려면 1헥타르(축구장 면적의 1.2배)당 5~10명은 필요하다. 이미 중국 기업에 넘어간 토지까지 합하면 다해서 100만 명이 필요하다는 계산이 나온다. 한이 말했다.

"중국 기업이 너도나도 라오스로 밀고 들어오는 것이 걱정입니다. 이렇게 많은 나무에 대달려 일할 사람들을 다 어디서 구하겠어요? 그들이 중국인 100만 명을 라오스로 데려올 생각일까요? 그렇게 되면 우리 사회는 또 어떻게 달라질까요?"

지금 중국은 서양 국가가 제시한 것과는 다른 투자 패키지를 제안하고 있다. 이들은 인권이나 민주적 이상, 환경 보호 준수 같은 조건을 달지 않는다. 그 대신 라오스 국립 경기장같이 중요한 문화적 건물이나 정부 건물을 건설하면서 외국 정부와 관계를 구축한다. 우호적인 관계를 만들어 가기 위한 일종의 '우정의 선물' 인 셈이다. 라오스같은 개발 도상국이 직면한 진정한 과제는 원조와 외국인 투자를 어떻게 처리할 것인가이다. 라오스는 이들의 원조와 투자에 의지하지만, 자립 여건이 충분하기 때문에 중국 기업의 자국내 불법 행위나 노동 착취를 규제할 수 있다.

최소 15만 헥타르(서울 면적의 2.5배)의 토지가 이미 중국 투자자에게 임대되었다. 그것도 30~50년 동안 헐값에, 후한 세금 우대 조치까지 해주면서 말이다. 라오스 정부가 필사적으로 개발에 매달린 나머지 자국 영토를 터무니없는 가격에 팔아넘긴 셈이다. 고무 농장이 마을 들판과 근처 숲까지 잠식하자 마을 주민들 사이에서 토지 분쟁이 번지고, 전통적 생계 수단은 제대로 보상 받지 못한 채 사라지고 있다. 이것이 발전의 대가라고 할 수도 있겠지만 그래서 돌아오는 것이 무엇인가?

이런 투자가 환경과 사회에 미칠 영향은 둘째치고, 이 개발로 라오스 국민들은 무엇을 얻게 될까? 정부는 노동자들의 일자리 창출과 소득 증대를 위해서라고 주장한다. 그런데 주민들이 직업과 일정한 수입을 원했던 것일까? 경험도 더 많고 직업의식도 더 강하고 사장과 같은 언어를 사용하는 중국인 이주 노동자들이 라오스 국민의 일자리를 앗아 가지 않으리라고 장담할 수 있을까?

중국인 투자자들은 거액이 투자된 라오스 고무 산업에서 하루빨리 이익이 나기를 바란다. 중국과 라오스 정부의 합의 사항에는 중국 노동력의 자유로운 이동이 포함되어 있다. 따라서 현지 주민들이 중국 기업 문화에 적응하지 못해 기업에서 중국인 노동력이 필요하다고 판단하면, 일자리를 얻으려는 중국 이민자들이 이곳으로 밀어닥칠 것이다.

라오스는 덩치 큰 이웃에게 원자재를 판매한다. 그렇게 번 돈으로 전 세계 여러 나라처럼 중국의 기술과 기계, 그리고 이 땅의 가난한 사람들을 위한 값싸고 조잡한 생활용품들을 사들인다. 원자재에 대한 비공식(또는 불법) 무역은 세 메콩 강 유역 국가인 라오스, 캄보디아, 베트남에서 널리 행해지고 있다. 예를 들어 베트남 공무원들은 중국으로 수출되는 석탄과 고무 대부분은 국가에 세금을 내지 않으며 정확한 수출량과 가격을 기록하지도 않는 비공식 무역일 것으로 추정한다.

중국만 규정을 따르지 않는 것은 아니다. 이곳의 비정부 기구에서 활동하는 운동가들은 대한민국, 러시아, 말레이시아의 기업들도 윤리적 측면을 무시한다고 주장한다. 하지만 중국은 다른 나라와 비교해 투자 규모가 압도적으로 크다. 2020년에는 천연 고무에 대한 중국의 수요가 연간 1150만 톤에 달할 것으로 추정된다. 이는 전 세계 고무 생산량의 30퍼센트를 차지한다. 그때가 되면 중국에서 운행되는 차량 수만 2억 대를 넘을 것이다.

더 나아가 중국의 투자는 양면적인 성격을 띠고 있다. 급격히 증가하는 개인 투자와 막대한 자금을 무기로 한 국가 투자가 공존한다. 중국이 이런 식으로 거래하는 국가는 라오스만이 아니다. 여기에서는 라오스와 고무 무역에 초점을 맞추었지만 서아프리카와 라틴 아메리카의 어업권이나 페루 및 아프가니스탄의 구리 채광의 경우에도 크게 다르지 않다. 수출 붐으로 막대한 달러를 보유하게 된 중국은 이 자금을 해외 천연자원에 투자하려고 한다. 중국이 세계화 전략을 선언한 2004년 이후로 정부가 세계에 눈을 돌리면서 중국 내의 천연자원도 고갈되고 있다. 그러자 중국 정부는 이러한 투자 전략을 주도해 중국 기업에 자금을 지원하면서 수출 붐을 지속하는 데 필요한 자원을 찾아 나설 것을 권장했다.

중국 정치인들은 국내적(자국 투자 정책 등)으로나 국외적(비상장 기업에 적용하는 법안 등)으로 사회적 책임을 무리하게 강요하지 않는다. 중국 관료들은 중국의 발전 단계를 미루어 볼 때 아직은 이런 윤리적 측면을 우선시할 때가 아니라고 주장한다.

'윤리 문제는 풍족한 서양 국가나 감당할 수 있는 사치이다. 서양인은 제국주의로 약탈한 자원을 이미 누릴 대로 누렸다. 그런데 중국은 왜 안 된다는 것인가?'

그들은 19세기의 제국 건설에 따른 인류의 희생을 반복하려 하고 있다.

중국만 탓할 일은 아니다. 선진국 주요 기업들도 공모자다. 이들은 자신들의 상품을 생산하는 중국의 작업 환경을 보고도 못 본 체했다. 원자재가 어떻게 생산되었는지도 아무런 문제를 제기하지 않았다. 고무는 자동차 타이어나 운동화로 탈바꿈하기까지 여러 공정을 거치기 때문에 공급망을 추적하기가 쉽지 않다. 그러나 서양 제조 업체는 그 공정을 추적할 수 있고, 또 그래야만 한다.

추적하기가 어렵다는 것이 핑계가 될 수는 없다. 경제적 이익과 관련한 사안이었다면 재빨리 문제를 해결했을 것이다. 특히 고무는 무거워서 운송비도 비싸다. 그래서 세계 최대 타이어 제조 업체인 브리지스톤은 최근 라오스 국경 너머 중국의 멍라에 가공 공장을 지었다. 브리지스톤은 사회적 책임에 대해 공식적으로 강력한 입장을 취하고 있다.

> 브리지스톤은 단순한 기업이 아닙니다. 우리는 사회의 일부입니다. 우리는 모든 사람의 생활을 개선하기 위해 중요한 역할을 맡고 있습니다.
>
> (www.bridgestone.com, 2010)

브리지스톤 홈페이지에 있는 문구다. 그들이 말하는 '모든 사람'에 라오스 북부 주민들도 포함되어 있기를 바란다.

라오스에서 지내면서 윤리적 소비자들이 자신이 좋아하는 제품이 얼마나 윤리적인지를 추적하기가 힘들다는 사실을 알게 되었다. 라오스는 그나마 사회적으로 안정된 국가다. 그렇다면 갈등이 만연한 지역에서 원자재가 생산되고 있다면, 그곳의 작업 환경은 얼마나 더 심각할까 궁금해지기 시작했다. 직접 눈으로 확인하기 위해 나는 더 멀리 가 봐야 한다고 생각했다. 자본주의 세계에서도 위험천만한 최전방으로 가 봐야겠다고 마음먹었다.

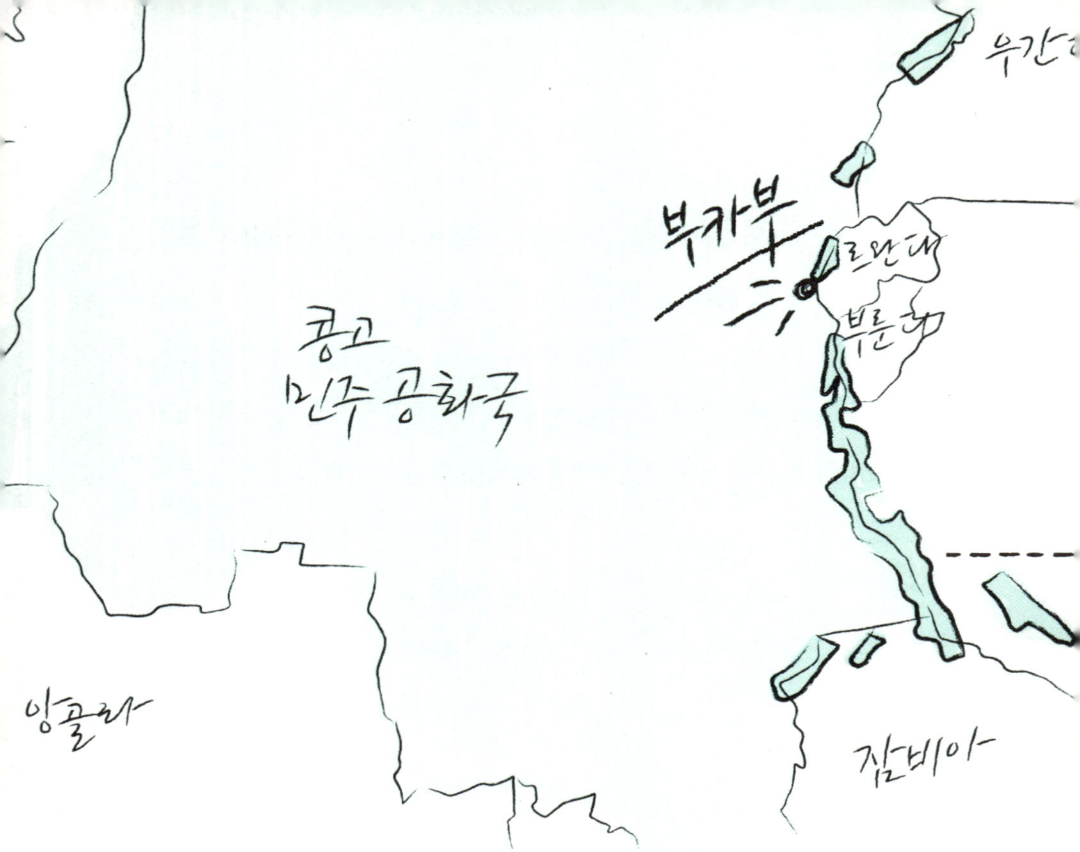

부카부

콩고 민주 공화국

르완다
부룬디

우간다

앙골라

잠비아

콩고 민주 공화국 Democratic Republic of the Congo

위치 | 아프리카 중부
면적 | 234만 4858㎢(11위)
인구 | 7171만 2867명(19위)
수도 | 킨샤사 Kinshasa
국내 총생산 | 131억 300만 달러(113위)
1인당 총생산 | 211달러(182위)
화폐 단위 | 콩고프랑 Congo Franc

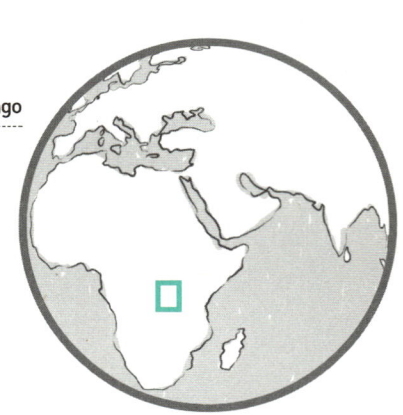

PART 5
콩고 민주 공화국
당신의 휴대폰에는
콩고의 눈물이 흐른다

"서양 바이어들은 이곳에 오면 아이를 광산에 보내지 말라고 합니다. 그럼 저는 이렇게 말합니다. '서양에서야 그렇죠. 당신이라면 콩고에서 아이들에게 이것 말고 뭘 시키겠습니까?' 라고요. 서양처럼 학교가 있는 것도 아닙니다. 멀리 갈 것도 없어요. 밖을 보세요. 어디서나 아이들이 일하고 있죠. 이 아이들이 일을 안 하면 먹고살 돈은 어떻게 버나요? 이 아이들을 누가 먹입니까? 당신은 아니잖아요."

chapter 13
재수 없으면 당신도 총 맞아요

키카와 나는 광산 입구에 쪼그려 앉아 있었다. 광산 안에서 보니페이스가 우리와 다른 광부들을 돌아봤다. 일이 막 끝난 듯 보였다. 키카는 나와 함께 있다는 것 때문에 모두의 관심을 한몸에 받자 무척 들뜬 모습이었다. 키카가 해맑게 웃으며 광산 안으로 함께 들어가자며 나를 앞으로 떠밀었다. 그는 끝없이 재잘거렸다. 그러고는 펄쩍펄쩍 뛰면서 해머와 삽으로 쾅쾅 두드리는 시늉을 했다.

"10명이 10톤은 거뜬히 캐낼 수 있어요. 20톤까지도 가능해요. 망치로 바위를 깨부수면 돼요. 커다란 바위를 찾으면 이렇게 하세요. 이러면 다들 좋아할 거예요."

나는 광산 내부로 들어서면서 '머리 조심' 이라는 주의 사항을 속으로 되뇌었다. 입구를 떠받치는 기둥 아래로 들어가려면 몸을 최대한 웅크려야 했다. 그래서 다들 엉덩이가 땅에 닿듯이 쪼그려 앉아 발을 질질 끌면서 이동했다. 키카가 내 뒤를 따르고, 앞서 가던 보니페이스는 어느새 방향을 틀어 조금 더 멀리까지 총총거리며 나아갔다. 키카가 횃불을 움직여 가며 말했다.

"저분을 따라가세요."

광산 내부는 깜깜했다. 높이는 허리를 조금 넘는 정도이고 통로는 한 사람이 겨우 지나갈 정도로 비좁았다. 밖에 있을 때보다 숨이 가빠졌다. 몸을 있는 대로 웅크리고 손으로 균형을 잡으면서 한 발 한 발 뒤뚱거리며 나아갔다. 어느새 광산 깊숙이 들어와 있다는 느낌이 들었다. 뒤돌아보니 입구 쪽 불빛이 벌써 놀랄 만큼 작아져 있었다. 사방이 칠흑이었다.

막막한 마음에 한숨을 내쉬자 키카가 킬킬거렸다. 천장이 더 낮아져서 몸을 있는 대로 숙였는데도 머리가 천장에 닿아 흙먼지가 떨어졌다. 폭이 좁아져서 팔을 움직일 만한 공간도 거의 없었다. 횃불이 희미해서 길은 대략 가늠할 수 있어도 거리는 통 짐작할 수가 없었다. 주머니에서 디지털 카메라를 꺼냈다. 암흑 속에서 셔터를 누르자 플래시가 터지면서 갱도 안 풍경이 순간이나마 환하게 드러났다. 카메라 화면에 우리가 있는 곳이 또렷하게 보였다.

터널 바닥은 고운 진갈색 흙이 깔려 있어 베개처럼 푹신했지만 벽에는 붉은색과 주황색 바위가 불덩이 같은 그림자를 만들어 놓았다. 터널을 따라 1~1.5미터 간격으로 통나무로 대충 만들어 놓은 기둥이 이어져 있었다. 수직으로 나란히 박아 놓은 말뚝 2개를 가로지르는 수평 기둥이 천장을 떠받쳤다. 나무는 터널의 눅눅한 공기 때문인지 군데군데 금이 간 채 휘어져 있었다. 사진 속에서 보니페이스가 흙건지 속에 웅크린 채 나를 뒤돌아보고 있었다. 그의 뒤로 기둥이 4개 있는데 그 정도면 4.5미터쯤 될 것 같았다.

"난 거기까지 안 갈 거야."

내가 말하자 키카가 다시 웃었다. 두려움을 떨쳐 내려는 건지 어느새 나도 웃고 있었다. 키카가 왜 웃는지 확실히는 몰랐다. 무중구(스와힐리어로 백인을 가리킨다)가 갱도에 들어왔다는 것이 조금 비현실적이라서 그랬을까? 잘은 모르겠다. 그런데 어쩐지 더 가야 할 것 같았다.

"코너, 어디 있어요?"

그때 통역 아마니의 목소리가 들렸다. 아마니는 들어가지 않겠다고 했지만 입구에 있는 다른 사람들이 내가 괜찮은지 확인해 보라고 등을 떠밀어서 들어왔다. 그의 목소리가 떨리는 걸 보니 마음이 편치 않은 것 같았다. 20미터를 더 나아가자 기둥이 갑자기 오른쪽으로 급히 꺾였다.

"이 정도면 충분히 멀리 온 것 같아요."

내가 말했다. 몇 킬로미터고 이대로 계속 가기만 할 것 같았다. 나는 한 번 더 사진을 찍었다. 카메라 화면에 아무것도 찍히지 않았다. 키카는 내가 좀 더 보기를 바랐다. 키카가 물었다.

"더 멀리 가고 싶어요?"

그가 아마니에게 스와힐리어로 몇 마디를 하자, 아마니가 더 가까이 다가와서 나에게 말했다. 아마니는 키카가 목적지가 여기서 멀지 않다고, 바로 반대쪽이라고 말했다고 했다. 나는 운명에 몸을 맡긴다는 심정으로 체념하듯이 좋다고 말했다. 아마니가 겁에 질린 아이처럼 말했다.

"저도 같이 가야 하나요?"

나는 원하는 대로 하라고 답했다. 내가 다시 몸을 웅크려 자세를 바꾸자 아마니가 나를 멈춰 세우며 말했다.

"코너, 나 무서워요."

"나도 무서워요."

난 다시 웃었다. 물론 나도 무섭다. 내가 소리치는 것이 내 귀에도 들렸다.

"이 망할 책 쓰려다가 내가 죽겠어요."

시간이 지난 뒤에 나는 그 당시 계속 켜져 있던 녹음기로 이 소리를 듣게 되었다. 공포에 질린 내 목소리를 들으니, 그 컴컴하고 비좁고 위험한 터널을 희미한 횃불 하나에 의지한 채 더 깊숙이 들어갔을 때의 느낌이 되살아났다. 그것이 바로 내가 그곳까지 들어간 이유였다. 그것은 내 앞에서 서둘러 앞으로 나아가던 보니페이스 같은 사람이 습관처럼 느껴야 했던 것이지만, 생계를 위해 자신의 목숨을 내건 채 땅속 깊숙이, 이 축축하고 더러운 사형장으로 매일같이 나아가면서 아마 더는 느끼지 않게 되었을 감정이었다.

나는 이 광산의 얼굴을 봐야만 했다. 여기 사람들이 매일 무엇을 하며 살아가는지 한 번이라도 보지 않고서 어떻게 그들을 이해할 수 있겠는가. 나는 겉으로 웃고 있었지만 속으로는 계속 나아가기 위해서 두려움을 떨쳐 내는 중이었다. 터널이 더 낮고 좁아져서 간신히 비집고 나아갈 공간만 있었다. 나는 손과 무릎으로 기어갔다. 공포에 압도된 아마니는 결국 멈춰 섰다. 나는 보니페이스가 든 횃불의 희미한 빛을 따라 계속 나아갔다. 숨이 가빠졌다. 공기는 더 무겁고 축축해졌다. 그러다 다시 멈췄다. 이건 미친 짓이었다. 나는 아마니가 멈춘 곳에서 얼마나 멀리 왔는지 가늠해 보려 뒤쪽으로 소리를 질렀다. 20미터쯤 더 들어간 것 같앉다. 키카가 내 뒤를 바짝 쫓아오고 있었다. 그는 조금씩 숨을 헐떡이면서 말했다.

"20미터만 더 가면 돼요."

"젠장! 그래, 가 보자고요."

내가 대답했다. 바보처럼 굴지 못하게 하는 머리 쪽 스위치가 나가 버린 듯했다. 나는 보니페이스를 따라잡을 때까지 절대 멈추지 않으리라 다짐했다. 머리를 숙이고 정신없이 나아가고 있는데 갑자기 보니페이스가 나타났다.

그는 흙탕물에 쭈그리고 앉아 있었다. 그의 주변으로 광산의 얼굴이 비쳤다. 아치형 바위에는 거대한 캔디 포장지 속을 들여다보는 것처럼 붉은색과 노란색, 주황색이 믿기 힘든 줄무늬를 만들며 퍼져 있었다. 보니페이스가 곡괭이 끝으로 천장에서 바닥까지 수직으로 자란 새까만 바위층을 가리켰다. 그가 미소를 띤 채 말했다.

"주석이에요."

주석은 철판이나 구리의 부식 방지용 도금, 과자나 담배, 음료의 포장 재료로 쓰이는 주요 자원이다. 그는 바위 쪽으로 몸을 돌려 곡괭이로 바위를 쳐 내 더러운 웅덩이에 돌조각을 빠뜨렸다. 그러더니 몸을 그대로 유지한 채 팔을 아래로 세게 내리쳐서 망치질하고 몸을 들어 올려 자세를 바로잡은 다음 다시 세게 내리쳤다.

갑자기 또 다른 공포가 몰려들었다. 바위가 벽에서 떨어져 나가는 광경을 지켜보고 있자니 몹시 불편해졌다. 여기서 나가고 싶다는 마음이 들었다. 곡괭이로 내려칠 때의 요란한 소리 때문에 어지럽고 거북했다.

여기에서 일하려면 이런 공포에 둔감해져야 한다. 이곳 사람들도 먹고 살기 위해서 죽음의 공포를 한쪽 구석에 제쳐 둔 채 매일 이곳에서 곡괭이질을 한다. 그들은 이 일의 위험을 누구보다 잘 알고 있지만 선택의 여지가 없다. 삶은 가혹하다. 그들이 꾸려 나갈 수 있는 유일한 생계는 정글의 창자 깊숙한 곳에 존재했다. 폭풍이 경고 없이 불어닥쳐 순식간에 물을 쏟아 내고 산사태를 일으켜 이들을 산 채로 묻어 버릴 수 있는 이곳에. 나는 보니페이스가 흐릿한 불빛 아래에서 바위를 깎아 내는 모습을 사진으로 담았다. 단 한순간도 놓치고 싶지 않았다. 그리고 몸을 돌려 서둘러 나왔다.

무사히 밖으로 나와 먼지에 뒤덮인 채로 힘겹게 숨을 몰아쉬었다. 터널을 빠져나오면서 전에는 생각해 보지 못한 중요한 질문이 문득 떠올랐다. 이 사람들은 자기가 끌어넘긴 광물이 어떻게 이용되는지 얼마나 알고 있을까? 세계 경제를 이끄는 전자 제품의 공급망에서 자신이 얼마나 중요한 위치에 있는지 그들은 얼마만큼 알고 있을까? 키카가 웃으며 말했다.

"이 광물이 어디에 쓰이는지는 몰라요. 이것을 당신네 나라에서 쓴다는 것만 알고 있어요."

키카는 친구들에게 스와힐리어로 같은 질문을 던졌다. 그중 장 클로드라는 사람이 대답했다.

"콜탄이 모토로라 휴대폰이 쓰인다고 들었는데 그게 사실인지는 모르죠. 주석은 자물쇠나 냄비에 쓰이지 않을까요?"

최근 수요가 크게 증가한 콜탄은 스마트폰 등 휴대용 전자 기기 제작에 필수적인 희귀 광물로 주석과 함께 콩고의 주요 자원 중 하나다. 키카와 그의 친구들은 동시에 나를 쳐다보며 장 클로드의 말이 맞는지 궁금해했다.

우리는 다시 밀림으로 돌아가 두툼하고 축축한 점토 구덩이 가장자리를 따라 줄지어 걸어갔다. 구덩이 아래에서는 근육질의 청년들이 닳아 해진 나일론 바지만 걸친 채 땅을 파고 있었다. 그중 한 사람이 우리에게 간밤에 내린 비 때문에 산사태가 나서 갱도 입구가 파묻혔다고 설명했다.

영국에서 전직 광부들을 만난 적이 있었다. 그들은 광산에서 나눈 동지애를 그리워했다. 키카도 다르지 않았다.

"광산 동료 간의 우정은 마을 친구나 심지어 가족 간의 정보다 더 두터워요. 광산이 무너져서 당신이 묻혀도 광산 친구들은 달아나지 않을 겁니다. 곁에 남아서 당신을 찾을 거예요."

하지만 이런 끈끈한 유대감이 있어도 삽과 곡괭이만으로는 할 수 없는 일이 있다. 키카가 말을 이었다.

"무거운 바위 아래에 깊숙이 깔려서 시체를 못 찾을 때도 있어요. 그런 경우를 몇 번 봤죠. 이미 제 친구들, 제 인생의 동지들도 몇 명 잃었어요."

다행히 그날은 실종자가 없었다. 하지만 그 남자들은 다시 일을 시작할 수 있도록 아침 내내 땅을 팠다. 광부들이 사용하는 장비가 다분히 원시적인 것뿐이라서 이 빽빽한 밀림 속 어디에서 값진 광물이 나는지 안다는 것 자체가 기적이나 다름없다는 생각이 들었다. 키카가 이 광산에 대해서 설명해 주었다.

"이곳은 벨기에 사람들이 채굴하던 광산이에요. 1960년에 독립한 뒤로 우리가 계속 사용하고 있죠. 여기에서 2년 전부터 다시 주석을 캐기 시작했어요."

무리 중에 다른 소년들보다 훨씬 나이가 많은 남자가 있었다. 그는 쉰 살이 다 되었는데, 광부 일을 하면서 자식 10명을 키웠다면서 이야기를 꺼냈다.

"이건 내 일입니다. 아주 어렸을 때부터 여기에서 일했어요. 벨기에 사람들이 떠난 직후에 광산이 어땠는지 기억하고 있습니다. 아버지가 그 안에서 일하실 때 자주 와 봤거든요. 그때는 벨기에 사람들이 레일을 깔아 놓아서 광물을 쉽게 끌어낼 수 있었죠. 그런데 지금은 끊임없이 손으로 날라야 해요. 훨씬 더 위험하죠. 벨기에 사람들이 있을 때에는 발전기를 돌려서 광산 안의 물을 퍼 올렸습니다. 산사태를 일으키는 주범이 물이거든요. 그때와 비교하면 지금이 훨씬 더 위험합니다."

지난 50년 동안 다른 나라들이 처음에는 제조업으로, 그다음에는 과학 기술과 통신 기술로 성큼성큼 나아갈 때 아프리카 심장부에 자리한 이곳은 서서히 뒤처졌다. 1950년대에 벨기에의 식민 치하에 있던 광부들이 21세기 콩고인들보다 훨씬 더 안전한 환경에서 채굴 작업을 했다. 서양 대형 채굴 업체는 보건 및 안전 수칙을 세울 뿐 아니라 노동자들에게 고정 임금을 주고 때로는 집까지 보장해 준다. 그러나 서양의 기업은 여러 이유로 이곳에 접근하지 못하게 되었다. 지금 이곳에선 보건 및 안전 법규가 거의 지켜지지 않는다.

이곳의 상황은 라오스와 전혀 달랐다. 라오스는 결코 이상적인 지역이 아니었지만, 콩고 민주 공화국과 비교해 보면 이상에 꽤 가깝다. 적어도 라오스는 정치적으로 안정되어 있고 평화롭다. 반면 콩고는 경제가 완전히 마비되어 있다는 인상을 주었다. 어디도 안전한 곳이 없었다. 광부들은 땅속에서 엄청난 위험을 무릅쓰고 있지만, 땅 위로 돌아온다고 해서 크게 좋아질 것도 없었다. 키카의 마을에는 불에 타고 남은 집 옆에 새로 지은 집이 나란히 서 있었다. 내가 가만히 서서 불에 탄 땅을 내려다보고 있는데 키카가 다가와 말했다.

"전쟁이 이제 막 끝났어요. 우리는 아직도 전쟁 중이죠. 르완다 해방 민주 세력(FDLR)의 손에 집이 전부 타 버려서 이곳 사람들 걱정이 말이 아니에요. 사람들이 몸을 숨기려고 죄다 정글로 뛰어갔거든요. 집뿐만 아니라 소중한 것들이 파괴되었어요. 여인들은 강간당하고 소는 약탈당했죠. 그들은 아직도 여기 있습니다. FDLR은 밀림 깊숙한 곳에도 있고 광산에도 있어요. 콩고 군대보다 지리를 더 잘 알아요. 이 밀림에서라면 콩고군은 그들에게 절대 대항 못해요."

키카가 숲을 가리키면서 말을 마쳤다. 하지만 지금으로서는 이것이 최선이라는 것을 다들 알고 있었다. 우리는 까맣게 그을린 땅을 내려다보았다. 키카가 장화를 신은 발로 검게 그을린 흙벽돌 조각을 앞뒤로 굴려 대다가 툭 차 버렸다. 우리는 한동안 말없이 서 있었다.

chapter 14

지구에서 가장 불행한 사람들

역사적으로 콩고는 인간이 만들어 낼 수 있는 모든 참사를 겪었다. 지금 콩고의 문제는 1994년 르완다 집단 학살로 시작되었다. 종족 간 세력 전쟁으로 후투족이 투치족 90만 명을 집단으로 살해한 것이다. 끔찍한 만행으로 후투족이 정권을 차지했지만 오래가지 못했다. 투치족이 다시 정권을 잡자 보복에 대한 두려움으로 후투족 수만 명이 국경을 넘어 콩고 동부의 난민촌으로 달아났다.

이듬해, 콩고의 젊은 군인 로랑 카빌라가 악명 높은 폭군 모부투 세세 세코 대통령(1965년부터 1997년까지 콩고를 독재 통치하며 경제를 파탄으로 몰아넣었다)을 타도하기 위해 콩고 동부 지방에서 군대를 모았다. 우간다와 르완다의 지원을 받아 형성된 연합군은 1996년 10월, 콩고 국민 해방이라는 명목으로 국경을 넘어 전진했다. 안타깝게도 르완다군의 진짜 목적은 따로 있었다. 콩고에 숨어 있는 후투족에게 보복하는 것이었다. 카빌라-르완다 연합군은 콩고 동부를 거쳐 서부로 이동하면서 난민촌을 공격해 후투족 남녀노소 수천 명을 학살했다. 난민촌에 있던 사람들은 목숨을 지키기 위해 콩고 밀림으로 달아날 수밖에 없었다. 결국 난민들은 조직을 재정비해 그들만의 군대를 갖추었다. 이것이 바로 FDLR, 즉 르완다 해방 민주 세력이다.

'아프리카의 세계 대전'이 끝난 2003년에는 500만 명이 사망했다. 콩고의 이웃 국가들은 콩고에서 군대를 철수할 것에 동의했지만 FDLR은 그대로 남아 있었다. 그들은 언젠가 르완다를 '해방' 시키겠다는 결의를 품은 채 콩고 정글에서 때를 기다렸다. 그동안 국가 없는 군대인 FDLR은 민간인을 상대로 무수한 악행을 일삼았다. 성폭행이 새로운 전쟁 수단이 되었다. 이들은 조직적으로 콩고 동부의 여성과 소녀 수만 명을 유괴하고 성폭행하거나 고문했다. 지역 농촌 사회에 자신들에 대한 공포심을 심어 두기 위해서였다.

콩고 밀림에 거주하는 FDLR의 존재 때문에 콩고 시민 보호를 표방하는 독립 무장 단체가 정당화되었다. 그중 가장 최근에 조직된 것이 인민 방위 국민 회의(CNDP)다. 여느 단체와 마찬가지로 CNDP도 극한의 폭력과 공포를 조성하며 입지를 다졌다. 또 여느 조직처럼 이들은 군대와 정치계의 고위직을 차지하고 광물이 풍부한 영토를 자신의 관리 아래 두었다. 그 결과 국가 군대는 민간인을 상대로 가장 포악한 행위를 일삼는 무리들이 장악했다. 2009년, CNDP가 콩고군에 포섭되었을 때 이들은 그 대가로 키부 남부 대다수 지역의 통치권을 받았다. 강간과 살인에 대해 처벌을 하기는커녕 포상을 내리는 기괴한 문화가 탄생했다.

나는 전직 FDLR 요원의 이야기를 통해 콩고 전쟁의 무법성과 잔혹함을 분명히 알게 되었다. 키부 호숫가에 한때 모부투 대통령의 여름 별장이었으나 이제는 폐허가 된 건물이 있었다. 그 맞은편 작은 천막 지대에 UN 근거지가 있었는데, 이곳은 체포되거나 항복한 전직 FDLR 민병대원으로부터 보고를 받기 위한 구역이었다. UN과 르완다 정부는 민병대원을 르완다로 소환해 그들에게 재훈련과 거처, 일자리를 제공하는 것을 목표로 삼고 있다.

UN 콩고 임무단(MONUC)이 제시한 통계를 보면 2009년에 1500명이 넘는 민병대원과 그 가족들이 르완다로 소환되었다. 이것은 콩고 밀림의 잠재적 살인자가 1500명 줄어들었다는 뜻이기도 했지만, 여전히 많은 르완다 청년이 광물 무역으로 이익을 보겠다는 유혹에 넘어가 FDLR에 가담하고 있다는 뜻이기도 하다.

텐트가 줄지어 세워진 모양이 꼭 군대 야전장 같았다. 주변을 둘러싼 철조망을 따라 널어놓은 원피스며 아이들 옷이 없었다면 군부대로 착각할 만했다. 보안은 외부보다 내부를 위한 조치였다. 르완다인들이 여기에 모여 있다는 것을 현지 콩고인이 알아차리면 이곳은 하루아침에 살육과 겁탈의 현장으로 바뀔 것이다.

전직 FDLR 요원 사피나는 14년 전인 열일곱 살에 FDLR에 가담한 이후로 지금까지 가명을 써 왔다. 그는 내 맞은편 침대에서 쉬고 있었다. FC바르셀로나 유니폼은 잘 어울렸지만 격자무늬 골프 바지는 전혀 어울리지 않았다. 동그란 머리에는 야구 모자를 꽉 눌러썼다. 눈동자는 새까맣고 콧수염이 조금 있었는데 그 밖으로 깊고 길게 파인 흉터가 확연히 드러났다. FDLR 민병대원들이 민간인 강간과 살해로 악명이 높다는 사실을 생각하면, 그와 이렇게 마주 앉아 허물없이 이야기를 나누고 있는 것이 이상하게 느껴졌다.

우리는 텐트 밖에서 들려오는 발전기 소리, 고기가 지글지글 기름에 튀겨지는 소리를 배경 삼아 이야기를 나누었다. 사피나는 르완다 집단 학살이 일어난 직후 FDLR에 가담한 사연과 가족들에 대한 이야기를 꺼냈다.

"내가 FDLR에 가담한 것은 부모님을 살해한 이들에게 복수하고 르완다를 살인자로부터 해방시키기 위해서였습니다. 그런데 지금은 제 가족 먼저 생각해야 해요. 아내가 얼마 전 체포되어 르완다로 강제 추방되었거든요. 그래서 저도 무기를 내려놓고 아이들과 함께 아내를 따라가겠다고 마음먹었죠. 거기서 새로운 삶을 시작할 겁니다. 르완다에서 사업을 할 거예요."

그는 FDLR이 자신에게 살인 기술 외에 다른 것도 가르쳤다고 말을 이어 갔다.

"캠프 안에서 여러 가지를 배웠습니다. 군사 전략, 병참학, 심지어 국제 인권까지요. 게다가 저희는 자급자족해야 했습니다."

콩고 민주 공화국에서 현재 FDLR 조직원이 몇 명이나 활동 중인지 정확하게 아는 사람은 아무도 없다. 6000명에서 1만 2000명일 것으로 추정된다. 군대를 유지하기 위한 무기와 거주지, 식량을 확보하려면 막대한 자금이 필요한데, 이들은 국가 없는 군대인 탓에 외부의 재정적 지원을 전혀 받지 못한다. 모든 자금은 콩고 내부에서 스스로 조달해야 한다. 그렇기에 FDLR은 기업처럼 운영되어야 하고 사피나와 그 동료들은 중간 관리자 역할을 맡아야 했다. 사피나가 말했다.

"마을로 들어간 군인들은 반드시 기업에 이익이 되는 무언가를 가지고 돌아와야 합니다. 그렇지 않으면 처벌을 받아요."

AK-47소총을 멘 FDLR의 청년 무리가 지시를 받고 밀림의 외진 곳을 찾아가 봉건제를 도입하고 공포와 살인, 폭력과 강간을 활용해 지역 주민들이 광업으로 벌어들이는 수익을 빨아먹고 있었다.

밀림에서 FDLR은 콩고 사회 조직의 일원으로 입지를 다졌다. 그들은 돈을 벌기 위해 그곳에 존재하고, 돈을 버는 데에 성공해 그곳에 남아 있다. FDLR 군인들은 마을 시장을 쉽게 드나들 수 있는 콩고인 아내들을 시켜서 남편이 약탈한 광물을 다른 물건이나 음식으로 교환해 오도록 한다. 사피나를 포함해 그들은 자신이 거래상이라고, 적군인 콩고 군인들과 마찬가지로 합법적으로 돈을 번다고 생각했다. 이런 현상이 오랫동안 지속되고 그들의 '물건'을 팔아 주는 시장이 서양에 존재하는 한, FDLR의 존재는 당연한 것처럼 여겨질 것이다.

사피나는 군인 95명을 책임지고 있었다. 그는 자신이 지금 UN 캠프에 있다는 사실을 누구보다 잘 인식하고 있는 것 같았다. 그는 벌린 손을 들어 올리며 자신의 결백을 맹세하려 했다.

"아닙니다. 나는 민간인을 약탈하고 살해하라는 명령을 내리지 않습니다. 하지만…… 일부 어린 병사들이 그런 짓을 하기도 했습니다. 민간인을 죽였다면……."

목소리가 잦아들면서 그의 시선도 함께 먼 곳을 향했다. 입 밖에 내고 싶지 않은 무언가를 기억하고 있는 듯했다. 다시 눈을 내리깔고는 말을 이었다.

"르완다로 송환되고 나면 국제 사회가 범인을 찾아내 마땅한 벌을 내

릴 겁니다."

사피나는 밀림 안에서 인권 문제가 민감하다는 것을 배웠는지 더 자세하게는 말하려 하지 않았다.

그에게 FDLR에 있는 동안 저지른 행동에 대해 후회나 죄책감이 들지는 않는지 물었다. 그가 얼굴에 다시 미소를 띠고 고개를 내저으며 말했다.

"아뇨. 전혀요."

10년간 지속되고 있는 전쟁의 가장 잔인한 점은, 전쟁에 참여한 무수한 병력에 대한 재정 지원이 약탈로 이루어지고 있는 것이라는 생각이 들었다. 금과 콜탄, 주석이 풍부한 지역에서 혼자 힘으로 살아가도록 남겨진 군대는 수익을 창출하기 위해 광물을 채취한다. 굶주린 군인들은 식량이 있는 주민들을 약탈할 것이다. 그들이 몸소 광산에 들어갈 필요는 없다. 그저 다른 사람들이 작업하는 곳을 찾아가 그들이 채취한 것을 약탈하기만 하면 된다.

이 끔찍하면서도 일상에 만연한 폭력이 바로 키카를 비롯한 다른 광부 소년들이 목숨을 걸면서까지 주석을 캐내는 이유다. 그렇다. 키카는 산사태로 죽을지도 모른다. 하지만 약탈품을 찾으러 한밤중에 급습한 FDLR의 손에 죽을 수도 있다. 이런 것들을 침착하게 말하는 그의 모습을 보니 내가 불편해졌다.

"두렵죠. 그런데 돈을 벌 길이 이것밖에 없으니 선택의 여지가 없어요. 당신도 돌아가야 돼요. 재수 없으면 여기서 죽습니다. 운이 좋으면 돈을 벌 수 있지만요."

키카는 계산을 다 해 보았다. 그곳에서의 삶은 단순히 싼 것이 아니라 공짜였다. 그러니 아무 대가 없이 죽을 가능성을 마주하느니 차라리 무언가를 위해 죽을 위험을 감수하는 편이 낫다고 그는 결론을 내렸다. 내 불편한 심경을 감지했는지 키카가 말을 멈추고는 보디빌더처럼 이두박근을 과시해 보이며 나를 안심시키려는 듯 미소를 지어 보였다.

"우리는 광부인 게 좋아요. 광부가 되려면 튼튼해야 하고 잘 먹어야 하죠. 좋은 직업이에요."

우리의 특별한 탐험에는 다마니와 키카, 그의 친구들은 물론 CNDP

군인 3명도 동참했다. 이 지역은 공식 콩고군인 FRDC의 통제 아래에 있었다. 얼마 전 맺은 협정을 통해 FRDC가 과거의 적군인 CNDP를 끌어들였으니 정상적으로는 그들도 같은 편이었다. 이 협정으로 키카와 다른 광부들은 FDLR의 만행으로부터 보호 받게 되었다. 그러나 이곳을 통제하는 CNDP 대령이 광산에서 캐낸 모든 주석에 대해 세금을 부과하면서 보호에 대한 무거운 대가를 치르고 있다. 이것은 공식적으로 '불법'이지만 키카가 이에 대해 누구에게 항의할 수 있겠는가.

이 모든 사실은 서양 소비자들의 관심사나 걱정거리와 너무 동떨어져 보인다. 키카와 동료들이 목숨 걸고 채취한 원자재가 아니라면 더욱 그럴 것이다. 주석은 웬만해선 잘 들어 보지 못한 광물이지만 우리가 매일같이 사용하는 것이다. 휴대폰과 노트북 컴퓨터, 그 밖에 무수한 전자제품의 회로판을 결합하는 데 필요한 광물이다. 콩고는 주석이 무한히 묻혀 있는 몇 안 되는 나라 중 하나다. 아프리카 최다 생산국이자 전 세계 다섯 번째 생산국이다. 콩고의 주석이 없다면 수십억 달러가 오가는 전 세계 전자 무역은 사실상 불가능하다.

여기에 윤리적 딜레마가 있다. 우리는 주석이 필요하다. 그렇다고 인권 침해 문제가 극에 달한 국가와 거래를 해야만 하는가? UN은 그렇게 생각하지 않는다. UN은 콩고 민주 공화국과의 광물 무역을 금지하라고 여러 차례 요구해 왔다. 원칙적으로는 좋은 일이지만, 이를 피할 변칙적인 방법은 얼마든지 있기 마련이다.

내가 콩고에 도착한 이후로 사람들은 줄곧 한 사람의 이름을 언급했다. 그는 판주라는 이름의 광물 수출 업자로, 최근 UN 보고서에서 분쟁 지역 광물 무역의 중심인물로 언급되었다. 이곳 무역이 실제로 어떻게 돌아가는지 자세히 알고 싶다면 콩고 동부의 부카부로 가서 판주를 만나 봐야만 했다.

chapter 15

콩고 거물사업가의 의미 있는 변명

부카부는 멀리서 보면 좋아 보인다. 100미터 정도는 떨어져서 봐야 한다. 그래야 진흙길의 깊은 구덩이나 허물어져 가는 건물, 거리의 쓰레기가 보이지 않는다. 부카부는 50만 명이 고요한 키부 호수로 비죽 나온 5개 반도의 그림 같은 산비탈에 모여 사는 도시다. 멀리서 보니 허물어져 가는 식민지 시대의 옛 건물이 퇴락의 분위기와 고유한 스타일, 심지어 매력까지 자아냈다. 콩고 부자들이 남아 있는 노른자 땅을 사들이면서 현대식 건물도 하나둘 들어서고 있었다. 이들은 부의 새로운 원천이 있음을 암시했지만 사실 그것도 콩고의 광산이니 다를 것은 없었다. 다만 광업으로 돈을 버는 사람들이 바뀌었을 뿐이다.

부카부는 전쟁의 산물, 범죄와 쓰레기와 부패의 도시, 너무 가난한 나머지 택시 운전사가 내리막길을 갈 때 연료를 아끼려 엔진을 끄는 도시다. 도로가 깊게 팬 곳이 너무 많아 자동차가 성한 곳을 찾아 쉴 새 없이 방향을 바꿔야 했다. 나는 택시 운전사에게 물었다.

"여기 도로에서는 어느 방향으로 운전해야 하나요?"

"구멍이 적은 곳으로요."

교외로 나갔더니 흙벽돌에 물결 모양 철제 지붕을 올린 판잣집이 즐비했고, 도로는 온통 진창길이었다. 비도 자주 오는 데다 올 때마다 워낙 심하게 퍼부어서 도로를 걷기가 위험할 지경이었다. 하지만 이 정도는 아무것도 아니다. 밤이 되면 범죄자들이 활개를 치면서 낮보다 훨씬 위험해졌다. 그리하여 부카부를 찾는 관광객은 거의 없었다. 몇몇 비정부 기구가 이 도시에 장기 거주하면서 가끔 낯선 얼굴을 잠깐 드러냈지만, 이들을 제외하면 부카부는 순수 콩고인들의 도시다.

판매점 또는 콩트와는 넓은 문이 달린 2층짜리 회색 콘크리트 빌딩에 철조망이 둘려져서 철저히 요새화되어 있었다. 안에서 무슨 일이 벌어지고 있는지 알아보려 그 사이를 들여다보았지만 빛 한 줄기도 새어 나오지 않았다. 집주인은 분명 누구든 안을 들여다보는 것을 원치 않았을 것이다.

대문 너머로 집주인의 정치를 알려 주는 단서가 보였다. 굵고 하얀 글씨로 간단히 '판주'라 쓰여 있었다. 문을 요란하게 두드리자 키가 작고 땅딸막하며 인상이 조금 험악한 남자가 나타나 스와힐리어로 무슨 일인지 물었다. 나는 광물 구매 문제로 당신 보스와 이야기하고 싶다고 말했다. 콩고 광물의 중개상 역할을 하는 판매점이 FDLR에 직접 자금을 댄다는 UN의 혐의를 받은 이후로 판주 일당은 서양인에게 의혹을 품게 되었다. 더군다나 UN 보고서에 판주의 이름이 언급되어 있다.

(UN에서는) FDLR이 …… 광물 무역으로 한 해 몇 백만 달러를 벌어들이는 것으

로 추정했다. MDM, 세계 광업 회사(WMC), 에타블리스망 무예에와 판주 등 FDLR 통치 지역에서 공공연히 광물을 구매하는 광물 수출 업체는 2009년 내내 동일한 FDLR 통치 지역에서 추출된 광물을 지속적으로 취급해 왔다.(UN)

나는 의심을 피하기 위해 투자자나 투자자의 컨설턴트 행세를 하기로 했다. 그 남자에게 단호한 목소리로 사장을 불러 달라고 말했다. 그러면서도 그의 성을 돋우지 않도록 조심했다. 남자는 여전히 험상궂은 표정을 지었다. 그가 기다리라는 말을 던지고 문을 쾅 닫아 버렸다.

나는 아마니와 함께 기다렸다. 거리에는 시장이 들어서고 있었다. 도로 양쪽으로 여자와 아이들이 진흙 바닥에 담요를 깔고 그 위에 물건들을 늘어놓고 있었다. 그날 시장에는 믹스 너트와 아보카도, 티셔츠, 직물이 나왔다.

문이 열리더니, 키가 크고 **빼빼한** 흰 머리에 코가 둥글넓적한 남자가 랄프로렌의 말끔한 노란색 체크 셔츠와 바지 차림으로 나타났다. 분명 콩고인은 아니었다. 그가 나를 반기면서 신중하게 내뱉은 '봉주르'의 억양으로는 출신을 가늠하기가 힘들었다. 내가 프랑스어로 답하자, 그가 다시 영어로 바꿔 말했다.

"들어오세요."

판주를 따라 서늘하고 긴 복도를 지나 사무실로 향했다. 문득 조금씩 긴장되기 시작했다. 심장이 쿵쾅거렸다. 이 사기극을 제대로 해내려면 정신을 바짝 차려야 했다. 짜증 나지만 해야 하는 일이었다. 커다란 책상 한쪽에 앉자마자 판주가 내 쪽으로 몸을 기대고 노골적으로 물었다.

"기자 아니죠? 난 기자랑 이야기 안 합니다."

처음 우리에게 문을 열어 준 인상이 험악한 남자는 팔짱을 낀 채 입구에 버티고 서 있었다. 방 안에는 책상 외에 거의 아무것도 없었다. 외로워 보이는 책장에는 광업용 책자와 프랑스어 사전 몇 권만 꽂혀 있었다. 판주는 내 대답을 기다리고 있었다. 내가 대답했다.

"아뇨, 난 경제 전문가입니다. 광업만이 아니라 개발 도상국의 다양한 산업 구조를 조사하는 것이 제 일이죠. 얼마 전에는 탄자니아 커피 산업을 조사했습니다."

나는 영국의 다양한 투자 회사와 밀접한 관계를 맺고 있어서 조사 결과를 그쪽에 자주 알리기 때문에, 이 일이 당신의 사업과도 연관이 있을 것이라 설명했다. 이런 말은 충분히 사실과 가까우니 아주 자신감 있게 거리낌 없이 이야기했다. 내 말과 태도가 그럴싸했는지 판주가 문간에 있는 남자를 고갯짓 한 번으로 내보냈다. 그에게 이런 행동으로 충분히 믿음을 주었다. 우리 사이에 경호원은 더 이상 필요 없을 만큼 나를 믿는 눈치였다.

나는 판주에게 투자자들이 콩고에 수익성이 아주 높은 기회가 있다고 확신하지만 서양의 투자 환경이 점점 윤리적 조건에 민감해지고 있기 때문에 윤리적 차원을 고려하지 않고는 투자하기 어렵다고 설명했다. 특히 많은 사람이 UN 보고서에 신경을 쓰고 있다고 덧붙였다.

UN 보고서는 콩고의 광물 무역이 FDLR의 활동 자금으로 쓰인다고 주장한다. 판주는 UN 보고서에 대한 자신의 견해를 망설임 없이 밝혔다.

"완전히 헛소리여요. 우리가 반역자에게 광물을 산다는 건 말이 안 됩니다. 지금도 밖을 한번 보세요. 우리는 바로 저들한테 광물을 삽니다. 반역자가 어디 있습니까."

내가 다시 물었다.

"물론 반역자에게 직접 광물을 구매하지는 않겠죠. 하지만 광물 거래에 무수한 중개상이 달라붙으니 공급망의 어딘가에 반역자의 손이 닿아 있는지 모를 일 아닌가요?"

"그래요. 그건 맞는 말입니다. 하지만 그렇다고 우리가 무얼 해야 합니까? 우리는 투사가 아닙니다. 사업가일 뿐이죠. 우리는 반역자랑 거래하지 않습니다. 게다가 UN은 우리가 사업을 어떻게 하고 있는지, 누구에게서 광물을 사들이는지 직접 와서 보지도 않았어요."

판주는 나를 데리고 미로 같은 복도를 거쳐 바깥 뜰로 나갔다. 높은 벽이 한낮의 햇빛을 막아 주고 있었다. 30명쯤 되는 젊은 남자들이 그늘이 진 구석 자리에 앉아 있었다. 대부분 광물을 팔러 온 영세 중개인이나 광부였다. 몇몇은 천 부대에서 짙은 색 돌을 풀어 놓고 있었고, 다른 이들은 둘씩 짝을 지어 금속 통에 든 돌멩이를 쿵쿵 두드려 부순 다음 체로 쳐서 먼지를 걸러 내고 있었다. 그들이 가져온 것은 대부분 주석이었다. 광산이 있는 밀림 외지에서 자동차 트렁크나 트럭 뒤에 실려 온 것이었다. 판주가 말했다.

"알겠죠. 이건 힘든 일입니다. 그럼 UN은 이 사람들이 이것 대신 무얼 하길 바라는 건가요? 내가 광물을 사 주지 않으면 이들은 어떻게 먹고살죠? 내가 아니면 누가 돈을 주겠어요? 보고서는 현실의 반도 못 잡아냅니다."

판주는 대답을 들을 생각도 없이 뜰 끝에 있는 큰 창고 쪽으로 계속 걸어갔다. 창고 안에는 광물을 팔러 온 이들에게 알리는 경고문이 걸려 있었다. UN에서 '불개' 구역으로 규정해 놓은 지역 목록이었다. 판주가 나열된 지역을 읽어 내려갔다.

"저 지역에서는 광물을 살 수 없어요. 루링구, 카세세, 레메라, 므웽가……."

그 중 두 지역에서 주석이 채굴되는 것을 직접 보고 온 나로서는 조금 놀라웠다. UN 보고서에서는 판주의 회사 등에 권하기를, 공급자가 '사실을 뒷받침할 믿을 만한 문서' 없이 구두로 광물의 원산지를 전하는 것은 받아들이지 말라고 한다.

"그런데 문서가 없으면 그 광물이 어디에서 왔는지 어떻게 알죠?"

반짝이는 20개의 검은색 광물 더미를 둘러보며 내가 물었다. 이것들은 누구도 정확히 알지 못하는 곳에서 차 트렁크에 실려 왔다. 판주가 알맞은 표현을 찾느라 머뭇거리기에 내가 물었다.

"운으로요?"

판주는 자신의 문제를 알아주어서 고맙다는 듯 싱긋 웃으면서 내 등을 두드리며 대답했다.

"고마워요. 맞아요. 바로 그거예요. 운이죠."

UN 보고서가 사업에 큰 타격을 주었지만 판주는 여전히 거래를 했다. 그렇다고 콩고 광산의 작업 환경이나 인권 침해가 나아진 것도 아니었다. FDLR의 통치 지역을 포함해 전 지역의 광산에서는 금과 콜탄, 주석을 지금도 대량으로 채굴하고 있다. 이들은 아시아와 서양 국가에서 팔리는 제품에 사용될 것이다. UN이 내린 수출 금지가 이곳에 암시장을 만든 셈이다. 판주는 부카부 판매점을 통과하는 콜탄과 주석의 양이 한 달에 50톤가량씩 줄어들고 있다고 추정했다. 이는 채굴되는 광물이 줄었기 때문은 아니라고 했다. 콩고 민주 공화국은 여전히 광물을 수출하고 있다. 단 합법적이지 않을 뿐이다.

대화를 나누는 도중 판주의 주요 고객 이름이 하나둘 드러나기 시작했다. 그중 하나가 말레이시아다. 말레이시아 제련 회사(MSC)는 세계 3대 제련 금속 공급자이며 콩고와 이웃한 르완다에서 주석을 구매하는 최대 구매자이기도 하다. 판매점은 공식적으로는 합법이니, MSC 같은 고객들이 자신의 공급망은 깨끗하고 합법적이라 주장해도 문제 될 것은 없었다.

판주의 또 다른 핵심 고객은 놀랄 것도 없이 중국이다. 판주가 자세히 알려 주었다.

"유럽 바이어들은 이제 모두 콩고산 광물의 구매를 중단했습니다. 세계 5대 금속 제련 회사인 타이사르코에서도 구매 중단 이야기가 나오고 있답니다. 지금은 말레이시아와 중국 바이어들만 물건을 사 가고 있습니다. 그쪽 사람들은 거래하기가 몹시 까다로워요. 특히 중국인은 가격을 너무 안 쳐 주거든요."

판주가 조카를 부르더니 사무실로 가서 이메일 출력물을 가져오라고 시켰다. 판주의 중국인 고객이 보낸 것인데, 누가 봐도 엉터리 영어로 쓰여 있지만 의미는 전달되었다. 바이어는 판주에게 얼마 전에 콜탄 15톤을 선적해 준 것에 대해 고마움을 표하고 추가 주문을 하려고 했다. 다분히 평범한 내용에 이어 매우 비정상적인 요구 사항이 쓰여 있었다. 다음 선적물 관련 서류에서는 광물이 콩고산임을 숨겨 달라는 내용이었다.

'원산지를 에티오피아나 르완다로 바꿔 주십시오.'

콩고 문제를 해결하기 위해 UN이 책정한 예산은 한 달에 1억 달러다. 판주는 이것으로 UN이 콩고 민주 공화국의 상황을 더 악화시킬 수 있다고 생각했다. 그는 FDLR과의 전쟁에 대해 또 다른 해결책을 생각해 놓았다. 그러면서 아주 중요한 점을 꼬집어 말했다.

"UN이 FDLR과 돈을 나눠 쓰게 하는 겁니다. 콩고 동부에서 활동하는 FDLR 군사가 8000명이라고 합니다. UN의 한 달 예산을 그들과 나누는 겁니다. 그들 각자에게 1만 2500달러(1385만 원)씩 쥐여 주면서 무기를 내려놓고 르완다로 돌아가라고 하는 거죠. 그럼 누구도 망설이지 않을 겁니다. 기다렸다는 듯이 돌아갈 겁니다. 그렇게 되면 바로 문제 해결이죠. 그리고 이제 서양의 윤리는 제3세계의 것과 양립할 수 없습니다. 20년 안에 서양은 제3세계에서 어떤 사업적 이익도 얻지 못할 겁니다. 바이어들은 이곳에 오면 아이를 광산에 보내지 말라고 합니다. 그럼 저는 이렇게 말합니다. '서양에서야 그렇죠. 당신이라면 콩고에서 아이들에게 이것 말고 뭘 시키겠습니까?' 라고요. 서양처럼 학교가 있는 것도 아닙니다. 멀리 갈 것도 없어요. 밖을 보세요. 어디서나 아이들이 일하고 있죠. 이 아이들이 일을 안 하면 먹고살 돈은 어떻게 버나요? 이 아이들을 누가 먹입니까? 당신은 아니잖아요."

판주가 이야기한 국경을 넘는 밀수에 호기심이 생겨서 루지지 강으로 향했다. 루지지 강은 이톰베 산에서 키부 호수로 흘러들어 콩고 민주 공화국과 르완다 사이의 국경을 형성하고 있다. 서쪽 강기슭에는 흙벽돌에 물결 모양의 철제 지붕을 얹은 판잣집이 늘어서 있는데, 이들과 마주 보고 있는 반대편에서는 또 다른 삶이 펼쳐지고 있다. 이곳 강기슭에서 마주한 마을까지는 간격이 60미터 정도 되지만, 강이 굽어지고 휘어져 내려가 탕가니카 호수에 이르면 콩고에서 던진 돌이 르완다 땅에 떨어질 수 있을 정도로 두 지역은 가까워진다.

사타리는 사파리라는 이름의 부카부 현지 맥주를 작은 가판대에서 판매했다. 내가 묵은 호텔이 그의 가판대 바로 맞은편에 있는데, 호텔 운영자가 독실한 개신교도인 탓에 호텔 내 주류 판매를 금지하고 있었다. 그래서 저녁마다 사타리에게 이전 날 마신 빈 병을 갖다 주고 사파리 두세 병을 사는 것이 일상이 되었다. 첫 번째 날 저녁에는 공병이 없었지만 다음 날 틀림없이 공병을 가지고 다시 올 거라고 그에게 일러두었다. 우리가 더 가까워진 것도 그 때문인 듯했다.

사타리의 집은 물가에서 가까운 언덕 아래에 있었다. 집 안에 있으면 늦은 밤 강에서 벌어지는 일이 훤히 내다보였다. 그가 밀수에 대해 말해 주었는데 가장 큰 거래는 광물 거래라고 했다.

"밤마다 사람들이 물건을 밀수합니다. 르완다에서 콩고로 염소를 내다 팔기도 해요. 르완다산이 더 싸거든요. 가끔 배가 없으면 염소를 데리고 헤엄도 칩니다. 위험한 일이라 물에 빠져 죽은 사람도 많아요. 강가에 쓸려 오는 시체도 자주 보았죠. 정말 자주 봤습니다."

강에서 이루어지는 가장 큰 거래는 광물 거래다. 사타리는 이것이 심각한 일임을 주지시키려는 듯 고개를 끄덕였다. 이건 단순한 염소 거래가 아니라고 경고하며 이야기를 이어 갔다.

"때로는 자다가 강 건너에서 누가 외치는 소리에 깨기도 합니다. 그러면 반대편에서 또 소리 지르는 게 들리죠. 그렇게 해서 이제 건너갈 시간이라는 것을 알리는 겁니다. 어쩌다가 그 사람들이 보일 때도 있어요. 지난달에는 형이랑 사촌 결혼식에 갔다 오는데 강가 도로로 트럭이 올라가는 소리가 들리더라고요. 차가 멈추자 강가에 배를 대 놓은 어부들이 우르르 몰려들어 물건을 내리기 시작했습니다. 광물이 든 커다란 자루를 강 쪽에 내려놓았죠. 배 하나에 큼지막한 자루를 4~5개씩 실었는데 그 무게만 해도 10톤은 족히 됐을 거예요. 그러고는 노를 저어 반대쪽으로 건너가더군요. 말이 그렇지 정말 위험한 일이에요. 강을 잘 모르면 빠져 죽을 수 있어요. 제 친구도 지난달에 죽었습니다. 열여섯 살이었어요. 이름은 주생 카야부. 르완다로 광물을 밀수하다가 그렇게 됐어요."

강에서 익사 사고는 흔히 일어났지만 가끔은 쓸려 오는 시체에 총상이 나 있기도 했다. 콩고군이 국경 횡단을 철저히 감시하기 때문에 밀수꾼은 자신이 이용하는 구간 담당 관리자에게 대가를 지급해야 했다. 영토 분쟁으로 결국 사람만 희생양이 되었다. 강물에 쓸려 온 시체가 상대편의 메시지를 완벽히 전달하는 수단이 되었다.

이는 콩고의 광물 거래에서 예전부터 있던 현상이었다. 그렇지만 이런 사태가 점점 일상적인 현상이 되고 있다고 사타리는 말했다. 최근 공급자에게 가해진 '비윤리적' 광물 수출 금지 압력은 지하 거래만 조장하는 셈이 되었고, 그렇게 해서 같은 광물이 '윤리적으로' 수출 가능한 르완다로 밀수되고 있었다. UN은 콩고가 분쟁에 대한 평화로운 해결책을 찾는 동안 콩고와의 광물 무역을 '보류' 할 것을 국제 사회에 촉구했다. 하지만 콩고 사람들은 생계를 유지하기 위해서라도 광물을 계속 팔아야 한다. 그러니 공개적으로 팔 수 없다면 어두워진 후에 루지지 강으로 향하는 수밖에 없었다. 인식하지 못한 사이, 우리는 이미 무자비할 대로 무자비해진 공급망에 치명적인 또 다른 고리를 추가하게 되었다.

chapter 16

콩고가 거부할 수 없는 중국의 제안

나날이 커지는 중국의 경제력을 감안했을 때 이런 현상은 부카부에서 멀어질수록 더욱더 뚜렷해졌다. 처음에는 가장 기본적인 도로마저 버려진 배추밭처럼 엉망이었다. 간밤에 닥친 폭풍이 물러나는 중이었지만 가는 빗줄기가 사방에 흩날리고, 도시에서 남서쪽으로 벗어나는 언덕을 올라갈수록 공기는 더욱 부옇고 탁해졌다. 길가를 따라 사람들의 행렬이 끝없이 이어졌다. 모두 머리에 무언가를 이고 있었다. 남녀 할 것 없이 바나나, 무거운 물 양동이와 심지어 두꺼운 장작더미를 인 채 위태롭게 균형을 잡고 질척한 진창으로 고꾸라지지 않으려 조심하면서 걸어가고 있었다. 길가에 대충 세워 둔 탁자에는 팔기 위한 바나나와 감자, 얌(마와 비슷한 채소)이 놓여 있었다. 그 옆으로 숯이 조금 쌓여 있었는데, 거기에 있는 모든 과일과 채소를 요리하는 데 필요한 불을 땔 수 있을 정도의 양이었다.

부카부에서 멀어지자 도로 상태가 차츰 좋아졌다. 상태가 좋은 그 길은 알고 보니 2년 전에 중국의 도로 건설 팀이 건너와 세운 것으로, 부카부에서 카미투가를 통과해 180킬로미터까지 나아가 킨두를 넘어가는 도로이다. 중국 도로 건설자들이 머물다 간 지 얼마 되지 않아서인지 부카부에서 멀어질수록 도로 상태도 더 좋았다. 이런 식으로 가다 보면 카미투가에 이르렀을 땐 6차선 고속 도로가 펼쳐지지 않을까 기대감에 부풀었지만, 도로를 짓고 난 뒤에는 누구도 유지 관리 책임을 지지 않았다는 표시만 두드러져 보였다.

중국이 지은 도로는 중국과 콩고 민주 공화국이 맺은 50억 달러(5조 5000억 원) 상당의 사회 기반 시설 계약에 포함되어 있었다. 전쟁으로 콩고에 진출한 수많은 서양 기업이 파괴되었고, 경기 침체로 이들 기업이 다시 투자하거나 복귀하기까지 시간이 걸렸다. 하지만 중국은 달랐다. 중국은 한 해 동안 2000억 달러(220조 원)의 무역 흑자를 냈다. 이 돈으로 무엇을 하려는 걸까? 라오스에서 보았듯이 돈방석 위에 앉아 달러가 서서히 힘을 잃어 가는 모습을 가만히 지켜보고만 있지 않았다. 전 세계를 무대로 중국의 미래를 위해 적극적으로 투자하고 있다. 이웃 국가는 물론 여기 콩고에까지 손을 뻗고 있다. 중국은 콩고 민주 공화국에 도로 재건을 위한 자금을 제공하고 그 대가로 수익성 좋은 광산의 독점 개발권을 획득했다. 중국은 콩고 민주 공화국의 풍부한 광물에 눈독을 들이고 있다. 중국이 콩고에 제공한 50억 달러(5조 5000억 원)가 겉으로는 쇠락한 사회 기반 시설을 재건하는 데 도움이 되는 것처럼 보였다. 카미투가로 향하는 도로가 새로 깔린 것처럼, 콩고 동남부 지역의 풍부한 광물을 실어 나를 도로와 철도가 건설되고 있었다. 이 도로는 콩고를 남북으로 가로지르며 잠비아로 이어지는 3400킬로미터 길이의 고속 도로와 연결될 예정이다. 이는 물론 콩고의 자원을 얻으려는 의도로 세운 것이다. 길이 난 방향을 보면 세계에 대한 중국의 전략과 계획을 짐작할 수 있다.

중국은 중남부 아프리카의 경제 지도를 다시 그리며 콩고에서 캐낸 광물을 콩고 남쪽에 있는 잠비아와 앙골라로 보내려고 한다. 이 두 나라 역시 중국의 원조를 받았고 콩고보다 훨씬 개발이 잘되어 있다. 지금까지는 대서양 쪽 항구만이 광물을 운송하는 유일한 통로였다. 이 도로가 완성되면 콩고의 막대한 자원이 빠르게 중국으로 옮겨 갈 것이다. 세계 각국이 그 자원을 사들이면 중국은 엄청난 부를 쌓게 된다. 이것은 콩고를 위한 개발이 아니라 중국의 경제적 이익을 위한 책략이다.

도로 양옆은 여전히 안전하지 않았다. 키부 남쪽 지역에서 FDLR이 여전히 활동하고 있기 때문에 도로에서 1킬로미터 이상 벗어나려면 목숨을 걸어야 했다. 그런 까닭에 마을은 안전과 보안을 위해 도로에 바짝 붙어 있었다. 지나다니는 차량은 대부분 비정부 기구의 SUV나 파키스탄 UN 평화 유지군이 타고 다니는 하얀색 랜드로버, 그리고 화물과 사람이 섞여 있는 대형 트럭이었다.

내가 다녀 본 다른 아프리카 나라들처럼 이곳도 검문소가 많았다. 콩고군이 차량을 훑어보고 탑승자의 서류에 이상이 없는지 살폈다. 시내 판매점에 광물을 가져가는 중개상에게 검문소는 곧 '세금'을 내는 곳이었다. 정확히 말하면 총을 들고 도로를 통제하는 이들에게 돈을 빼앗기는 곳이었다. 이런 상황에 이미 익숙해진 나도 만반의 준비를 하고 있었다. 사실은 필요할 때 쓰려고 지폐 뭉치까지 준비해 놓았다. 그런데 웬

일인지 검문소를 마주할 때마다 성가신 일 하나 없이 술술 넘어갔다.

"당신이 사제인 줄 아나 봐요."

아마니가 깔깔거리며 웃었다. 우리는 한 콩고인의 차를 빌렸는데 그는 이 차가 원래 사제들과 자주 일하는 프랑스 비정부 기구인 여성 미디어 협회(AFEM)의 것이었다고 했다. 그래서 사람들이 이 차를 AFEM의 것인 줄 알았던 모양이다. 하필 내가 검은색 옷을 입고 있어 사제라고 짐작한 것이었다. 이 말에 웃지 않을 수 없었다. 지금까지 다니면서 여러 직업으로 오인을 받아 봤지만 성직자는 처음이었다.

"웃기지만 기분은 좋네요."

뒷좌석에서 아마니가 미소를 지었다.

"차 안에 성직자가 없으면 예외 없이 돈을 달라고 해요."

다행이었다. 나는 창문을 열어 그들에게 축복을 빌어 주기까지 했다.

콩고 민주 공화국처럼 비정부 기구가 많은 나라도 드물다. 그 이유가 식민지 쟁탈전으로 엉망이 된 콩고에 대한 서양인의 죄책감 때문인지 궁금했다. 몇 킬로미터마다 마을이 하나씩 있었는데 색이 바랜 커다란 표지판이 적어도 1~2개는 꼭 있었다. 다양한 비정부 기구의 로고가 새겨진 표지판이었다. 로고 아래에는 비정부 기구가 이 마을에 지원하는 프로젝트가 적혀 있었다. 표지판은 하나같이 심하게 낡아 있었다.

다음 마을에 내린 뒤 표지판을 가까이서 살펴보았다. 그것은 비교적 규모가 작은 벨기에 비정부 기구가 세운 것으로 학교 건설 프로젝트를 나타내고 있었다. 벽돌과 물결 모양 지붕으로 지어진 건물이었다. 모퉁이에 1층짜리 건물이 있었다. 마을에서 유일하게 번듯한 건물이었다.

다른 집은 모두 진흙과 짚으로 지어진 것이었다. 사진을 찍고 있는 사이 호기심 가득한 아이 둘이 나를 지켜보았다. 그 시간에 학교도 안 가고 있는 것이 놀라웠지만 아이들 모습을 보아하니 온종일 진흙탕에서 놀다 온 것 같았다. 아이들에게 몇 가지를 물어보았다.

"이 건물은 뭐니?"

"학교예요."

나이 많은 아이가 대답했다. 여덟 살쯤 되어 보였다.

"너희는 왜 학교 안 갔어?"

갑자기 내가 학생 지도 교사가 된 것 같았다.

"선생님이 없어요."

"학교에 마지막으로 간 게 언젠데?"

"학교에 간 적 없어요. 제가 학교 갈 나이에 선생님은 이미 떠나고 없었어요."

이 말을 하면서 아이는 표지판 아래 서 있었다. 그럼 그 표지판은 왜 여전히 세워져 있고 누구를 위한 것일까? 나는 표지판을 지나치는 사람들이 이 마을에는 학교가 있을 것으로 생각할지도 모른다는 사실에 화가 났다. 사실이 아니었다. 아직도 이곳에는 학교가 필요했다. 필요 없는 것은 새로운 표지판뿐이었다.

다음 마을도 상황은 다르지 않았다. 미국 국제 개발청과 가톨릭 구호 서비스가 이 지역에 물을 공급하기 위해 펌프를 설치했다는 표지판을 마주하고 서 있었는데, 네 살도 안 되어 보이는 남자아이가 7.5리터 정도 돼 보이는 물이 가득 든 무거운 물통을 등에 메고 연결 끈을 이마에 두른 채 언덕을 올라가는 모습이 눈에 들어왔다. 집 밖에 나와 앉아 있는 한 남자에게 물었다.

"저 아이는 물 펌프가 있는데 왜 혼자 물을 나르는 겁니까? 누가 와서 못 고치나요?"

"펌프 안 돌아간 지 오래됐어요. 아무도 안 고치던데요."

남자가 어리둥절한 표정으로 대답했다. 비참해 보이지만 이것이 현실이었다. 이 마을 주민 중에는 펌프를 고칠 줄 아는 사람이 하나도 없었고 고치러 오는 사람도 없었다.

비정부 기구에서 물 펌프 프로젝트로 펌프 세우는 비용을 지원했겠지만 그게 다다. 펌프를 유지 관리할 누군가를 훈련시키지도, 유지 관리 서비스를 제공하지도 않았다. 그런데도 표지판은 여전히 서 있었다. 게다가 표지판이 그의 집 현관 바로 앞에 서 있어서 조금 불편해 보였다. 내가 다시 물었다.

"이 표지판은 왜 안 치우나요? 펌프도 이제 안 돌아가는데요."

"내 표지판이 아니오."

남자가 쓸데없는 질문이라는 듯이 어깨를 으쓱해 보이며 말했다.

다시 차로 돌아왔다. 므웽가로 가는 길에 우리는 흙탕길을 따라 미툼바 산맥에 자리한 마을 곳곳을 지나갔다. 굽이를 돌 때마다 골짜기 아래로 조각조각 기운 들판이 모습을 드러냈고 빽빽한 정글이 사방을 둘러쌌다. 마을마다 들어선 비정부 기구 표지판은 각기 자신의 성공을 뽐내려 애쓰고 있었지만, 사실 뚜렷하고 지속 가능한 그 어떤 변화도 몰고 오지 못했으니 콩고 민주 공화국 내 비정부 기구의 실패만 강조할 뿐이었다. 콩고는 분명 살기에는 아직도 지저분하고 가난한 곳이다. 나는 어떻게든 사람들을 다른 방향으로 설득시키려 애쓰며 자화자찬하는 표지판을 모조리 뜯어 버리고 싶었다.

길가에 늘어선 아이들 몇 명이 나를 보자마자 괴상한 소리를 질러 댔다. 처음에는 당나귀가 '히이힝' 우는 소리인 줄 알았다. 이게 도대체 무슨 소리인지 전혀 짐작도 못하고 있는데 한 아이가 '치느와, 치느와' 라는 소리를 내기 시작했다. 아이들은 '히이힝'이 아니라 '니 하오' 라고 말하고 있었다. 나에게 중국어로 인사를 하던 것이었다. 내가 중국인인 줄 아는 건가! 조금 전에는 사제라더니, 이번엔 중국인이라고!

지난 10년 동안 소수의 서양 기업이 아프리카의 천연자원 시장에서 막강한 권력을 쥐고 있었다. 이들은 아프리카의 석유, 식량, 광물 등을 관리하는 유일한 기업이었으니 물건이 얼마나 필요하고 값은 얼마로 매길지 마음대로 결정할 수 있었다. 서양에서 윤리적 소비가 대두되자 이들 기업도 콩고 민주 공화국산 광물에 대해 통상 금지 압력을 받았지만 그렇다고 거래를 모두 끊지는 않았다. 윤리적 안건이고 뭐고 전혀 개의치 않는 바이어들은 언제나 있을 테니까.

이제 중국이 결정권을 쥐게 된 지금, 라오스에서 그랬듯 그들에게 제일 먼저 떠오르는 것은 생산자의 이익이 아니다. 그렇다고 서양이 곤경을 면하는 것은 아니다. 콩고 민주 공화국에서 가장 값비싼 자원인 주석과 콜탄의 공급은 서양 전자 산업의 수요 증가에 좌우된다. 콩고에서 수출된 광물을 사용 가능한 부품으로 변형시키는 주요 제련 및 가공 기업으로는 영국 기업 AMC가 소유한 타이사르코, 영국의 아프리멕스, 벨기에의 트레이드맷 앤 트랙시스, 그리고 판주의 주요 고객인 말레이시아의 MSC가 있는데 이들 모두 '무장 단체와 긴밀히 협조하는 판매점에서' 광물을 사들인 기업으로 UN의 지적을 받았다.

이들 기업은 광물 거래의 어두운 면에 연루되었다는 혐의를 벗기 위해 갖가지 방법으로 해명했다. 결백을 호소하거나 ('당사는 허가증이 있는 상인하고만 거래하며, 광물이 합법적인 지역에서 채취되었음을 확인했습니다 — MSC'), '윤리성'을 강조하거나 ('콩고 민주 공화국산 광물을 지속적으로 거래하는 것은 광업에 종사하는 주민들의 복지에 꼭 필요합니다 — 타이사르코'), 변명을 늘어놓으며 책임을 회피했다('수출 광물의 정확한 원산지를 일일이 밝히는 것은 …… 콩고 정부의 할 책임이지 저희 같은 기업의 책임이 아닙니다 — 트레이드맷').

이제는 우리에게 친숙한 기업을 이야기해 보자. 애플과 노키아, 모토로라, 델 등 모두가 알 만한 기업들 역시 문제를 인식하고 있다. 예를 들어 노키아는 공식 성명에서 자사가 일부 책임을 인정하고 변화를 꾀해야 할 문제로 인식했다.

> 노키아는 콩고 민주 공화국뿐만 아니라 전 세계 일부 채광 작업장의 비윤리적 관행을 우려하고 있습니다. 노키아는 채광 작업의 환경적·사회적 수준을 높임으로써 공급망에 긍정적인 영향을 미쳐야 하는 위치에 있습니다 ……. 자사는 현지의 작업 수준이 표준에 미달한다면 이를 외면하고 떠나는 것이 아니라 공급자와 협력해 문제를 논의하고 전반적인 수준을 높일 것입니다. (노키아, 2009)

같은 해에 전체 전자 산업계는 무역 조합인 국제 주석 연구 협회(ITRI)

에 '콩고 민주 공화국에서 수출되는 주석 광물에 대해 종합적인 실사 계획을 세워, 분쟁 지역 광물에 대한 우려를 해결할 것'을 요청했다. 이 계획은 애플과 델, HP, IBM, 인텔, 마이크로소프트, 모토로라, 노키아, 필립스, 소니, 텔레포니카, 웨스턴 디지털, 제록스 등 전자 제품 부문 주요 고객들의 지원을 받고 있다.

안타깝게도 ITRI의 계획에서는 무장 단체와의 광물 거래를 분명히 다루지 않고 있으며 광부들의 작업 환경도 언급하지 않고 있다. 이 계획에는 문제를 '인식'하고 개선을 '권장'하며 환경에 대한 '우려'를 표명하는, 하나 마나 한 이야기만 있을 뿐 눈에 띄는 변화를 불러일으키기 위한 투명하고 책임 있는 안건은 어디에도 없다. 대기업의 조직적인 활동은 물론 환영하지만, 이것이 기업의 입장에서 오직 근심하는 소비자나 경계하는 운동가를 따돌리기 위한 연막작전일 뿐이라면 반가울 리가 없다. 각 기업은 몰염치한 중개인들이 자신의 사악한 목적을 위해 공급망을 혼란에 빠뜨리고 갈등을 조장하지 못하도록 규칙을 시행해 압력을 가할 수 있는 막강한 힘이 있다. 하지만 지금 상황으로서는 기념할 만한 일이 벌어지지 않았다.

나는 우리가 전쟁 중이라는 사실을 실감하기 시작했다. 아시아와 여기 아프리카의 어두운 심장부에 있는 서양 기업은 전쟁의 최전선에 서 있고, 일부 극빈층의 삶은 위험에 처해 있다. 하지만 서양의 윤리적 가치가 사라지고 사람들의 삶이 위협에 빠진 지역은 비단 이곳만이 아니다.

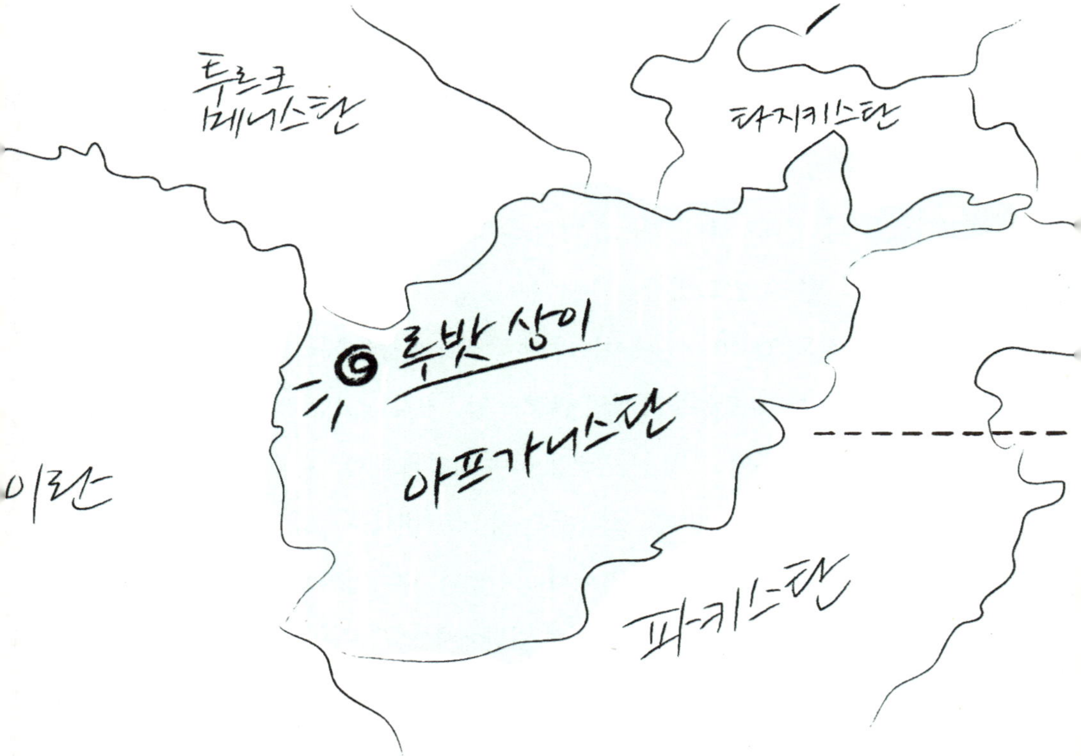

투르크메니스탄

타지키스탄

이란

루밧 상이

아프가니스탄

파키스탄

아프가니스탄 Afghanistan

- 위치 | 서남아시아
- 면적 | 65만 2230㎢(41위)
- 인구 | 2983만 5392명(42위)
- 수도 | 카불 Kabul
- 국내 총생산 | 155억 4100만 달러(107위)
- 1인당 총생산 | 585달러(168위)
- 화폐 단위 | 아프가니 Afghani

PART 6
아프가니스탄

무조건 금지하면
뭘 먹고살란 말입니까

"내다 팔 작물을 가지고 시장으로 가다 보면 탈레반, 경찰, 도적들이 우리를 세웁니다. 검문소는 좀 많나요? 그때마다 뇌물을 바쳐야죠. 시장에 도착하면 이익이고 뭐고 다 까먹고 없는 거죠. 양귀비를 기르면 마을을 떠날 필요가 없어요. 양귀비는 살 사람이 직접 찾아오니까요. 밀을 재배해서 먹고살 수 없으면 못하는 거 아닙니까."

chapter 17

마약과의 전쟁은 영원히 끝나지 않는다

　새벽 6시, 마침내 아프간 국립 경찰(ANP)과 마약 단속국 요원들을 호송하는 중무장 차량이 보였다. 차량 행렬은 헤라트 북쪽으로 빠져나가고 있었다. 우리는 투르크메니스탄 국경에서 50킬로미터쯤 떨어져 있었다. 운전을 맡은 마흐무드의 낡아 빠진 도요타 자동차로 도시를 벗어나는 도중 타이어가 터지는 바람에 우리는 일행과 떨어져 한참 뒤처졌다. 일전에 마약 단속국 국장 다키크는 루밧 상이로 가는 도로가 혼자 여행하기에는 위험하니 무장 호송대와 함께 가야 한다고 충고해 주었다. 그래서인지 마흐무드의 도요타 자동차가 아프간 국립 경찰의 초록색 픽업 트럭을 따라잡아 그 뒤에 섰을 때에야 마음이 놓였다. 트럭에는 AK-47 자동 소총을 멘 젊은 경찰들이 타고 있었고 로켓포가 실려 있었다. 먼지가 자욱한 사막 길 때문에 다들 얼굴 위까지 스카프를 덮고 있어서 으스스해 보였다. 나는 이들이 좋은 사람이라고 애써 상기시켜야 했다.
　우리는 지구 센터에서 미 82 공수 사단을 만나 군용 지프차 험비 여덟 대를 더 맡는데, 모두 사막 작전용으로 위장된 장갑을 두르고 기관총으로 무장하고 있었다. 장갑차 앞에 서 있던 일병 애시는 당시 여덟 달째 아프가니스탄에서 머무르고 있었다. 애시가 느릿느릿한 억양으로 말했다.

"요즘은 꽤 조용했습니다. 탈레반이 추수다 뭐다 해서 일하느라 바쁜가 봐요. 그러다가 또 난리를 치겠죠. 안 봐도 뻔해요."

차량이 북쪽으로 내달리기 시작했고, 완전 무장한 대대와 1992년산 빨간색 도요타 코롤라 한 대가 우리 일행이 되었다. 우리는 도로를 따라 조심스레 나아갔다. 황량한 바위산을 기어올라 국경과 가까운 벽촌으로 향했다. 그 와중에 지나친 차량이라고는 반대편에서 연료를 싣고 가는 유조차들뿐인데, 각각 양편에 중무장한 사설 경비 차량을 대동하고 있었다.

도로에서 벗어나 먼지 낀 사막 길에 접어들었다. 앞서 가는 미군 군용 지프 차량이 흙먼지를 일으키는 바람에 마흐무드는 앞에 뭐가 있는지 짐작만 할 수 있었다. 한 주 전에 비슷한 작전이 낭가하르에서 수행되었는데, 그 양귀비 재배 근절 작전에서 탈레반 반란군이 경찰관 3명을 살해하고 4명에게 부상을 입혔다. 탈레반이 아프가니스탄의 양귀비 재배에서 기득권을 쥐고 있으며, 그 이익으로 상당한 활동 자금을 마련한다는 사실은 누구나 알고 있다. 탈레반에게 양귀비 재배 단속 경찰은, 그들을 보호하려고 파견되었다는 미군 못지않은 적이었다.

앞좌석에 앉아 있던 통역 담당 아시프가 몸을 돌려 자기 나라에 대한 인상이 어떤지를 물으며 나와 즐겁게 대화를 나누었다. 그러던 중 아시프의 왼손 엄지가 있어야 할 자리에 흉터만 남아 있다는 것을 알아차렸다. 그러고 보니 볼에도 둥그렇게 흉터가 불거져 있고, 비슷한 흉터가 귀 바로 밑에도 나 있었다.

"작년에 사촌 결혼식에 가려고 카불로 향할 때였어요. 탈레반이 제 차를 세우더군요. 처음에는 노상강도인 줄 알고 다 털리겠구나 생각했는데 난데없이 저에게 총을 쏘지 뭡니까. 열한 방 맞았어요."

그러면서 흉터를 보여 주기 시작했다. 소매며 바짓단 아래에는 또 다른 총알구멍이 하나씩 숨어 있었다.

"살아났다는 게 행운이죠. 이제는 다른 곳에서 살고 싶어요. 아프가니스탄만 아니면 돼요."

탈레반은 아프가니스탄의 많은 것을 파괴했는데, 무엇보다 끔찍한 사실은 그들이 한 세대의 희망을 무너뜨렸다는 것이다. 이 나라에는 조국에 남아 미래에 투자하고 나라와 경제를 재건할, 아시프처럼 명민한 청년이 절실히 필요했다.

우리는 미군 군용 지프차 뒤를 따라 흙길을 달려 드넓게 펼쳐진 평평한 골짜기가 건너다보이는 언덕 꼭대기에 다다랐다. 눈부시게 파란 하늘에는 얼마 안 되는 솜털 구름이 바싹 메마른 언덕을 넘어 북쪽으로 흘러가고 있었다. 관개수를 댄 푸른 밀밭이 조각조각 기워져 있는 계곡을 보고 있자니 잠시나마 내가 푹푹 찌는 여름 끝자락의 영국 시골에 와 있다는 느낌이 들었다. 그 광경에 익숙해지자 멀리 떨어진 언덕에 붙박여 있는 작은 마을들이 눈에 들어오기 시작했다. 흙으로 지은 집이라 땅 색깔과 분간이 안 가서 처음에는 눈에 띄지 않더니, 배경에서 서서히 모습이 드러나 전체를 뚜렷이 볼 수 있게 되자 어째서 그걸 알아차리지 못했을까 의아하기만 했다.

미 공수 부대와 아프간 경찰, 마약 단속국, 아프가니스탄 군대의 선임 장교들이 전략을 논의하기 위해 통역 담당을 대동하고 한데 모였다. 이번 임무는 마약 단속국이 주도하는 만큼 국장이 직접 팀을 지휘해야 한다는 제안이 나왔다. 이 선두 부대는 마을에서 마을로 돌아다니며 양귀비 밭을 근절할 예정이었다. 미 공수 부대와 아프가니스탄 군대는 마을이 내려다보이는 주변 지역에 배치되었다. 저항이 즈렬해지면 현장에 즉시 투입될 예정이었다. 나는 국장과 동행하기로 했다.

우리는 호송대를 재정비하고 카카투트 마을로 향하는 흙길을 따라갔다. 마을 한복판의 공터에 하얗고 작은 텐트가 세워져 있었다. 학교였다. 턱수염을 기른 나이 지긋한 남자들이 벽에 등을 바싹 붙인 채 비좁은 그늘에서 햇빛을 피하고 있었다. 아프가니스탄의 전통 가옥은 머리 높이까지 올라오는 흙벽으로 둘러싸여 있어서 이런 집이 모인 마을은 미로같이 보였다. 각각의 벽과 집 뒤에 작물을 기를 수 있는 땅이 있었다.

아프간 경찰 서장이 이 집 저 집 돌아다니며 벽 너머를 기웃거리거나 문틈을 엿보았다. 그 뒤에 익숙한 분홍색 꽃이 자라고 있는지 살폈다. 서장이 소리를 지르면서 손을 높이 쳐들면 대원 2명이 달려와 서장의 명령에 따라 문을 발로 차기 시작했다. 문이 경첩에서 떨어져 나가면 서장은 재빨리 안쪽을 서둘러 살핀 뒤 순찰대에게 집 안으로 들어갈 것을 소리 질러 명령했다. 대원들이 안으로 들어가 총신으로 벽을 이리저리 훑었다. 바로 이럴 때 공격을 받기 쉽다.

우리가 밭으로 들어갈 때 무장 경찰은 이웃집 지붕에 자리를 잡고서 우리가 공격 받을 수 있는 지점을 향해 총을 겨누었다. 마침내 밭이 안전하다는 사실을 소리쳐 알리자 나머지 경찰관들이 행진해 들어왔다. 근절 작업이 임박했음을 감지하면 탈레반이 양귀비 밭에 위장 폭탄을 설치하기 때문에 군인 2명이 파견되어 지뢰나 사제 폭발물의 흔적을 찾았다. 마침내 밭이 깨끗하니 근절 작업을 시작해도 좋다는 사실이 확인되었다. 이것은 절대 첨단 기술이 필요한 작업이 아니었다. 각 경찰관이 한 손에는 AK-47 소총을, 다른 손에는 긴 막대를 들었다. 그러고는 막대를 휘두르면서 밭을 갈라 어여쁜 분홍색 꽃 머리를 제거했다. 덩달아 국장도 한 번 시도했다. 몇 분 만에 축구장 3분의 1크기 정도 되는 아편 밭 1제립(0.2헥타르)이 없어졌다. 지구에서 헤로인 1킬로그램이 사라진 것이다.

양귀비 근절 프로그램은 수년째 계속되고 있다. 서양 정부는 2002년 이후 이 프로그램에 50억 달러(5조 5000억 원)를 쏟아부었다. 가히 어마어마한 액수이지만 마땅히 써야 하는 돈이라고 생각한다. 아프가니스탄은 세계 헤로인의 90퍼센트 이상을 생산한 책임이 있다. 헤로인의 파괴적인 영향력은 세계 전역에서 감지된다. 러시아부터 이란, 유럽, 미국에 이르기까지 심각한 약물 중독자들이 곳곳에 퍼져 있다. 그들은 마약을 구하기 위해 범죄의 길로 들어서고, 대개는 그러다 오래 못 살고 생을 마감한다. 공급선을 끊을 수 있는 방법은 무엇이든 환영해야 마땅하다.

은밀한 공급선 뒤에는 마약 조직 두목, 마약 카르텔, 범죄 중개상들 같이 인간의 고통을 이용해 부를 쌓는 사람들도 있다. 아프가니스탄에서 이런 이들은 대부분 탈레반 출신이다. 영국 정부는 탈레반 자본금의

25퍼센트가 아편에서 나온다고 주장해 왔다. 언뜻 보기에 마약 근절 프로젝트가 있다면 그 첫 번째 표적이 아프가니스탄이 될 것 같았다.

하지만 여행하면서 상황이 그렇게 간단하지 않다는 것을 알았다. 이런 지역의 현실을 직접 눈으로 보고 조금 더 깊이 파고 들어가 보면 근절 프로그램은 기껏해야 해결책을 살짝 건드리고 말 뿐이며, 최악의 경우에는 역효과를 가져온다.

탈레반 자본금의 25퍼센트라는 수치부터 살펴보자. 이 수치는 UN 마약 범죄 사무소(UNODC)의 보고서에서 나왔다. 여기서는 반정부 단체들이 불법 아편 거래로 매년 3억 달러가 넘는 돈을 벌어들인다고 추정한다.

UNODC는 탈레반이 이 돈을 독점적으로 벌어들인 것은 아니라고 분석한다. 사실 모든 반정부 단체를 탈레반으로 여기는 것은 오해다. 아편으로 벌어들이는 이익 상당수가 탈레반과 전혀 관계없는 지역 무장 세력이나 마약 조직의 손에 들어간다. UNODC는 아편으로 벌어들이는 탈레반의 수입 대부분이 사실은 우슈르에서 나온 것이라고 지적한다. 우슈르는 탈레반이 다스리는 지역의 모든 농작물에 부과하는 세금을 뜻한다. 밀이나 다른 작물만으로도 그만한 돈을 벌어들일 수 있다는 뜻이다.

근절 정책이 의도와는 다르게 지역 무장 세력들에게 도움을 준다는 증거까지 나왔다. 세계은행의 분석에 따르면 근절 정책 때문에 양귀비 재배에 대한 위험이 커지면서, 이를 핑계로 무장 세력들이 보호비를 과도하게 올려 받는다고 한다. 근절 정책은 그 표적이 된 농부 개개인에게 엄청난 타격을 주었다. 하지만 국가 생산 전반에 끼친 영향은 미미했다. 밭이 조금 줄어든 게 고작이다. 근절 정책은 또한 부패가 판을 칠 기회를 제공했다.

'지방 관료와 마약 거래는 면밀히 연결되어 있기 때문에 주지사가 주도하는 근절 정책은 부패에 빠지기 쉽다.'

이보다 더 기막힌 사실이 있다. 근절 정책이 가장 적극적으로 추진되고 있는 곳은 남부 지역 탈레반 근거지인 헬만드나 칸다하르 등지이다. 이 지역은 파키스탄 국경 근처라 감시가 느슨해 마약 밀매자들에게 손쉬운 밀수 경로였다. 그런데 이곳 양귀비 생산량은 줄어들기는커녕 역대 최고치를 기록했다. 2010년에만 3000톤 이상의 양귀비가 생산되었다. 같은 해 아프가니스탄 양귀비 총생산량은 3600톤이었다. 사실 지난 10년간 양귀비 생산량이 줄어든 것은 병충해가 돌았을 때뿐이었다.

현재 헤라트의 양귀비 생산은 서부의 신단드와 북부의 루밧 상이에서 계속되고 있다. 이 두 지역에서는 탈레반과 투르크멘족 마피아가 여전히 왕성하게 활동하고 있다. 마약 단속국 국장 다키크는 이렇게 설명했다.

"이번 해에 근절 프로그램을 진행하면서 벌써 경찰관 9명이 사망하고 20명이 부상을 당했습니다. 마약 거래로 이익을 보는 마피아 조직은 근절 프로그램에 맞서 싸우려 하면서 농부들이 양귀비를 기르도록 부추깁니다."

그러면서 뒤늦게 생각난 듯 덧붙였다.

"그래도 언제나 우리가 마피아보다 한 수 위죠."

농부들은 불법 조직으로부터 양귀비 수확물에 대한 계약금을 미리 받는다. 그들은 계약금에 의지한 채 밭에서 아무것도 자라지 않는 혹독한 겨울을 견뎌 낸다. 마약 밀매자들은 농부들의 농장을 찾아가 봄에 양귀비를 제공한다는 약속을 받아 내면 그 대가로 후원을 제공한다. 하지만 다키크는 농부들의 곤경을 크게 신경 쓰지 않는 것처럼 보였다. 그는 자신만의 재정적 골칫거리와 씨름하고 있었다. 다키크가 말했다.

"농부들은 밀매준에게 1킬로그램당 20달러(2만 2000원)를 받을 수 있습니다. 그러면 계약을 하지 않을 수 없죠. 근절 정책 자금은 미국과 영국에서 대 주고 있는데 그래 봤자 1헥타르(축구장 면적의 1.2배)를 근절하는데 135달러를 지급할 뿐입니다. 우리는 고작 4헥타르(축구장 면적의 5배)의 땅을 근절하자고 200킬로미터씩 이동할 수가 없습니다. 경제적으로 수지가 안 맞잖아요. 물론 작년에는 몇 백 헥타르를 근절했습니다. 올해에는 그렇게 많지 않으리라 예상합니다. 어찌 됐든 우리는 이 일을 해야 합니다. 그렇지 않으면 사들이 양귀비를 다시 길러도 좋다고 생각할 테니까요."

chapter 18

그들이 양귀비를 기를 수밖에 없는 이유

아프가니스탄에서 벌어지는 상황이 농부 개개인에게 어떤 의미인지 직접 확인해 보기 위해 나는 그날 양귀비 재배 근절 팀의 손에 작물이 파괴된 농부를 찾아갔다. 그의 이름은 하기 잔이었는데, 그는 마을 뒤편에서 마약 단속국 요원과 이야기를 나누고 있었다. 그는 큰 키에 검은색 터번을 두르고 잿빛 턱수염을 길게 늘어뜨린 카리스마 있는 남자였다. 깊고 짙은 얼굴 윤곽에 꿰뚫어 볼 듯한 에메랄드 빛 녹색 눈이 워낙 강렬해서, 언뜻 봐서는 왼쪽 셔츠 소매가 어깨부터 헐렁하게 늘어뜨려져 있다는 사실을 알아차리지 못할 정도였다. 하기는 1990년대 무자헤딘(이슬람 전사)과 함께 러시아에 맞서 싸우다 팔을 잃었다. 지금은 농부이자 마을 원로가 되었다.

마을 중심부의 언덕에 서 보니 농부들에게 대안 작물 재배를 장려한 계획이 성공적이라는 사실이 한눈에 보였다. 아래로 보이는 들판에는 대부분 밀을 심었고 다음 달 추수를 앞두고 있었다. 지난해 이곳을 찾은 경찰관들이 그때만 해도 이렇지 않았다고, 거의 다 양귀비 밭이었다고 귀띔해 주었다. 국제 밀 가격 상승도 농부들의 밀 농사 전환을 부추겼다 (밀 가격 상승 덕을 조금 더 보겠다고 채소밭까지 갈아엎은 이들도 있었다). 하지만 아프가니스탄의 기후는 극단을 오가고, 사람들의 기억은 쉽게 잊히지 않았다. 이곳 농부들 역시 2년 전 봄비가 내리지 않은 탓에 강우량이 많아야 하는 밀 재배에서 큰 손해를 봤다는 사실을 기억하고 있었다. 그러니 아직 많은 사람이 밀 재배를 시작하지 않고 불법 아편 작물이라는 조금 더 '안전한' 선택을 고집하고 있을 만도 했다. 하기가 씁쓸하게 미소 지으며 말했다.

"오늘 하루에만 양귀비 밭 6제곱(축구장 면적의 2배)을 잃었습니다. 저 사람들이 이걸 없애지 않았다면 우리 마을은 바이어가 찾아올 때 40킬로그램이 넘는 아편을 팔 수 있었어요. 그것만 해도 미국 돈으로 3000달러(330만 원)가 넘죠. 이제 마을에 남은 청년 중에 몇 명은 일자리를 구하러 이란으로 떠나야 할 겁니다. 그렇게라도 안 하면 처자식을 어떻게 먹여 살리겠어요?"

다른 나라 농부처럼 아프가니스탄의 농부는 단순히 현재 가격이 가장 높은 작물을 골라 심지 않는다. 기본적으로 자신들이 먹을 작물을 기른다. 일부 땅에 돈벌이 작물을 심어 자신들이 기를 수 없는 작물을 살 돈을 번다. 기를 수 있는 작물을 추가로 길러 적절한 균형을 잡아야 한다. 전 세계적으로 음식 가격이 상승할 때에는 특히 더 그렇다.

아프가니스탄 농부들은 세계 다른 지역 농부들처럼 자신들이 먹을 것을 제외한 나머지를 내다 팔 수는 있다. 문제는 물건을 시장까지 가져가려면 무법 지대를 통과해야 한다는 것이다. 장날마다 미 82 공수 사단이 호위해 주지는 않는다. 그러니 기를 수 있는 작물은 양귀비 하나뿐이었다.

"내다 팔 작물을 가지고 시장으로 가다 보면 탈레반, 경찰, 도적들이 우리를 세웁니다. 통행료를 내라는 거죠. 그러면 결국 빈손으로 돌아오게 됩니다. 그래서 양귀비를 기르는 게 더 낫죠. 양귀비는 살 사람이 직접 찾아오니까요."

하기를 비롯한 이곳의 농부들로서는 마약 밀매자들이 돈을 현금으로 지급한다는 사실 역시 무시할 수 없었다. 이곳은 치안 상태가 워낙 안 좋아서, 밀 같은 작물을 재배하는 농부가 물건을 시장으로 가져가려면 검문소를 몇 개씩 통과해야 했다.

"또 지나치는 검문소마다 뇌물을 요구합니다. 검문소가 좀 많나요? 그러면 시장에 도착했을 때에는 이익이고 뭐고 이미 다 까먹고 없는 거죠. 양귀비를 기르면 마을을 떠날 필요가 없어요. 치안만 더 좋아지면 여기 농부들도 다른 작물을 기를 겁니다. 돈을 좀 덜 벌어도 그렇게 할 거예요. 밀을 재배해서 먹고살 수 없으면 못하는 거 아닙니까."

아프가니스탄의 치안 상황과 양귀비 재배는 틀림없이 연계되어 있었다. 치안 수준이 높은 지역에는 동시에 거래하기 좋은 환경이 만들어졌다. 농부들이 시장을 안전하게 오갈 수 있는 북부 지방에서는 마약 조직을 위해 양귀비를 재배하는 대신 다른 작물을 재배하게 하는 장려책이 마련되어 있었다. 이처럼 국제 자금을 도로 치안에 쏟아붓는 것이 양귀비 밭 근절 같은 직접적인 마약 퇴치 전략에 돈을 들이는 것보다 분명 더 유익한 효과를 낼 것이다.

마약 단속국 요원들이 말소리가 들리지 않을 만큼 멀어졌을 때, 하기에게 그들이 작물을 파괴한 이유가 무엇이라고 생각하는지 물었다. 하기는 이 마을에서 자신 같은 사람은 가난하기 때문에 양귀비를 기를 수밖에 별다른 도리가 없다고 말했다. 다른 작물의 종자를 구매하도록 정부가 도와주지 않으면 대안이 없다고 했다. 하기는 자기 집으로 돌아가 마저 이야기하자고 제안했다. 좀 더 사적인 이야기를 하려는 줄 알았다. 그의 집에 가 보니 조금 놀라운 광경이 펼쳐졌다. 양귀비 단속 팀의 고위 요원들이 한데 모여 그가 제공한 점심을 우걱우걱 먹고 있었던 것이다.

"내 아들을 죽인 원수가 집에 찾아와도 그 사람에게 차와 빵을 줄 겁니다. 이게 우리 문화예요. 오늘 여기 온 경찰관들도 웬만하면 다 제 친구인 걸요."

식탁에 둘러앉은 경찰관들이 맞는 말이라는 듯 고개를 끄덕였고 하기가 마저 설명했다.

"이 사회에서 양귀비 재배는 하람(이슬람교 경전인 쿠란에서 금지하는 것)이라, 우리가 양귀비를 재배해야 한다는 것에 동의하는 사람은 거의 없습니다. 하지만 우리는 다른 종자를 살 돈이 없고, 정부에서 종자를 주지도 않아요. 이런 상황에서 우리가 뭘 해야 하나요? 밭에 기를 것이 아무것도 없으면 양귀비라도 길러야죠. 이 사람들은 내년에 와도 여전히 양귀비 기르는 사람들을 보게 될 겁니다. 밭을 그저 비우느니 운에 맡겨 보는 편이 더 낫지 않겠어요?"

놀랍게도 아프가니스탄은 1994년부터 1999년까지 아편 작물을 두 배로 늘리려 애썼다. 어떻게 보면 농부들의 공을 인정해야 한다. 그들은 현금을 빌리고 이자를 내면서 대출금을 갚고, 무참한 전쟁이 계속되는 상황에서 다음 해의 수확물에 재투자해야 했다. 그들이 기르는 작물은 못마땅할 수 있지만 그들이 이렇게 해서 겨우내 처자식을 먹여 살리고, 점차 다른 땅까지 경작할 수 있게 된 것은 사실이었다. 교육 받지 못한 이들에게서는 굳은 의지나 상상력, 기민한 사업가 정신을 쉽게 찾아볼 수 없는 노릇이니까.

점심을 마치자 국장이 하기에게 잠깐 남아 달라고 부탁했다. 따로 할 이야기가 있다는 것이다. 나는 그 자리에 초대 받지 못했다. 30분 정도 밖에서 기다리니 하기가 국장과 함께 얼굴에 함박웃음을 지으며 나타났다. 국장이 하기에게 좋은 소식을 전한 것 같았다. 하기는 무슨 소식인지 말하려 하지 않았다.

그러면 또 다른 해결책이 있을까? 일부 분석가들은 1970년대 터키의 사례가 아프가니스탄이 따라야 할 길이라고 지적한다. 당시 터키는 세계 헤로인 무역의 주요 공급원으로 악명이 높았다. 실제로 1970년에 미국으로 밀반입된 헤로인의 80퍼센트 이상이 터키 서부의 아나톨리아 평원에서 재배된 것이었다. 이곳에서 재배된 작물은 마르세유로 밀반입되어 헤로인으로 가공된 뒤 대서양을 가로질러 운반되었다. 마르세유는 터키산 헤로인의 수억만 달러어치 거래를 쥐락펴락하는 코르시카 마피아 갱의 중심지였다. 이것이 이른바 '프렌치 커넥션'이다.

상황이 바뀐 것은 터키와 군사 및 경제적으로 유대가 가장 강한 나라, 미국에서 터키 정부에 압력을 가한 뒤부터였다. 1971년 6월, 터키 수상이 닉슨 대통령과 협약을 맺으면서 양귀비 재배 전면 금지를 선언했고 관련 법률을 이듬해부터 시행했다. 그에 대한 보상으로 미국이

3500만 달러(388억 원)를 제공했다. 이 계획은 터키 입장에서 성공적이었지만 그렇다고 국제 헤로인 무역이 큰 타격을 받는 일은 없었다. 먼저 멕시코가, 뒤를 이어 동남아시아가 새로운 마약 공급지로 부상했다. 그래도 터키는 노력에 대한 보상을 받았다.

국내 생산을 통제하고 마약 조직이 생아편 공급처를 찾아 다른 곳으로 이동하면서 터키 정부는 양귀비 재배를 다시 생각할 수 있게 되었다. 이번에는 정당한 목적을 위해서였다.

그리고 1981년, 미국 정부가 터키와 인도에 '특별 보호 시장 지위' 부여 법안을 통과시켰다. 이것은 이후 80/20 법칙으로 알려졌다. 이로써 두 아편 생산국은 아편 기반 의약품의 최대 소비자인 미국이 생아편 수입량의 80퍼센트를 구매할 것을 보장 받게 되었다. 이 협약은 그 후로 계속되어 지금까지 유효하다. 그 결과 터키 금고는 매년 6000만 달러(665억 원)라는 거금으로 가득 채워지고 있다. 터키는 철저한 통제 아래 허가를 받은 양귀비 재배 프로그램을 바탕으로, 세계 최대의 아편 불법 공급국에서 아편 기반 의약품 제조를 위한 합법적인 세계 4대 양귀비 생산국으로 변모했다.

2005년, 연구 '싱크탱크'(아프가니스탄에는 무수히 많은 싱크탱크가 있다)인 센리스 카운슬은 세계 헤로인 공급의 핵심이라는 아프가니스탄의 역할과 경제 발전 문제에 대해 새로운 해결책을 제시했다. 센리스는 이런 의문을 제기했다. 왜 국제 사회는 아프가니스탄의 양귀비를 모두 사들이지 않는 것일까? 1930년대에 터키에 대해 그랬던 것처럼 아프가니스탄 양귀비로 모르핀 등 아편 기반 진통제를 만들 수 있다. 진통제는 특히

라틴 아메리카 등 개발 도상국에 판매할 수도 있을 것이다.

안타깝게도 그렇게 간단한 문제가 아니다. 모르핀이 전 세계적으로 더 필요하다고 해서 모르핀 수요가 반드시 있는 것은 아니다. 현재 세계 아편 기반 진통제의 80퍼센트는 가장 부유한 6개국(미국, 영국, 캐나다, 오스트레일리아, 프랑스, 독일)에서 소비된다. 아프리카와 아시아, 라틴 아메리카를 걸친 방대한 지역(세계 인구의 80퍼센트)에는 아편 기반 진통제가 거의 없다(세계 공급량의 6퍼센트). 이들도 진통제가 필요하겠지만 그 가격을 감당하기가 만만치 않다는 것이 문제다.

그렇긴 해도 아프가니스탄의 아편 공급을 합법화한다는 아이디어에서 무언가 건질 것이 있다. 지금 전 세계에 합법적으로 공급되는 아편의 90퍼센트 이상이 인도와 오스트레일리아, 터키, 프랑스 등 네 국가에서 생산된다. 이들 국가에서 생산된 양귀비는 영국 대기업인 존슨 매티, 세계 3대 제약 회사인 글락소 스미스클라인, 미국 기업이며 세계 최대의 건강 관련 제품 생산 기업인 존슨 앤 존슨 등 소수 서양 제약 업체의 손을 거쳐 모르핀과 코데인 같은 진통제로 바뀐다. 일부 국가에서는 첨단 아편 생산법을 채택했지만, 인도 등지의 농부들은 아프가니스탄과 흡사한 옛날 방식으로 아편을 생산해 꽤 큰 수입을 벌어들이고 있다. 특히 그들은 양귀비의 둥글납작한 꽃 머리에서 아편 라텍스를 손으로 추출해 그것이 갈변해 끈적거릴 때까지 햇빛에 말린다.

인도 농부들은 많은 양을 수확하면 높은 가격으로 보상을 받는다. 즉 한 농부가 아편 40킬로그램을 재배해 모두 정부에 팔면 1킬로그램당 50달러(5만 5000원)를 받는다. 그런데 그가 10킬로그램을 따로 떼어 두었다가 불법 마약 밀매상에게 팔려고 했다면 나머지 아편에 대해서는 정부로부터 1킬로그램당 30달러(3만 3000원)밖에 받지 못한다. 그렇게 해서 정부는 농부들이 수확물 일부를 감춰 두었다가 불법 시장에 내다 파는 대신 모든 수확물을 정부에 팔도록 장려한다.

그렇다면 왜 아프가니스탄은 이미 모르핀을 공급하고 있는 국가, 특히 웬만한 아프가니스탄의 농부들도 알고 있듯이 젖은 형태로 아편을 공급하는 인도 등과 경쟁하는 것이 허락되지 않는지 묻고 싶어진다. 2005년에 인도는 국제 마약 통제 위원회(INCB)로부터 매년 아편 1200톤을 생산할 수 있다는 허가를 받았다. 이 말은 농부 1간 6000여 명이 3

만 5000헥타르(서울 면적의 절반)에 이르는 자국 땅에서 양귀비를 재배하도록 인도 정부가 허가할 수 있다는 뜻이다. 2007년에 INCB는 인도에서 수출한 생아편이 600톤을 조금 넘었다고 발표했다. 그중 500톤을 미국이 사들였고 남은 100톤은 대부분 일본이 가져갔다. 600톤이면 아프가니스탄에서도 쉽게 공급할 수 있는 양이다.

미국이 인도 아편의 최대 구매자가 된 것은 80/20 규칙 때문이다. 몰린크로트와 노람코 등 미국의 모든 아편 기반 약물 제조 업체는 사용하는 아편의 80퍼센트 이상을 인도와 터키에서 구매하도록 요구 받는다. 그렇다면 효과도 없는 아프가니스탄의 양귀비 근절 정책에 들어가는 돈을 인도 농부들의 작물 다양화와 이를 통한 아프가니스탄의 생활 개선에 쏟으면 어떨까?

chapter 19
총보다 강력한 무기는 돈이다

더 나은 해결 방법을 아프가니스탄의 서쪽 끝에 자리한 헤라트에서 발견했다. 이곳은 서쪽으로는 이란, 북쪽으로는 투르크메니스탄과 접해 있다. 알렉산드로스 대왕이 세우고 현재 아가 칸 재단이 아름답게 복원한 성 주변에 구축된 이 도시에는 이슬람 사원의 유명한 뾰족탑이 공해를 뚫고 먼지 낀 하늘 높이 치솟아 있었다. 한때는 뾰족탑이 12개 있었지만 지금은 여러 전쟁을 거치면서 모두 파괴되고 5개만 남았다. 불안하게 기울어져 있는 다섯 번째 뾰족탑은 우르르 지나가는 차량들 때문에 금세라도 넘어질 것처럼 보였다.

아프가니스탄의 수도 카불의 주민은 파슈툰족이 대부분인데 헤라트 주민은 대부분 타지크족이다. 국경은 고작 140킬로미터 남짓 떨어져 있다. 헤라트 주민들은 항상 자신이 수도의 주민보다 우월하다는 의식을 품고 있다. 상점 밖 의자에 앉아 있는, 이가 다 빠진 노인은 카불이 망명자와 부패한 정치인의 집단 거주지가 되어 제대로 기능을 못하는 사이에 헤라트는 하루 24시간 전기를 쓰면서 포장도로와 번창한 상업 지구를 거느리게 되었다고 떵떵거렸다. 지난해 헤라트가 걷은 세금은 무려 2억 4000만 달러(2700억 원)에 달했다. 아프가니스탄에서는 상상도 할 수 없었던 역사상 가장 큰 액수였다. 헤라트는 언제나 상인들의 도시였고 그들은 돈 버는 법을 귀신같이 알고 있었다.

가파르 하미자이는 도시 한복판이 내다보이는 사무실의 거대한 책상 앞에 앉아 있었다. 그는 스물넷밖에 안 된 나이에 아프가니스탄에서 이미 성공한 사업가가 되었다. 가파르의 회사 아프간 사프란은 5년 전까지만 해도 아프가니스탄에 거의 알려지지 않은 사프란이라는 작물의 최대 수출 업체이다. 가파르는 사업을 조금 특이하게 시작했고, 거대 계획을 세워 놓고 있었다. 그가 웃으며 말했다.

"4년 전 이란에서 콤(사프란 구근) 500톤을 밀반입했어요. 이란과 공식적으로 거래해 보려 했는데 그쪽에서 아프가니스탄과 사업하는 것을 꺼렸습니다. 진정한 상인이 되고 싶으면, 그리고 나라를 사랑하고 싶으면 현명해야 합니다."

사프란을 기르려면 1헥타르(축구장 면적의 1.2배)당 2.5톤의 콤을 심어야 한다. 이곳 농부들에게는 땅이 제립(약 0.2헥타르, 축구장 면적의 4분의 1)으로 나뉘어 있는데, 소작농은 일반적으로 2제립(0.4헥타르, 축구장 면적의 절반)을 경작한다. 다시 말해 농부 한 사람이 사프란으로 괜찮은 수익을 올리려면 500킬로그램의 콤이 필요하다는 뜻이다. 2011년, 국제 사회는 나토(NATO)의 지역 개발 팀을 통해 농부들에게 기껏해야 50톤, 즉 100제립(20헥타르, 축구장 면적의 24배)의 땅에 알맞은 콤만 제공했다. 1000명이 넘는 농부들이 양귀비에서 사프란 농사로 전환하겠다는 의사를 밝힌 실정이니 낙담한 농부들이 많았을 것이다. 반면 가파르는 이미 밀수입한 콤을 열 배는 더 많이 배포해서, 이를 1킬로그램당 2달러(2216원)에 팔아넘겼다. 그는 노련한 세일즈맨의 말투로 말했다.

"우리는 '사프란 완전 패키지'라는 서비스를 제공합니다. 여기에는 콤뿐 아니라 심고 기르고 거두들이는 방법, 그리고 준비된 사프란을 시장에 내놓아 파는 방법에 대한 설명이 포함되어 있습니다. 우리는 여기 헤라트에 두 실험실을 마련해 사프란을 검사 및 인증하고 있습니다. 세계 최상품에 대해서는 생산자에게 1킬로그램당 1500~2000달러(166만~222만 원)까지 줄 수 있습니다."

농담이 아니었다. 현재 세계 사프란 생산량은 매년 300톤에 이르는데, 그중 대략 90퍼센트가 이란에서 난 것이다. 이란의 수확량이 최근 몇 년 사이 지독하게 저조해서 사프란의 국제 도매가가 1킬로그램당 3000달러(330만 원)까지 치솟기도 했다. 최상품의 경우에는 가격이 배로 뛰었다. 이란은 사프란 수출로 3억 달러(3300억 원)가 넘는 수익을 올렸다.

아프가니스탄이 국제 사프란 공급량에 기여하는 수준은 아직 미미하다. 2009년에는 500킬로그램 정도를 수출했는데, 2010년 수출량은 그 배를 가뿐히 넘을 것이라고 가파르는 믿고 있었다. 그를 제지하는 것이 공급량 부족이니, 그는 농부들이 콤을 충분히 얻을 수 있게 할 것이었다. 가파르는 아프가니스탄에서 현재 생산되는 사프란보다 훨씬 더 많은 양이 필요한 시장이 있다고 확신했다.

가파르의 사업으로 이익을 본 농부 중 한 명이 하지 이브라힘이었다. 파슈툰족 농부로 잿빛 턱수염을 길게 늘어뜨리고 흑백 줄무늬 터번을 두른 그는 머리를 삐딱하게 기울인 채 앉아 있었다. 이브라힘은 농업부 장관을 만나 최상의 사프란 감별법을 배워서 자신의 상품을 최고가에 팔아넘기겠다는 마음에 헤라트까지 왔다. 헤라트 동쪽에 있는 마을 걸미르에서 그는 농지 5헥타르(축구장 면적의 6배)에 반은 밀, 반은 사프란을 경작하는 협동조합을 이끌고 있었다. 4년 전에 그곳은 전부 양귀비밭이었다.

"양귀비를 기르려면 치안이 좋아야 해요. 언제나 위험이 도사리고 있거든요. 우리는 생소하다는 이유로 사프란으로 전환하는 걸 주저했습니다. 그런데 다른 농부들이 사프란으로 돈을 많이 벌게 되니까 우리도 덩달아 하고 싶어졌죠."

농업부 장관은 그들 지역에도 교육을 제공했지만 이브라힘은 더 많은 것을 원했다.

"문제는 정부에서 종자를 충분히 주지 않는다는 겁니다. 어떤 사람은 사프란 종자를 사려고 소까지 팔아야 했습니다. 그래도 우리는 사프란을 기르고 있고, 작년에는 마을에 트랙터까지 사다 놓았어요."

묵직한 금시계가 그의 손목에 느슨하게 걸려 있었다. 그가 최근 구매한 것이 트랙터만은 아닐 거라는 생각이 들었다.

가파르와 이브라힘은 아프가니스탄에서 사업으로 성공한 이들이다. 수많은 세계인은 물론, 아시프 같은 아프가니스탄 사람조차 이 나라에서 사업으로 성공하기가 불가능하다고 믿는다. 성공한 사업가가 많이 없기도 했지만, 성공하고자 애쓰는 사람도 충분한 지원을 받지 못하고 있었다. 루밧 상이의 양귀비 농부들은 이브라힘이 그랬던 것처럼 사프란을 기꺼이 양귀비와 나란히, 아니면 양귀비보다 우선하여 심었다. 콤

을 얻을 수만 있다면, 혹은 가파르의 사프란 완전 패키지를 살 돈이 있다면 말이다. 아직 그들에겐 콤도, 돈도 없다.

　근절 프로그램 같은 상의하달식 해결책은 실제로 돌아가는 현실이나 미묘한 상황을 고려하지 않는다. 아프가니스탄이 아편 무역을 해결할 방법은 어딘가에 있다. 아프가니스탄의 아편을 합법화하면 의료용 아편 시장에 경쟁을 유발할 수 있을 것이다. 시장이 공평한 경쟁의 장이라면, 아프가니스탄의 아편 생산자들이 인도나 유럽 생산자와 선의의 경쟁을 벌인다는데 이를 막을 일이 뭐가 있겠는가.

아프가니스탄 농부들은 그래도 생산한 아편 일부를 암시장에 팔아넘기려 할까? 그럴지도 모른다. 하지만 이것이 그렇게 큰 문제인가? 헤라트 농부의 밭 몇 헥타르 갈아엎는다고 세계의 헤로인 중독 문제가 정말 해결되리라 생각하는가? 뉴욕과 런던 거리에서 헤로인을 찾는 한 누군가는 그것을 공급하게 될 것이다. 우리가 진정 걱정해야 하는 것은 아프가니스탄 농부들이 생계를 유지하도록 도울 방법이 뭐가 있는가, 그리하여 그들이 탈레반이나 다른 마약 조직에서 돈을 빌리거나 자신의 밭을 지뢰로 날려 버릴 필요가 없도록 하려면 어떻게 해야 하는가이다.

바로 이 지점에서 국제 사회는 중국에서 활동하는 기업의 사회적 책임 관련 전문가 빌 발렌티노가 '우뇌 중심'이라 말한 방식으로 생각해야 한다. 아프가니스탄에는 서양의 자본주의와 연계될 지속 가능한 프로젝트가 있어야 한다. 그렇지 않으면 줄줄이 늘어선 중국인 투자자들이 그 틈을 비집고 들어올 것이다. 이 글을 쓰기 얼마 전 카불 남부에 중국인의 투자를 받은 구리 광산이 새로 생겼다. 중국인들이 벌써 발을 들여놓고 있다.

우리는 농부들을 암시장에서 빼내 실물 경제에 끌어들이는 것을 목표로 삼아야 한다. 여기에 국가 건설이 달려 있다. 어떤 정책이든 농부들이 합법적인 작물 재배로 전환하도록 권장해야 한다. 물론 아프가니스탄은 국내 재배 작물을 늘릴 필요가 있다. 루밧 샹이의 밀밭은 사람들이 이러한 필요성을 인식하고 있음을 보여 준다. 하지만 농부들에게는 돈벌이 작물도 필요하다. 아편을 금지하려면 다른 무언가를 줘야 한다.

수십 년간의 전쟁으로 농부들은 아편 밀매상 외에 어디서도 대출을 받을 수 없었고, 그래서 불법으로 사용되는 양귀비를 재배하게 되었다. 이제 우리는 하기 같은 농부들에게 대출 기회를, 그리고 사프란 등 대안적인 돈벌이 작물을 재배할 기회를 마련해 주고, 미국과 스페인 등 서양의 사프란 다량 소비 국가에 생산물을 내다 팔 수 있는 장을 마련해 주어 지금까지의 악순환을 깨 부숴야 한다. 헤라트의 사프란 농부 이브라힘이 꼬집었다시피, 정당한 수익을 올리는 농부들은 치안이 필요 없고, 그러니 총에 크게 의존할 필요도 없다.

하지만 안타깝게도 이런 접근법은 그랜드 플랜에 포함되지 않아서 충분한 지원을 받지 못한다. 문제는 아프가니스탄에 대해 우리가 정한 우선순위가 모두 틀렸다는 것이다. 마약 조직과 극단주의자들이 날뛰는 환경을 조성하는 주범은 아프가니스탄의 계속된 가난이다. 아프가니스탄의 경제는 여전히 농업에 전적으로 의존한다. 국가의 부를 증진할 수 있는 것은 농업 분야뿐이다. 현재로서는 농업만이 무역을 촉진해 가난을 줄이고 결국에는 평화를 찾게 해 줄 유일한 원동력이다.

하지만 그러는 동안 아프가니스탄은 계속해서 가난에 시달릴 것이고, 군인들의 삶은 계속해서 위험에 처할 것이며, 마약과의 전쟁은 어떤 진전도 보이지 않을 것이다. 마약 중독같이 다분히 서양적인 사회 문제를 처리할 분명한 해결책을 추진하면서 동시에 탈레반과 싸운다는 것은 이론적으로 보면 아주 쉽다. 그러나 이는 사실 비윤리적이고 불공평한 정책으로, 결국 아편 무역으로 이익을 보는 이들에게만 도움이 되는 것이다.

콩고
민주 공화국
우간다
소말리아
케냐
르완다
부룬디
킬리만자로 산
탄자니아
잠비아

탄자니아 Tanzania

- **위치** | 아프리카 동부
- **면적** | 94만 5087㎢(31위)
- **인구** | 4318만 8000명(30위)
- **수도** | 도도마 Dodoma
- **국내 총생산** | 225억 2200만 달러(95위)
- **1인당 총생산** | 550달러(170위)
- **화폐 단위** | 탄자니아 실링 Tanzanian shilling

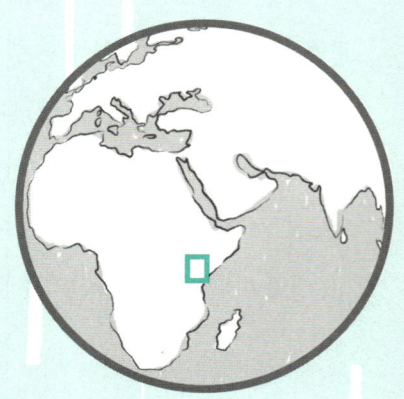

PART 7
탄자니아

최고의 품질은 공정한 거래에서 나온다

"제 농장 같은 곳에서는 소규모 기업과 거래하는 걸 선호합니다. 대기업은 언제나 가격을 멋대로 밀어붙일 거예요. 물론 이런저런 인증을 받았기 때문에 가격을 좀 더 받을 수는 있겠지요. 한두 푼 더 받자고 이렇게 일하는 게 아닙니다. 저는 예산을 맞추지 않아요. 제가 여기에서 하는 일을 모두 감안하면 그 돈으로는 충분하지 않아요."

chapter 20

그녀는 왜 인증을 거부하는가

 아프가니스탄의 사프란 사업가인 가파르와 글로스터셔의 커피 무역상 데이브와 이안은 어떻게 규모가 작은 기업을 운영하면서도 윤리적인 모습을 보이고 많은 이익도 내는 걸까? 나는 그 과정을 자세히 살펴보기 위해 데이브와 이안의 윤리적 커피 공급망인 탄자니아까지 쫓아가 보기로 했다.

 현지인도 눈 덮인 킬리만자로산(해발 5895미터)의 정상은 자주 보지 못한다. 아프리카에서 가장 높은 이 산은 거의 매일 구름에 가려져 있기 때문이다. 정상으로 올라가는 도중에 해발 1800미터 언저리에 150여 가구가 바나나와 커피를 재배하며 사는 오레라 마을이 있다. 오레라 주민 대다수는 자급자족한다. 기르는 작물은 50년 전이나 지금이나 거의 똑같다. 그러나 마을 청년 릴리아니는 마을의 지금 모습이 어릴 적과 많이 다르다고 말했다.

 "커피 가격이 내려가자 부모님은 커피 대신 옥수수와 바나나를 심으셨어요. 삼촌은 일자리를 구하러 도시로 떠났지요. 아무도 커피를 믿지 않았어요. 그런데 지금 커피 값이 다시 오르는 게 보이니까 믿음도 돌아오더군요. 이제 다시 커피를 심고 있습니다."

이곳에서 내다 팔기 위해 기르는 작물로는 커피가 유일하다. 릴리아니를 비롯한 다른 주민들은 시장에서 형성된 가격에 전적으로 의존한다. 이 마을은 지난 20년 동안 커피 가격의 하락으로 심한 타격을 입은 탓에 한 세대 전체가 마을을 떠나 돌아오지 않았다.

최근에야 마을 주민들은 새로운 바이어를 찾고, 글로스터셔에서 이안과 데이브가 운영하는 에시컬 어딕션에 판매하기 시작했다. 데이브와 이안이 농부들에게 이전에 받던 금액보다 두 배는 더 쳐 줄 수 있다고 했던 것을 기억하는가. 그 전까지만 해도 여기에서 나는 커피는 모두 지역의 주요 협동조합인 킬리만자로 주민 협동조합(KNCU)으로 넘어갔다. 조합은 이 커피를 스타벅스 등 다국적 기업에 공급했다.

이후 릴리아니 같은 오레라의 농민들은 KNCU와 직접 거래하는 대신 영국의 영세 기업과 거래하면 더 좋은 대우를 받을 수 있다는 사실을 알게 되었다. 하지만 릴리아니와 다른 주민들이 영국의 커피 시장을 뚫을 새로운 길을 혼자 힘으로 찾은 것은 아니었다. 그들은 한 이웃이 이어 준 관계로 이익을 보고 있었다.

오레라 옆에 있는 농장은 벤테 루더-메독이라는 독일계 여성 사업가의 소유지다. 벤테는 질긴 카키 팬츠와 튼튼한 워킹화 차림에 머리는 말끔하게 하나로 묶어 카키색 군인 모자 아래로 밀어 넣었다. 아프리카에서 백인 여성 농장주를 보니 전쟁이 일어나기 전에 독일 농부들이 이 땅에 어마어마한 커피 농장을 운영하던 그 시절로 돌아간 것 같았다. 하지만 벤테는 사실 진보적인 생각을 가진 사람이다.

정부로부터 400헥타르(축구장 면적의 500배)에 달하는 땅을 빌린 벤테는 황폐한 농장을 최신식 커피 농장으로 바꾸었다. 처음에는 커피에 관해 아무것도 몰랐지만, 이곳에 정착하기로 한 뒤 커피 재배와 관련된 것은 모두 배우겠다고 목표를 세웠다. 그녀는 지인의 전문적인 가르침을 농장 일에 잘 적용해 이곳을 아프리카 최고의 커피 재배지로 만들었다.

일반적으로 탄자니아는 외국인 직접 투자에 호의적이다. 지난 20년 동안 외국인 투자를 장려하기 위해 상당한 노력을 기울였다. 정부는 또한 탄자니아로 일자리를 찾으러 온 국외 거주자들을 반겼다. 그러나 토지 소유권에 대해서는 기존처럼 엄격하게 규제한다. 탄자니아는 사회주의 정부이기 때문에 모든 토지는 국가의 소유다. 1999년에 토지법이 통과된 이후로 외국인은 토지를 소유할 수 없다. 탄자니아 투자 센터를 통해 정부에서 지정한 토지만을 임대해서 사용해야 한다.

탄자니아는 대부분 공공 부문이 이끌던 경제에서 민간 부문이 주도적 역할을 하는 경제로 건너가는 과도기에 있다. 농업이 여전히 주된 산업이라 인구의 80퍼센트 이상이 땅을 일구며 생계를 유지하고 있다.

벤테는 정부의 엄격한 규제 아래에서 임대료를 내고 농장을 운영해야 했다. 또한 매년 농장에 투자하는 비용 외에 협동조합에 4만 5000달러(5000만 원)를 지급했다. 그녀는 농장을 위해 얼마나 많은 투자를 했는지 사람들이 알아주지 않는다며 걱정했다.

"이 사람들은 재투자라는 것을 몰라요. 그러니 내가 떼돈을 벌고 있다

고 생각합니다. 게다가 농장을 이 수준까지 끌어올리기 위해 얼마를 투자했는지도 모르죠."

벤테가 쓴웃음을 지었다. 하지만 그녀는 이러한 오해가 분노로 곪아 터지는 것을 그냥 내버려 두지 않았다.

벤테는 킬리만자로에 처음 왔을 때 마을 사람들이 커피의 품질 향상에 신경 쓰지 않는 모습을 보았다고 했다.

"사람들은 지금도 낡은 천 아무거나 갖다 두고는 그 위에다 커피콩을 말립니다. 가끔은 아기가 오줌을 싼 천 위에 그대로 말리기도 해요. 커피는 냄새를 아주 잘 빨아들여요. 그러니 그렇게 말린 커피가 어떤 맛일지는 상상 안 해도 아시겠죠."

벤테가 생각만 해도 역겹다는 듯 얼굴을 찌푸렸다.

개발 도상국의 소작농들이 언제나 마주하는 문제는 더 높은 가격을 확보하기 위해 상품의 질을 어떻게 높이느냐는 것이다. 품질 개선에는 투자가 필요한데 이곳 농부들은 투자자를 어떻게 찾는지 알지도 못할뿐더러 스스로 투자액을 감당하지도 못한다. 진정 가난한 농촌이 나아지는 모습을 보고 싶다면, 변화를 북돋울 방법부터 찾아야 한다. 아니면 변화를 북돋워 줄 사람, 노하우를 갖고 자극을 주면서 항상 그 자리에 있을 수 있는 사람을 찾아야 한다.

벤테는 오레라와 이웃 마을 근처에 자신의 농장을 꾸려 나가면서도 이웃 사람들을 돕는 데 여념이 없었다. 한번은 지역 마을의 대장장이와 함께 굴뚝이 있는 조리용 난로를 디자인했다. 이전에 마을 사람들은 집 안 한가운데 덮개도 없는 불 위에서 조리했다. 이 말은 그들이 자욱한 연기 속에서 살아왔다는 뜻이다. 누구든 이 지역에 와 본 사람이라면 진흙 오두막의 초가지붕이 검은 연기로 가득하다는 사실을 잘 알 것이다. 벤테가 만든 굴뚝 덕분에 마을의 모든 집에서 연기가 사라졌다. 게다가 난로의 효율도 훨씬 좋아져서 그 지역의 삼림 벌채에 막대한 영향을 미치던 장작도 75퍼센트나 덜 쓸 수 있게 되었다. 이것은 벤테가 주도한 여러 가지 계몽 계획 중 하나에 불과했다. 벤테가 말했다.

"이 프로젝트에서 문제는 담당자가 모든 단계에 직접 참여해야 한다는 겁니다. 그저 사람들에게 돈을 주고 맡겨 버릴 수가 없어요."

품질 좋은 커피를 생산하려면 관리자가 농장 일의 전 과정을 완벽하게 꿰고 있어야 한다. 벤테는 스와힐리어를 유창하게 구사했다. 자신의 프로젝트를 추진하는 데 스와힐리어가 꼭 필요하다는 것이었다.

"사람들에게 말을 해야 하잖아요. 탄자니아에서 벌어지는 많은 프로젝트가 엉망이 되는 것도 운영자가 스와힐리어를 못하고 믿을 만한 통역도 없기 때문이에요. 내가 한 말을 제대로 전달하지 않고 마음대로 바꿔서 전달하는 통역을 만나면 골치 아픈 일이 많이 생기거든요."

오레라 마을 한복판에 또 다른 계획이 진행 중인 새로운 커피 분류 작업장으로 가보았다. 작업장의 지붕이 드리운 그늘에서 마을 주민 20명가량이 둘러앉아 최근 삶이 얼마나 달라졌는지 이야기했다.

키가 크고 아름다운 얼굴에 밝은 오렌지 빛 스카프를 머리에 두르고 헐렁한 갈색 셔츠를 걸친 여인, 프리다 느가위가 자리에 앉아 캐슈너트 껍질을 골라내 무릎에 올려놓은 통 안에 담고 있었다. 그녀는 캐슈너트 껍질을 까면서 조용히 말했다.

"전에는 1킬로그램에 1800실링(1530원)을 받았어요. 그런데 지금은 새로운 바이어한테 같은 커피를 4000실링(3480원)에 팔고 있어요."

프리다는 통을 잠시 내려놓고 기다란 검지를 위로 쭉 뻗어 내가 잘 듣고 있는지 확인했다. 그러더니 입가에 함박웃음을 지으면서 목소리를 한 옥타브 올려서 달했다.

그녀의 새로운 바이어는 물론 데이브와 이안이다. 그녀에게 새로운 바이어가 미친 사람이라고 생각하는지 물었다. 그녀가 깔깔거리며 행복하게 웃었다.

"천만에요! 그 사람들은 안 미쳤어요! 이제 분류 작업장에 제분소가 생겼으니 우리도 품질이 더 좋은 커피를 만들 수 있습니다. 마을 사람들한테도 우리가 품질 좋은 커피를 팔 수밖에 없다고 말했어요. 더 열심히 일해서 우리가 받는 가격에 커피 품질을 맞추고 싶어요."

협동조합이 윤리 인증을 받았고 커피 가격도 역사상 가장 높아졌지만, 오레라의 농부들은 1킬로그램당 고작 1800실링(1530원)밖에 받지 못했다. 협동조합에 들어가는 돈은 대부분 조합 관리비로 나갔다. 관리비에는 촌장의 임금도 포함되어 있다. 데이브와 이안이 말한 것처럼 KNCU에 100달러(11만 원)가 들어가면 그중 30~40달러(3만 3000~4만 4000원)가 마을 원로들에게 돌아갔다.

KNCU의 회원은 10만 명이 넘고 힘도 강력하다. 벤테가 말했다.

"간접비도 어마어마하게 들어갑니다. 사무실 임대료나 직원들 인건비도 무시 못해요."

이 협동조합은 커피를 크래프트 푸드나 세인즈버리를 포함해 유럽과 미국의 대형 기업에 판매한다. 각종 윤리 인증 기관으로부터 인증과 감사를 받은 덕분에 시세보다 높은 가격을 받을 수 있다. 하지만 마을 주민들에게 돌아가는 실제 수익은 그들이 아무 인증도 받지 않은 채 데이브와 이안에게 직접 판매해 얻는 이익의 반밖에 안 된다. 상황이 이렇다 보니 주민들에게는 인증을 받은 협동조합에 남는 것이 크게 매력적으로 다가오지 않는다.

윤리적 상품임을 인증해 주는 조직들은 농부들이 협동조합과 거래하면서 협동조합이 많은 이익을 얻는 것을 목표로 한다. 그렇게 되면 협동조합은 농부들을 대신해 거대 구매자에게 물건을 판매할 수 있다. 힘을 합치면 가격에 더 큰 영향력을 행사할 수 있다는 논리다. 그러나 오레라의 현실이 보여 주듯이, 이것은 잘못된 생각이다. 오레라 주민들은 규모는 작지만 최상급 품질을 원하는 서양 기업과 직접 거래함으로써 훨씬 좋은 가격에 물건을 판매할 수 있었다.

벤테는 소비자들이 커피나 차, 그 밖의 다른 상품을 구입할 때 인증서를 너무 믿어서는 안 되고 그 내면을 제대로 알아야 한다고 말했다. 돈을 더 주겠다는 당장의 제안을 받아들이는 것보다 마을 사람들과 함께 더 좋은 커피 생산에 매진하는 게 더 중요하다고 생각한다.

"제 농장 같은 곳에서는 소규모 기업과 거래하는 걸 선호합니다. 대기업은 언제나 가격을 멋대로 밀어붙일 거예요. 물론 이런저런 인증을 받았기 때문에 가격을 좀 더 받을 수는 있겠지요. 그런데 제가 여기에서 하는 일을 모두 감안하면 그 돈으로는 충분하지 않아요."

벤테는 자신의 농장에 대해 다양한 윤리 인증을 신청하면서 엄격한 과정을 거쳤지만 이것으로 돈을 쓸어 담을 생각은 하지 않았다. 고객이 요구하면 1킬로그램당 고작 몇 센트 더 붙을 뿐이니 이것으로는 본전을 뽑기도 어렵다.

"한두 푼 더 받자고 이렇게 일하는 게 아닙니다. 저는 예산을 맞추지 않아요. 어찌 됐든 인증을 받아서 추가로 버는 돈으로는 농장에 들어가는 비용을 감당할 수 없어요. 제 시간을 전부 여기에 바쳐야 하는 것은 말할 것도 없고요."

벤테는 이런 식으로 자기 시간을 쓰면서 마을 사람들을 도와야 한다는 사실이 조금 억울하기도 한 모양이었다. 알다시피 그녀는 이곳 땅을 빌려 쓰는 대가로 매년 협동조합에 4만 5000달러(5000만 원)를 내고 있었다.

"이 돈은 제가 더 이상 할 필요가 없어야 할 일을 하는 데 쓰여야 한다고 생각합니다. 협동조합은 이 돈으로 마땅히 해야 할 일을 해야 해요."

벤테가 고개를 가로저었다. 사실 그녀가 낸 돈은 물론이고 사회 발전 기금 명목으로 KNCU에 지급되는 돈은 마을 상점이나 분류 작업장, 혹은 벤테가 시작한 다른 무수한 계획 중 어느 것에도 쓰이지 않았다. 자신이 생각하는 책임감이 언제나 공유되는 것은 아니라는 사실을 벤테는 이곳에서 몇 년을 보낸 후에야 알게 되었다.

사실 KNCU는 마을 주민들이 다른 곳과 거래를 한다며 조금 화가 나 있다고 했다. 벤테는 자기 잘못이 아니라고 주장했다. 자신의 농장을 찾아온 바이어들은 이웃 마을에서 무엇을 재배하는지 보라고 해도 별다른 관심을 보이지 않다가, 보고 나서 좋아한다는 것이다. 하지만 KNCU에서는 벤테가 자신들의 이익을 위협한다고 생각하기 시작했다.

마을 사람들이 수익의 일부를 재투자해 커피콩을 세척하고 건조하는 구역을 따로 만들도록 장려한 사람이 벤테다. 농부들은 협동조합과 별도로 판매할 수 있는 고품질의 커피를 얻기 위해 서로 힘을 모아 열심히 일해야 했다. 벤테 역시 자신의 시간을 꽤 많이 투자해 그들을 훈련시켜야 했다. 그녀가 말했다.

"저는 다른 농부나 상인, 인터넷을 통해 정보를 얻었어요. 그래서 저도 제 노하우를 다른 사람들과 기꺼이 나누려고합니다. 농장을 시작하겠다고 마음먹었을 때는 아무것도 몰랐습니다. 지금은 다른 사람들을 가르칠 수 있는 정도가 되었죠."

마을이 벤테의 농장과 맞닿아 있어서 서로 같은 환경 문제를 맞닥뜨릴 때가 많았다. 그래서 벤테는 마을 주민에게 어떤 도움이 필요한지 정확히 알 수 있었다.

"마을 사람들에게 문제가 생기면 저한테도 문제가 생기죠."

그녀가 씁쓸하게 미소 지으며 말했다.

마을 분류 작업장에는 이제 일흔네 곳의 각기 다른 소작농이 기른 커피가 모인다. 주민들은 커피 콩을 세척하고 분류하는 일을 함께 하고 몫을 나눈다. 이것은 주요 협동조합에서 벗어난 독립 협동조합이다. 작업장에 품질이 떨어지는 커피를 들고 오는 농부는 누가 됐든 돌아가야 한다. 마을 사람들은 질이 낮은 커피가 조금만 섞여도 자신들의 명성에 큰 타격을 입는다는 사실을 잘 알았다.

이들이 파는 커피는 두 가지 장점이 있다. 첫째, 품질이 좋아서 최고급 커피 시장에 판매할 수 있다. 최고급 커피를 마시는 사람들은 커피에 돈을 아끼지 않는다. 따라서 이곳 커피 가격이 조금 세지만 그 품질을 감안하면 오히려 저렴한 편이다. 둘째, 이러한 혜택이 농부들에게 직접 돌아간다. 커피 재배에 더 많은 투자를 할 수 있기 때문에 매년 더 좋은 커피를 더 많이 거래할 수 있다.

마을 주민들은 같은 커피인데 왜 누군가는 더 많은 돈을 주고 사가는지 이해하기 어려워했다. 프리다는 새로운 바이어가 훌륭한 사업가이니 그들 나름의 이유가 있을 것이라고 했다. 그녀가 자신 있게 말했다.

"누구도 공짜로 일하진 않잖아요. 다들 이익을 챙겨야 하지 않나요?"

이 말은 오레라 주민들이 스스로 품질을 향상시켰다는 자부심과 동떨어졌다. 그들은 품질이 더 나아져서 더 많은 돈을 받는다는 것은 알았다. 하지만 데이브와 이안이 왜 높은 부담을 감수하면서까지 윤리를 강조하는지는 이해하지 못했다. 나는 프리다와 다른 여인들에게 조금 색다른 질문을 던져 보았다. 어느 날 시장에 갔는데 보통 1킬로그램당 1달러(1100원) 하는 토마토를 단돈 50센트(550원)에 파는 상인이 있다고 상상해 보라. 토마토를 왜 이렇게 싸게 파느냐고 묻자 상인이 농부들을 때려서 토마토를 빼앗아 온 것이라고 대답했다면? 나는 프리다에게 어떤 토마토를 사겠느냐고 물었다. 프리다는 어물거리며 이 수수께끼 같은 문제에 대해 다른 사람과 이야기해 본 뒤 대답했다.

"더 싼 것을 사고 싶겠지만 안 그럴 겁니다. 그게 덫일지도 모르니까요. 싼 토마토를 샀다가 경찰에 붙잡히면 어떡해요?"

이 모든 '잘못된' 이유 때문에 윤리적인 처신을 하는 사람이 벤테만은 아니다. 공급망의 다른 쪽 끝에 있는 한 런던 여성은 이번에는 아프리카산 차의 윤리적 공급자로 이름을 날리고 있었다.

chapter 21

윤리적인 상품으로 새로운 시장을 개척하는 법

"이건 분명히 합시다. 나는 윤리적인 사람이 되려고 이 사업에 뛰어든 게 아니에요. 내가 차에 미쳤기 때문이죠."

헨리에타 로벨은 별난 캐릭터다. 소설 속 인물같다그나 할까. 그런데 그녀는 실제로 소설에도 등장한다. 《넘버원 여탐정 에이전시》의 작가로 유명한 알렉산더 매콜 스미스가 자신의 소설 《코듀로이 맨션》에 헨리에타를 등장시킨 것이다. 소설 속에서 주인공은 '차의 여인'이라고 불리는 '머리칼이 짙은 우아한 여인'을 만난다.

헨리에타는 새로 나온 자신의 진귀한 찻잎을 시장에 소개하고자 연시음회에서 알렉산더를 만났다. 그녀는 차에 대한 열정이 대단했고, 영국인들의 미각을 사로잡고자 2004년에 '레어 티 컴퍼니'라는 회사를 설립했다. 그녀에게 차는 프랑스 사람에게 와인과 같은 영국 문화에 없어서는 안 되는 것이다.

"프랑스 사람들이 르 피아도르(낮은 등급의 프랑스산 와인)만 마시고, 이탈리아 사람들이 네스카페만 마실 수 있다고 생각해 보세요."

그녀는 좋은 차에 대한 흥미를 잃은 영국 문화가 바로 그와 비슷하다고 생각했다.

1968년 영국에서는 차를 즐기는 사람 중 3퍼센트만이 티백을 사용했다. 그런데 어느 순간부터 우리는 찻주전자 대신 티백을 쓰게 되었다. 헨리에타는 이것이 다 요크셔 티 같은 기업이 내건 광고 캠페인 때문이라고 비난했다.

"찻잎은 요크셔 공장에서 만드는 게 아니잖아요."

물론 우리가 마시는 찻잎이 대부분 인도와 아프리카산인 것은 사실이다. 더군다나 소비자들이 티백을 주로 마시게 되면서 국제 가격 전쟁이 시작되었다.

헨리에타에 따르면 현재 영국에 들어오는 찻잎은 대부분 '품질이 낮은' 것, 다시 말해 저렴하게 생산된 것이라고 했다. 헨리에타가 볼 때 진정한 풍미를 갖춘 찻잎은 정성을 다해 재배해야 한다. 그러려면 시간과 돈이 필요하니 결국은 가격이 높아야 한다. 하지만 사람들이 티백에 넣어 마시는 저렴한 찻잎의 경우, 국제 시장에서 가격이 결정되기 때문에 생산자는 어떻게 하면 가능한 한 많이 생산할지에 집중한다. 오직 양이 많아야 더 많은 이익을 거둘 수 있기 때문이다. 이렇게 경쟁이 치열하다는 것은 제3세계 생산자들이 생산 원가보다 낮은 가격에 물건을 팔아야 했다는 뜻이다. 헨리에타가 말했다.

"그 가격을 받고도 무언가를 생산할 수 있었다는게 말이 안되죠."

헨리에타는 영국인이 '고급 차'에서 멀어진 현상에는 역사적 사실이 숨어 있다고 했다. 그 시초는 배급제를 시행하던 제2차 세계 대전으로 거슬러 올라간다고 했다. 그때부터 우리가 이전에 무엇을 마셨는지 잊어버리고, 타닌 맛이 강하지 남는 저렴한 차에 빠지기 시작했다고 했다. 헨리에타는 예전의 차 문화를 되살리기 위해 노력하고 있다.

헨리에타는 처음에 중국에서만 차를 수입했다. 중국은 세계 최고의 찻잎 생산국이자 소비국이다. 우리가 수입의 일정액을 알코올에 쏟아붓듯, 중국인들은 일정액을 차에 쏟아붓는다. 중국은 좋은 찻잎에 대한 수요가 워낙 많아서 농부가 자신 있게 가격을 내놓는다. 그렇게 해도 정당한 대가를 얻는다는 사실을 알기 때문이다. 헨리에타는 이를 자신이 거래하는 중국산 찻잎 생산지를 수차례 둘러보면서 느꼈다고 했다.

"중국에는 공정 거래 같은 개념이 없습니다. 농부가 제시한 가격대로 주지 않으면 다른 데에다 팔아 버려요."

도시로 이주했던 젊은이들이 고향으로 돌아가 찻잎을 따기 시작했다. 보수가 괜찮은 일이 되었기 때문이다. 찻잎 산업은 현재 노년층, 특히 여성이 점령하고 있는데 그들의 기술과 경험이 워낙 뛰어나 소득이 매우 높다.

"제가 봐서 아는데 그곳에서는 누구도 착취당하지 않습니다. 어머니들의 사교 모임에 더 가깝죠."

헨리에타는 아프리카에 가 보기 전까지만 해도 찻잎 따는 사람들이 착취당하고 있다고는 꿈에도 생각지 못했다고 말했다. 그녀가 아프리카로 향하게 된 것은 2009년 〈타임〉지에 그녀에 대한 기사가 실린 뒤였다. '영국의 티백을 벗기려는 별난 영국 여성'이라는 자극적인 제목이 붙은 기사였다. 기사에 레어 티 컴퍼니라는 회사 이름이 나오면서 그녀는 순식간에 차 업계에서 유명 인사가 되었다. 계약을 맺으려고 곳곳에서 생산자들이 몰려들었다. 그러던 어느 날 아프리카 소인이 찍힌 구두 상자가 그녀의 집에 배달되었다. 상자에는 찻잎이 가득 들어 있었다. 차 맛은 절묘했다. 헨리에타가 그토록 찾아다니던 홍차였다.

"찻잎이 상자 가득 들어 있었어요. 동봉된 편지에는 알렉산더라는 이름의 말라위 남자가 자기 찻잎을 시음해 봐 달라는 내용이 쓰여 있었습니다. 그때 내가 너무 바보 같다는 생각이 들었어요. 대중 시장을 겨냥해 저렴한 찻잎만 생산하는 곳으로 치부하고는 아프리카 대륙을 통째로 건너뛴 겁니다."

그녀는 곧장 비행기에 올랐다. 그녀는 이전에 스리랑카에 가서 홍차를 찾아본 적이 있지만 그곳은 그리 인상적이지 않았다.

"스리랑카 시장에서 상인들을 만났습니다. 모두 같은 가격에 차를 팔고 있었는데 품질이 형편없었어요. 그곳 농장이 대부분 영국인 소유인데도 농장 상태가 걱정되더군요."

헨리에타는 찻잎을 저렴하게 생산해 매력적인 가격을 제시하는 농부가 아닌, 함께 지속적인 관계를 쌓아 나갈 수 있는 농부를 찾는 데 더 마음이 쏠린다는 사실을 깨달았다. 그녀는 말라위에서 알렉산더를 만나자마자 이 사람이야말로 자신과 잘 지낼 수 있는 적임자라는 생각이 들었다. 헨리에타가 미소를 지으며 말했다.

"처음 만난 날 농담을 주고받고 나니 그가 좋은 사람이라는 걸 알겠더라고요. 중국 농부하고는 농담 주고받을 일이 별로 없었거든요."

첫해에 헨리에타는 알렉산더에게서 찻잎 600킬로그램을 사들였다.

마땅한 고객이 있는 것도 아니었다. 전문 찻집이나 영국의 최고급 레스토랑인 팻 덕 등 이미 찻잎을 판매하고 있는 곳 외에는 다른 아프리카산 고급 홍차 시장이 있지도 않은 상태였다. 그러니 알렉산더의 말라위산 찻잎을 모두 판매할 수 있으려면 대형 슈퍼마켓이 필요했다. 처음에는 슈퍼마켓에서도 흥미를 보이지 않았다고 했다.

"아프리카산 찻잎을 처음 보는 사람들에게 고급 상품이니 비싸게 팔아 달라고 우길 수는 없었어요. 그런 저를 비웃었으니까요. 시장을 만들어야 했습니다."

바로 이때 저명한 스코틀랜드 소설가가 등장했다. 알렉산더 매콜 스미스는 헨리에타오 같이 차에 대해 남다른 열정이 있었고, 남아프리카에서 태어났기 때문인지 아프리카에 저렴하고 조악한 상품만이 아닌 훨씬 더 좋은 상품도 있다고 열렬히 믿고 있었다. 헨리에타는 알렉산더가 있는 에든버러로 찾아가 찻잎을 구매한 배경을 설명했다. 알렉산더는 즉시 그녀의 마음을 알아차렸다.

"그가 말했어요. '좋아요. 그럼 잃어버린 말라위라고 부릅시다' 라고요. 차 이름 때문에 끙끙대고 있었는데 정말 제격이다 싶었죠. 그러면서 자신이 포장에 들어갈 단편 소설을 써 주겠다고 하더군요."

이것이 그녀에게 필요한 기폭제였다. 곧이어 영국에서 여섯 번째로 규모가 큰 슈퍼마켓 체인인 웨이트로스에서 관심을 보였고, 즉시 그녀의 차를 사들이기 시작했다.

"윤리 인증은 받았지만 품질이 형편없는 아프리카산 찻잎은 이미 널려 있었습니다. 그런데 아프리카산 찻잎도 세계 다른 지역에서 들여온

최상품과 어깨를 나란히 할 수 있게 되었어요."

그녀는 자신의 사업이 말라위에 영향을 미치고 있다며 즐거워했다. 올해에 그녀는 알렉산더에게 이미 4톤을 주문했다. 그것도 알렉산더가 공정 무역 시장에 질이 조금 낮은 상품을 팔고 받았을 가격보다 열 배를 더 쳐 주었다.

"아프리카에서 찻잎은 두 번째로 큰 수출품입니다. 게다가 그곳 사람들의 평균 수명은 마흔에서 마흔다섯 살이죠. 우리가 마시는 티백이 싼 이유가 바로 이겁니다. 공정 무역 시장에서 산 것도 마찬가지입니다."

헨리에타는 고급 상품을 사고팔 새로운 시장을 구축했다. 이런 시장이 없었으면 농부들은 값싼 대중 시장에 팔아넘길 상품을 생산했을 것이다. 헨리에타에게 찻잎 가격은 상품 품질에 따라 결정되기 때문에 농부는 더 좋은 찻잎을 생산하는 데 시간을 투자할 수 있고, 이로써 다시 더 높은 가격을 보장 받게 된다. 중요한 점은 찻잎을 재배하고 수확하고 생산할 때 양이 아니라 맛을 위한다는 것이다. 이것이 헨리에타가 윤리적 신임을 받는 원천이다. 헨리에타는 자기 상품에 공정 거래 로고를 붙이는 것에 그리 욕심내지 않겠지만, 그녀의 사업 수완이나 접근 방식을 보면 상품에 그런 로고 하나쯤은 붙일 자격이 있다고 생각한다.

영세 기업은 아무리 잘해도 인정받기가 매우 어려운 현실임에도 헨리에타는 인정을 받았다. 벤테는 지역 사회를 도우려고 백방으로 뛰어다녔지만 그곳 협동조합의 눈에는 적으로 비칠 뿐이었다.

이런 상황은 개발 도상국에 국한되지 않는다. 2010년에 헨리에타는 상품을 윤리 캠페인과 묶어 마케팅할 방법을 찾았다. 그녀는 제2차 세계 대전을 계기로 우리의 입맛이 값싼 티백으로 옮겨 갔다는 점에 착안했다.

이러한 요점을 전달하고자 헨리에타는 영국 공군과 함께 영국 본토 항공전 70주년을 기념하는 단편 영화를 만들어, 영국의 차 애호가들에게 우리의 조부모가 마시던 차를 재발견하자는 슬로건을 내걸었다. 나이 든 전직 파일럿의 마음을 사로잡기 위해 그녀는 그들이 전쟁 전, 그러니까 배급제가 시행되기 전에 마시던 차와 가장 흡사하다고 생각한 옛날 차를 특별히 한 주전자 가득 준비했다.

헨리에타는 노인들이 그렇게 좋아하던 차를 자신의 말라위산 찻잎으로 만들었다. 여기서 한 가지 아이디어를 생각해 냈다. 영국 공군의 붉고 푸른 심벌을 새긴 옛날 스타일의 차를 출시했다. 영국 공군 약자를 따 라프(RAF)라는 이름을 붙였다. 소비자 가격의 10퍼센트를 공군 참전 용사를 위한 구호 기금인 윙즈 어필에 기부하겠다고 약속했다. 제품이 윤리적 자격을 두 배로 갖추었으니 주문이 쇄도했을 것 같지만 그런 일은 일어나지 않았다. 영국 공군은 이 신상품이 잘 팔리지 않자 아쉬움을 표했다. 그들은 그녀가 더 큰 업체들과 거래해서 많은 사람에게 상품을 알리기를 바랐다.

"지금 같은 관계에서는 아직 일러요. 이렇게 빨리 새로운 홍차를 들여놓으라고 하는 건 좀 무리한 요구입니다. 저 같은 작은 기업이 슈퍼마켓 바이어와 미팅을 잡는 것만도 엄청나게 힘들어요. 그러니 우리 상품을 비축하라고 그들을 설득하는 건 말할 것도 없죠. 그 사람들을 설득하려면 참신한 무언가가 있어야 해요."

헨리에타는 영향력과 평판을 고려했을 때 세인즈버리가 이상적이라고 결정했다. 그녀는 자신의 상품을 시음하도록 설득하기 위해 독특한 방법을 썼다.

"식료품 담당자에게 당신을 꼭 만나야 하며 그 이유는 '일급비밀'이라고 메시지를 남겼습니다. 다른 세부 사항은 전화로 발설할 수 없다고 말이죠."

약속한 날, 헨리에타는 유니폼을 잘 갖춰 입은 비행 중대장과 함께 자리에 나타났다.

"아프가니스탄에서 이제 막 돌아온 남자에게 '노'라고 말하는 건 정말 힘들지 않겠어요?"

이렇게 그녀는 관심을 끌었다.

그녀는 현재 시장에서는 믿을 수 있는 공정 무역 인증을 받은 품질 좋은 영국 브랜드를 개발하기가 어렵다고 말했다. 하지간 지금 시장에 그런 브랜드가 필요하다는 것이 무엇보다 중요하다고 믿는다.

"좋은 품질 없이 이야기만 제공할 수는 없습니다. 소비자에게는 둘 다 제공해야죠."

초반에는 상품에 담긴 이야기가 고객들을 끌어들일 것이다. 하지만 그녀는 계속해서 상품을 구입하게 하는 것은 결국 품질이라고 믿는다.

세인즈버리에서는 그녀의 라프 차를 비축하는 데 동의했지만 다른 슈퍼마켓에서는 상품을 직접 구매하는 것이 아니라 판매를 대행해 주는 데에만 동의했다. 그런데 농부들에게는 선금을 지급해야 했기 때문에 헨리에타가 모든 위험을 짊어져야 했다. 그녀는 이후 12개월 동안 차를 공급하기에 충분하리라 생각한 비용을 계약금으로 지급했다.

"여기에 제 목숨을 걸었어요."

이 글을 쓰고 있는 지금, 라프 차가 매장에 진열된 것이 2~3개월밖에 되지 않았으니 그녀의 사업이 얼마나 성공적인지 판단하기는 이르다. 헨리에타는 할 수 있는 모든 것을 다 했다. 말라위의 농부들을 위해, 그리고 그녀 자신을 위해.

어쩌면 당신은 이 모든 것이 변변찮은 일이라고 주장할 수도 있다. 헨리에타가 파는 차나 데이브와 이안이 오레라 마을에서 구매하는 커피는 틈새시장에 자리하고 있다. 벤테도 이런 틈새시장에 있는 영세 기업과 거래하는 것이 대중 시장에 맞춘 대기업과 거래하는 것보다 미래가 있다는 사실을 인정했다.

찻잎의 90퍼센트 이상이 품질은 별달리 신경 쓰지 않는 시장에서 정한 가격에 따라 구매된 것이기 때문에, 고급 상품을 생산하는 영세한 생산자가 그 틈을 파고 들어갈 기회는 거의 없다. 특히 말라위산 찻잎같이 아프리카 내에서도 그 규모가 영세하기 이를 데 없는 상품은 더욱 그렇다. 이런 상황에서 고급 상품으로 더 큰 이윤을 올리고자 하는 윤리적 생산자와 판매자는 나머지 10퍼센트와 경쟁할 수밖에 없다.

하지만 에시컬 어딕션과 레어 티 컴퍼니 같은 두 업체가 극도로 경쟁적인 시장에 존재한다는 것은 이러한 기업도 경제적 이윤을 낼 수 있다는 사실을 보여 준다. 헨리에타는 조금만 끈덕지게 노력하면 전략적으로 중요한 슈퍼마켓에도 파고 들어갈 수 있다는 사실까지 보여 주었다. 세인즈버리와 웨이트로스의 진열장에 그녀의 상품을 올려놓았다는 것 자체만 해도 축하할 일이다.

여기서부터 우리의 인식과 소비 패턴을 변화시킬 수 있을지도 모른다. 한 예로 그린 앤 블랙스는 틈새 사업으로 시작해 캐드버리 같은 대기업과 맞붙었는데, 그들의 상품은 처음엔 캐드버리가, 그다음은 크래프트 푸드가 인수하려고 안달했던 주류가 되었다. 게다가 새로운 모기업들은 이들을 인수하면서 동일한 윤리 원칙을 염두에 두고 사업을 계속하는 것을 목표로 삼았다. 더군다나 그린 앤 블랙스는 공정 거래 승인을 받기 훨씬 전부터 이미 최상의 윤리 원칙을 지키고 있었다.

무엇보다 이 두 가지 성공 스토리는 윤리 조직이 무역 거래나 정치적인 거래를 고려해 상의하달식으로 제공한 해결책보다는, 기민하게 조직된 현지 중심의 해결책이 더 뛰어나다는 사실을 매우 설득력 있게 보여주고 있다.

물론 고급 시장에서 운 좋게도 더 높은 수익을 올리며 혜택을 누릴 수도 있지만, 나머지 90퍼센트는 여전히 이익을 얼마 얻지 못한다고 주장할지 모른다. 하지만 여기서 우리가 고민해야 할 문제는 현지 중심 접근법을 두루 넓혀서 대형 제조업에도 쓸 수 있느냐는 것이다.

벤테와 헨리에타를 만난 뒤 내 마음속에 남은 의문은, 신중하게 잘 짜인 현지 중심 해결책이 효과가 있는가가 아니었다. 이런 해결책은 분명 효과를 보았다. 그보다 이러한 해결책이 더 규모가 큰 문제에도 성공적으로 적용될 수 있느냐가 의문스러웠다. 사실 이에 대해서는 나 자신도 조금 미심쩍었다. 그런데 코트디부아르에서 활동하는 올람이라는 기업이 이 질문에 답해 줄 수 있을 것 같았다. 이것으로 내 여행의 마지막 목적지가 정해졌다.

PART 8
코트디부아르

성공하는 기업은
눈앞의 이익에 욕심내지 않는다

"이런 계획은 오랫동안 지속 가능할 때에만 가치가 있다고 믿어요. 그리고 지속 가능해지려면 무엇보다 수익이 나야죠. 농부들이 가난하고 굶주리면 우리도 힘들어집니다. 우리는 인증 같은 건 없어요. 우리 상품은 소비자가 원해야 존재합니다. 소비자가 인증을 원한다면 마련할 수도 있죠. 그런데 왜 다른 사람한테 참 잘했다는 말을 듣자고 수고비를 건네고, 그 사람의 브랜드를 우리 브랜드 위에 얹어야 하는 거죠?"

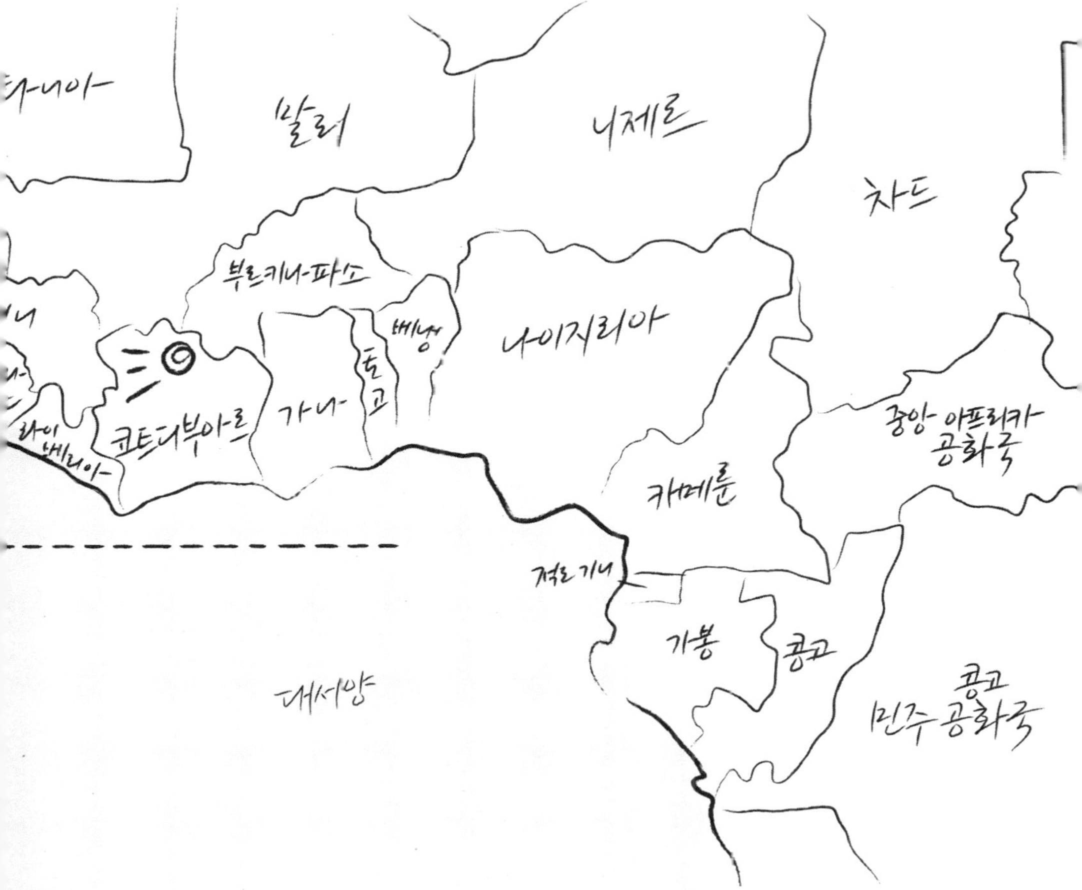

코트디부아르 Côte d'Ivoire

위치 | 아프리카 서부
면적 | 32만 2463㎢(69위)
인구 | 2061만 7068명(30위)
수도 | 야무수크로 Yamoussoukro
국내 총생산 | 229억 6300만 달러(93위)
1인당 총생산 | 1049달러(148위)
화폐 단위 | 서아프리카 CFA 프랑 West African CFA franc

chapter 22

내전의 한가운데에 있는 어느 기업의 모험

　코트디부아르의 일정은 예정보다 한 달 늦게 시작되었다. 당시 코트디부아르의 대통령이 모든 국경을 봉쇄하라는 명령을 내린 탓에 내 일정도 연기되었다. 피비린내 나는 내전이 발발하고 나서 7년 뒤, 분단국가를 통일할 계획으로 2010년에 실시한 대통령 선거가 역효과를 가져왔다. 당시 재임 대통령 로랑 그바그보는 선거에서 패배했음에도 권력을 놓지 않고 있었다. 더 많은 표를 얻은 후보(알라산 드라만 우아타라, 2010년 대통령 선거에서 승리했으나 로랑 그바그보가 이에 불복하면서 2010~2011년 코트디부아르 유혈 사태가 벌어졌다. 취임일은 2010년 12월 4일이다. 이후 로랑 그바그보는 2011년 4월 11일 아비장 대통령궁 안의 지하 벙커에서 반군들에게 체포되면서 실각했다)는 코트디부아르의 가장 큰 도시이자 경제 수도인 아비장에 있는 자택에 UN의 보호 아래 연금되었다. 폭력이 서서히 확대되면서 몇 달 동안 수백 명이 살해당하고 수천 명이 피신했다.

　일정을 더 늦출 수 없었던 나는 어찌 됐든 계획을 강행하기로 했다. 폭력의 진원지는 가급적 피하려고 북쪽 국경과 맞닿아 있는 부르키나파소로 멀리 돌아가는 길을 택했다. 그러려면 장장 650킬로미터를 도로 위에 있어야 했는데, 대륙의 중심과 서쪽 해안을 연결하는 주요 도로를 따라 남쪽으로 향하는 내내 뜨거운 하마탄(겨울 사이 서아프리카에서 부는 건조한 바람)을 등지고 달려야 했다. 사하라 사막에서 날아온 흙먼지가 안개처럼 낮게 깔렸다. 이동하는 동안 우리가 지나친 마을은 대부분 도로에 바짝 붙어 있었다. 진흙 오두막이 옹기종기 모여 있는 모습이었고, 마을의 주민들은 셔츠 옷깃을 치켜세워 입과 코를 막은 채 일을 보러 다녔다. 흙먼지가 날리는데도 바깥 온도는 30도를 훌쩍 넘겼다. 건조하고 무더운 기후는 이 지역의 주요 수익 작물인 면화를 기르기에 안성맞춤이다.

코트디부아르 국경에 다다르자 경비 요원이 내 여권을 검사했다. 부르키나파소인을 가득 실은 버스 여러 대가 검문을 위해 설치한 장애물을 지나 나와는 반대 방향으로 향했다. 코트디부아르의 폭력이 더욱 심해지고 있으니 그들이 고향으로 돌아가는 것도 당연했다. 2002년, 코트디부아르에 일어난 폭력은 결국 내전으로 발전했다. 국경 경비 요원이 비자 확인을 끝내고 입국 허가 스탬프에 손을 뻗었다. 이 군인은 놀랄 만큼 수다스러웠다.

"대통령은 한 사람만 필요해요."

그는 이것이 정보의 핵심임을 강조하려는 듯 스탬프의 끝을 가리켰다. 거기에는 이런 문구가 적혀 있었다.

'한 국가에 2명의 대통령은 꿈과 같다.'

"악몽 같죠?"

"맞아요. 바로 그거예요. 악몽이에요."

그가 고개를 끄덕였다. 경비병이 서글픈 미소를 지으면서 내 서류를 돌려주었다. 그러고는 국경을 통과해도 좋다는 듯 긴 팔을 길이 난 방향으로 뻗어 보였다. 마침내 2000년대 초에 벌어진 격전 이후 반란군의 통제 아래에 있는 코트디부아르의 북쪽 지방으로 들어갈 수 있게 되었다. 코트디부아르인들은 지난 몇 년간 일어난 역사적인 사건들을 지칭할 때 간단하게 '위기'라고 한다.

코트디부아르는 지난 몇 달간 내가 방문했던 다른 국가의 문제를 모두 가지고 있었다. 이 나라를 선택한 이유도 바로 그 때문이다. 니카라과처럼 내전을 경험했고, 탄자니아를 비롯해 아프리카의 여러 국가처럼 심각한 환경적·사회적 문제에 직면해 있다. 콩고 민주 공화국과 아프가니스탄처럼 끔찍한 정치적 위기에 처해 있으며 매일같이 반란 집단의 폭력을 겪고 있다. 또한 라오스처럼 해외 투자를 받아 지독하게 가난한 농업 사회에서 벗어나고자 애쓰고 있다. 하지만 코트디부아르에도 지속 가능하고 윤리적인 방법으로 진행되는 대규모 사업이 있다. 바로 면화 산업이다.

국경에서 도로를 따라 한참을 내려오다가 당나귀가 끄는 수레가 보였다. 수레는 기다란 나무 기둥 4개가 각 구석에 수직으로 서 있는, 거꾸로 뒤집힌 큰 탁자 모양이었다. 기둥 사이에 꽉꽉 눌러 담긴 것은 여태껏 보지 못한 거대한 면화 뭉치였다. 수레가 우둘투둘한 길로 접어들자 당나귀가 한 걸음 뗄 때마다 면화가 흙바닥 아래로 떨어질 것 같았다. 이는 아프리카 서부의 면화 재배지에서 흔히 볼 수 있는 광경이다. 면화를 생산하는 코트디부아르의 농부들은 면화 운반 때문에 골머리를 앓는다.

면화는 특성상 운반하기가 어려운 작물이다. 이런 당나귀 수레를 끄는

농부는 면화 200~300킬로그램을 근거리로만 운반할 수 있다. 면화를 아프리카와 동남아시아 등지의 방적 공장으로 수출하려면, 그 전에 섬유 속에 묻혀 있는 씨와 쓸모없는 식물 잔여물을 제거해야 한다. 그러려면 면화를 조면기라는 기계에 통과시켜야 한다(면화는 조면 과정을 거쳐 면직물의 원료인 생면으로 가공된다).

2002~2004년 내전 동안에는 코트디부아르에도 조면기가 있었지만 내전이 끝난 이듬해에는 모든 기계의 작동이 서서히 멈춰 고칠 수 없는

지경에 이르렀다. 2006년에는 북동부 지역의 조면 공장을 맡은 기업이 파산하고 말았다. 기계를 고칠 자금이 없던 정부는 이 지역의 조면기를 입찰했다. 그중 대부분을 세계 최대의 조면상이자 방적 업체인 올람이 사들였다.

올람은 세계 60여 개국에서 생산되는 스무 가지 정도의 농산품을 공급하고 관리하는 업체다. 이 기업의 한 해 매출액은 100억 달러(11조 원)에 이른다. 올람은 면화뿐만 아니라 커피와 초콜릿도 취급한다. 또한 세계적인 기업들이 등록된 싱가포르 증권 거래소의 상장 업체이며, 영국 최대 의류 업체인 막스 앤 스펜서와 갭 등 유수의 브랜드를 고객으로 두고 있다.

올람이 예전부터 코트디부아르에 대해 상업적 관심을 보인 분야는 코코아의 공급과 유통이었다. 면화 유통은 좀 더 최근에 전략적으로 선택한 것이다. 코트디부아르의 조면기를 사들이겠다는 그들의 결정은 면화 산업에 몸담은 이 나라의 미래에 막대한(수십억 원 상당의) 투자를 한 셈이었고 상당한 재정적 부담을 감수한다는 뜻이었다. 이곳 농부들에게는 이들의 투자가 생명줄과 같았다. 반경 100킬로미터 범위 안에는 다른 조면 공장이 없었기 때문이다.

미국의 거대 생산 업체에 비하면 코트디부아르는 세계 시장에서 변변치 않은 위치에 있다. 북반구와 남반구의 면화 농사 풍경은 판이하게 다르다. 미국에서는 2만 5000명의 농부가 한 사람당 230헥타르(축구장 면적의 280배)의 농장을 소유하고 있다. 미국 농장은 대부분 관개 시설과 농사에 필요한 기계를 완벽하게 갖추고 있다. 아프리카에서는 농부 250만 명이 대부분 소를 끌고 다니면서 각각 1헥타르(축구장 면적의 1.2배)의 들판을 경작한다. 그들이 작물에 물을 대기 위해 하는 일이라고는 비가 내리기를 기도하는 것밖에 없다. 미국 농부 한 사람은 한 해에 생산한 생면이 215톤도 안 된다며 좌절하지만, 아프리카의 농부 한 사람은 1톤이나 2톤만 생산해도 뛸 듯이 기뻐한다. 그렇다고 해도 그들을 무시해서는 안 된다. 아프리카의 250만 농부 전체가 생산한 면화는 전 세계 면화 수출량의 20퍼센트 가까이 차지하는 꽤 막대한 양이다.

코트디부아르에서 올람의 면화 공장을 관리하는 사람은 줄리 그린이었다. 키가 크고 우아해 보이는 이 서른 살의 미국인은 7년째 아프리카 대륙에 살고 있었다. 그녀는 비정부 기구의 일원으로 아프리카에 와서 그동안 마을 학교와 물 펌프를 꽤 많이 세웠다고 했다. 올람에서 일하게 된 것은 2년 전부터였다. 비정부 기구가 지역 사회에 이룬 성과가 얼마 없다는 생각에 다른 일을 하기로 결심했다고 한다. 잠시 아프리카를 떠나 스위스 제네바에서 MBA를 받고 1년 뒤 코트디부아르로 와서 올람에 일자리를 얻었다. 그녀는 자신의 결정이 옳았다고 생각했다.

"상업 분야에서 더 많은 일을 할 수 있겠다고 생각했습니다. 틀림없이 제대로 된 선택이라고 생각해요. 여기에서 제가 전보다 훨씬 더 큰 변화를 만들고 있다는 생각이 들거든요."

그녀가 맡은 첫 번째 과제는 낡은 조면기의 먼지를 털어 내고 재가동시키는 것이었다. 면직물의 원료인 생면을 얻으려면 먼저 생면의 섬유 조직에서 면화씨를 분리해야 한다. 이 과정에서 대형 기계가 여러 대 필요하다. 따라서 올람은 서아프리카 교역 중심지 왕갈로도고의 조면기 설비와 복구에 반드시 투자해야 했다. 도심을 가로지르는 네 갈래의 큰길은 각각 코트디부아르와 부르키나파소, 가나와 말리의 수도로 곧장 연결된다. 하지만 다들 적어도 650킬로미터는 떨어져 있기 때문에 그중 어느 곳도 빨리 도달할 수는 없다. 이곳에는 조면 공장 외에는 다른 산업이 없다. 그야말로 면화의 도시다. 아침나절에 에스프레소를 파는 조그마한 가판대에서도, 해 질 무렵 군것질거리를 팔고 다니는 수레에서도 온통 면화 이야기뿐이었다.

올람이 조면 공장을 인수한 첫해에 이 공장은 설계 역량의 70퍼센트까지 회복했다. 1975년에 세워져서 지난 10년간 멈춰 있다시피 한 기계치고는 나쁘지 않은 실적이었다. 하지만 2010년에 실적이 크게 증가한 덕분에, 줄리는 매일 면화 200톤이 가공되는 과정을 감독하게 되었다. 이런 수준이라면 공장이 전면 가동되고 있는 셈이었다.

조면 공장에서 줄리가 처음으로 풀어야 할 과제는 단순히 생산량을 늘리는 것이 아니었다. 먼저 공장을 안전하게 일할 수 있는 환경으로 만들어야 했다. 이를 위해 해결해야 할 일은 산더미처럼 많았다. 마흔 살의 왕갈로도고 주민인 시아카는 공장의 수석 기술자다. 한평생 이 공장에서 일한 그는 가족과 함께 공장 부지에 살고 있다. 그는 오래전부터 공장의 열악한 안전 상태를 걱정해 어떻게든 이 문제를 해결하려 했지만 그럴 수 없었다고 했다. 이전 경영진 밑에서는 11개월 동안 봉급도 받지 못한 채 일을 했다. 안전 사항을 개선하기 위해 예산을 투입하는 일은 꿈도 꾸지 못할 일이었다. 하지만 새로운 경영진이 공장을 맡으면서 상황이 훨씬 좋아졌다고 말했다. 조면 공장을 둘러보던 중 시아카가 안전망 안을 가로지르는 케이블을 가리켰다. 그가 자랑스럽게 말했다.

"다 새것이에요. 이전에는 덮개 하나 없이 덩그러니 매달려 있었죠. 아주 위험했습니다."

우리는 새로운 변압기와 발전기, 그리고 공장에서 자주 일어나는 화재를 해결하기 위해 얼마 전 설치한 양수기를 둘러보았다. 바싹 마른 섬세한 생면이 뜨거운 기계를 통과하는 조면 공정에서 화재가 잘 일어난다고 했다. 시아카가 특히 마음에 들어 하는 개선 사항은 거대한 두꺼비집이다. 이로써 감전 사고로 목숨을 잃는 사람은 더 이상 나오지 않을 것이라고 했다. 그가 말을 이었다.

"지금 환경에 아주 만족합니다. 전에는 정말 위험했거든요."

그가 고개를 살짝 끄덕이더니 내가 제대로 이해했는지 재차 확인했다. 공장장인 마마두도 이에 동의했다. 1979년 이후로 이 업계에 종사해 온 그는 올람이 이곳에 온 뒤로 공장 환경이 몰라보게 좋아졌다고 말했다.

"장갑이나 마스크, 보안 안경 같은 기본적인 안전 장비가 항상 구비되어 있습니다. 제가 일하던 때에는 1년에 딱 한 번 안전 장비 한 세트를 나눠 주는 것으로 끝이었어요. 장비가 부러지거나 하면 사장이 이렇게 말했죠. '그거 안 됐군.' 하나를 더 받는 일은 없었습니다."

우리는 건강과 안전에 지나치게 집착하는 서양 문화에 대해 얼마나 불평을 해 댔던가. 그래도 이런 문화가 서아프리카에 엄청난 변화를 몰고 왔다는 사실이 놀라울 따름이었다.

올람이 코트디부아르에서 하는 독특한 일 중의 하나는 그들이 공급망의 끝까지 관심을 확대하고 있다는 것이다. 줄리는 이 일을 맡으면서 무엇보다 이 지역에 필요한 개발 사항을 기업의 이익 창출과 연결시킬 방안을 살펴볼 수 있어서 흥분되었다고 말했다. 지역 개발에는 공장 노동자만이 아니라 면화를 공급하는 농부들도 포함된다. 여기서 독특한 점 또 하나는 이 모든 일이 분쟁 지역에서 일어나고 있다는 것이다. 멈췄던 공장을 현대화시키는 것과, 반란을 일으킨 민병대가 다스리는 지역에서 공장을 가동하는 것은 전혀 다른 문제다.

처음 이 책을 쓰려고 했을 때에는 군인이나 민병대원들과 대화하는 데 이렇게 많은 시간을 쏟아야 할 줄은 상상도 못했다. 이번에도 다시 한 번 그들과 이야기를 하기 위해 길을 나섰다. 무엇보다 생계를 유지하기 위해 애쓰는 코트디부아르의 기업과 농부들이 어떤 곤경에 처해 있는지 알고 싶었다. 다른 지역에서도 보았지만 분쟁 지역에서는 총을 든 남자들이 마을 주변을 어슬렁거린다. 주민들의 생활 조건에서 그들의 존재를 무시할 수 없다. 이곳 사람들을 이해하려면 그들 역시 염두에 두어야 했다. 그래서 다시 한 번 무기를 들고 유혈이 낭자한 전투에 참여하는 남자와 대화를 해 보기로 했다. 코피(가명)는 포스 누벨의 중위급 장교였다. 포스 누벨은 2002년부터 코트디부아르 북부 지방을 장악하고, 당시 두 대통령 중 한 사람인 로랑 그바그보에 격렬하게 저항하고 있었다.

당시 언론 보도 대부분은 코트디부아르 분쟁을 이슬람교도가 대다수인 북부와 기독교도가 대다수인 남부의 투쟁으로 묘사했다. 코피는 말도 안 되는 이야기라며 펄쩍 뛰었다. 자신은 원래 남부 지방 출신이고 불교

신자라는 것을 먼저 알려 주었다. 포스 누벨은 여러 종교와 문화가 뒤섞인 집단이라서 코트디부아르의 축소판과 같다고 했다. 이 집단이 결성된 이유는 종교적인 문제 때문이 아니라 추구하는 이데올로기가 다르기 때문이라고 주장했다.

"우리는 민주주의를 위해 독재와 불의에 맞서 싸우고 있습니다."

코피는 키가 크고 건강해 보이는 30대 초반의 남자였다. 그는 자신이 뜨거운 열정을 안고 포스 누벨에 가담한 이유를 설명했다. 그러는 동안 그의 반짝이는 눈동자는 1초도 흐트러지지 않은 채 내 눈을 응시했다. 코피는 10대 시절, 교육을 받기 위해 남부에서 북부로 왔다. 민박집에서 주인집 가족들과 4년을 함께 살았다. 그는 그들을 제2의 가족으로 여겼다. 지금도 여전히 그들을 자신의 형제자매라고 부른다. 2000년에 자신의 '형'과 어디론가 가던 도중, 코트디부아르인의 짓이라고는 상상도 못할 만행을 목격하게 되었다. 그 일을 계기로 이 나라에서 자행되고 있는 참상에 눈을 떴고, 자신이 무언가 해야만 한다는 생각을 하게 되었다.

"남부 쪽 경찰이 버스를 멈춰 세우고 모두 차에서 내려 신분증을 꺼내라고 명령했습니다. 그들은 제 이름을 보고는 저를 통과시켰습니다. 남부인 특유의 이름이니까요. 형은 북부인의 이름이라는 이유로 경찰이 잡아갔어요. 그때 총을 들어야겠다고 생각했습니다. 이것이 우리의 목소리를 낼 수 있는 유일한 길이니까요."

코피가 가담한 지 2년 만에 포스 누벨은 쿠데타를 일으켰고, 이로써 코트디부아르에 전쟁이 일어났다. 코피는 북동부 지역에서 라이베리아 용병과 코트디부아르 동포의 연합 군대에 맞서 싸웠다. 2004년에 포스 누벨은 패배를 인정하고 전국적인 민주 선거를 약속하는 평화 협정에 서명했다. 포스 누벨은 북부 지역으로 후퇴했지만 민주 선거가 거행된 2010년까지 6년을 기다려야 했다.

"우리는 앞으로 할 일을 이미 계획하고 있었습니다. 저는 경찰이 되려고 했습니다. 필요한 서류도 다 준비되어 있었어요. 군인이 되겠다는 사람도 많았습니다. 로랑 그바그보가 선거 결과를 인정한다면 우리 모두 무기를 내려놓고 하나의 국가로 재결합할 준비가 되어 있었어요. 우리의 유일한 바람은 나라가 다시 정상적으로 돌아가는 것뿐이었습니다."

코피가 고개를 가로저으며 불만스러운 듯 침을 삼켰다. 로랑 그바그보 대통령이 정권을 붙잡고 있는 한 코트디부아르는 '정상적으로' 돌아가지 않는다. 로랑 그바그보는 당시에 남부를 장악하고 있었고, 포스 누벨은 경찰과 헌병, 군대와 함께 북부에서 활동하고 있었다. 이 모두를 유지하려면 돈이 들었다. 콩고 민병대와는 달리 이곳 민병대는 매우 체계적으로 지역을 관리했다. 지역 사업체에 세금을 부과했는데, 그중에 가장 규모가 큰 곳이 올람이었다. 반란군이 장악한 지역은 육지에 둘러싸여 있어서 남부 항구와 단절되어 있다. 그래서 이 지역을 들어오고 나가는 물품은 포스 누벨의 감시망을 벗어날 수 없고, 예외 없이 모두 세금을 내야했다. 코피가 말했다.

"면화는 우리에게도 중요하고, 코트디부아르 사람들에게도 중요합니다. 그래서 우리가 면화 산업을 지원하고 있는 겁니다."

줄리의 입장에서는 그들의 개입을 지원으로 받아들일 수는 없었을 것이다. 올람은 포스 누벨뿐만 아니라 아비장에 있는 정부에도 공식적인 세금을 내야 했다. 포스 누벨과 정부 양측은 치열한 논의 끝에 기업이 계속 돌아가고 사람들이 평화롭게 살 수 있도록 한발씩 물러서자는 협정을 맺었다. 향후 12개월 동안의 면화 운송에 부과하는 세율도 협정에 포함되었다. 이는 양측을 상대로 올람이 협상하고 설득한 노력의 결과였다. 올람은 아슬아슬한 곡예를 펼치다시피 사업을 유지하고 있다. 이런 분쟁 국가에 진출한 대기업들 대부분은 오래 버티지 못하고 철수해 버렸다. 그리하여 이들 기업에 의지하던 농부들은 생계를 유지할 마땅한 방법도 없이 남겨졌다.

chapter 23

그들이 잘살아야 우리가 성공한다

우리는 파제로 지프차를 타고 덜컹거리는 흙길을 달려 왕갈로도고 공장에서 60킬로미터 떨어진 산도카하 마을로 향했다. 초록이 무성한 망고나무와 캐슈나무(아메리카가 원산지로 견과류 열매인 캐슈너트가 열림)를 빼면 도로 양옆에 펼쳐진 들판은 지평선까지 앙상하게 말라 있었다. 간밤에 메뚜기 떼가 쓸고 가기라도 한 걸까? 저 멀리 중형차 크기만한 새하얀 면화 더미가 진실을 말해 주었다. 수확기가 끝나 가는 시점에 도착한 것이었다. 올람이 코트디부아르 북부에서 관리하는 토지는 40만 헥타르(서울 면적의 약7배)에 달했다. 이것은 결코 작은 틈새시장이 아니다.

아침나절에 산도카하 마을에 도착했다. 마을은 아프리카의 전형적인 시골 풍경을 자아내고 있었다. 한가운데 빈 터를 중심으로 초가지붕을 얹은 진흙 오두막 스무 채 정도가 모여 있었다. 마을 여인들은 어린아이들을 어깨에 둘러메거나 가슴께에 매단 채로 점심을 차리려고 물동이를 부지런히 나르고 있었다. 남자들은 마을 한가운데에 심어진 커다란 망고나무 그늘에서 쉬고 있었다. 당시는 수확이 끝난 지 얼마 되지 않던 때였다. 다음 해 농사를 시작할 때까지 적어도 두세 달은 남았으니 농부들에게는 휴식기였다.

나는 촌장인 다오다의 도움으로 나무 그늘에 모여 있던 농부들과 이야기를 나누었다. 대부분 30대 남성인데 그중 잿빛 수염과 조곤조곤한 말투가 인상적인 소르라는 농부는 쉰세 살로 마을 농부 중 최고령자였다. 다오다와 소로는 올해 추수가 잘됐고 가격도 높게 책정된 데다 대금을 이미 받아서 행복하다고 말했다. 다오다가 자세한 설명을 덧붙였다.

"이 마을에는 농부가 21명 있어요. 올해에는 다 합해 35헥타르(축구장 면적의 42배)의 땅에 농사를 지었죠. 나는 9헥타르(축구장 면적의 11배)까지 경작지를 늘렸어요. 올해엔 10톤 넘게 생산한 것 같네요."

다오다 촌장은 1헥타르(축구장 면적의 1.2배)당 1100킬로그램 이상을 생산하는 최우수 농부이기도 했다. 그해 최상위권 수확량을 달성한 그는 그 대가로 올람의 신용 제도에 따라 다음 해에 추가 신용을 얻을 수 있게 되었다. 올람은 모든 농부에게 씨앗을 무료로 제공하고 비료와 살충제 구매 보조금도 지급했다. 2009년에는 최우수 농부들에게 4만 달러(4400만 원)를 무이자로 대출해 주기도 했다.

다오다와 소로가 상황이 그리 좋지 않던 때를 떠올렸다. 전쟁이 일어나기 전 몇 년 동안 조면 공장장이 트럭을 보내 면화를 실어 갔지만, 임금 지급은 항상 연기되었다. 소로가 말했다.

"처음에는 한두 달 늦었죠. 그런데 결국 모든 지급을 중단하더군요. 마지막 2년 동안에는 한 푼도 못 받았습니다. 참 힘든 시절이었죠."

그때 다오다는 면화 농사를 포기해 버리기로 결심하고 면화 재배 구역을 대폭 줄였다. 전쟁이 끝난 뒤 공장은 파산했고, 정부에서는 새로운 구매자를 물색하는 동안 조면 공장을 이끌 관리자를 임명했다. 그리고 올람이 들어왔다. 그 후로 상황이 점점 좋아졌다고 두 남자가 입을 모아 말했다. 다오다는 올람이 언제나 돈을 제때 지급한 것이 가장 좋았다고 말했다. 또한 올람은 품질 좋은 면화 재배에 필요한 씨앗과 비료, 살충제 등 소위 '인풋'을 제공했다는 말도 빼먹지 않았다.

나는 이 필수적인 인풋이 그가 전에 얻은 것과 얼마나 다른지 물었다. 다오다와 소로가 시선을 주고받더니 갑자기 웃음을 터뜨렸다. 다오다가 땅과 하늘을 번갈아 쳐다보며 말했다.

"그야말로 하늘과 땅 차이죠."

오랜 농부 생활 중에 농사에 필요한 것을 제때에 충분히 제공한 기업은 올람이 처음이었다고 했다.

다오다는 이 지역에서 면화를 기르기 시작한 1970년대 후반을 떠올렸다. 그가 하는 이야기를 듣고 있자니 라오스에 고무나무를 처음 들여온 보르사이가 떠올랐다. 다오다는 아프리카 농부들이 처음에는 면화 농사를 미심쩍어 했는데, 면화로 돈을 버는 농부들이 하나둘 생기면서 서서히 이 새로운 경작물에 관심을 보이기 시작했다고 말했다. 그때 당시에 면화 농사가 잘되어서 1990년대 초반부터는 모든 사람이 면화를 재배하게 되었다고 했다.

"다들 생활이 편안해서 화합도 잘됐죠. 그런데 전쟁이 모든 걸 망쳐 놨습니다. 좋은 시절이 다 사라졌어요."

라오스가 코트디부아르처럼 내전을 최근에 겪은 것은 아니지만, 이곳 올람의 운영 방식과 라오스에 있는 중국 고무 기업 루이펑의 방식을 비교해 보면 다오다와 소로는 훨씬 더 잘 지내고 있었다.

내전이 마을의 거래 조건에 어떤 영향을 미쳤는지에 대한 이야기를 들었을 때는 또 다른 점에서 라오스와 이곳이 비교됐다.

"전쟁이 터진 이후로는 남부 시장까지 옥수수를 실어 나를 수 없게 됐어요. 그래서 우리가 거래할 수 있는 유일한 작물이 면화가 되었죠. 올람은 이곳까지 찾아와서 물건을 직접 싣고 갔거든요."

아프가니스탄에서 재배 작물을 밀로 대체하길 꺼리는 양귀비 농부들도 비슷한 불평을 털어놓았다. 밀을 심으면 작물을 시장까지 가져가야 하고, 가는 길에 무장 군인의 검문소를 여러 차례 지나쳐야 한다는 것이었다. 양귀비는 구매자들이 직접 농장으로 찾아와 물건을 가져간다. 코트디부아르의 면화를 아프가니스탄의 양귀비와 비교할 수는 없지만, 가난한 시골 주민들이 마주하는 문제는 대부분 세계 어디를 가나 비슷해 보인다.

올람은 왕갈로도고의 조면 공장을 구매하면서 모든 통제권을 손에 쥐었다. 면화는 독특한 작물이라, 농부가 조면 공장에 판매하는 최종 생산물에는 생면뿐 아니라 면화씨도 포함되어 있다. 밀이나 옥수수와는 달리 면화 농부는 수확물을 넘기고 나면 다음 해에 지을 씨를 구해야 한다. 조면 공장의 소유주가 된다는 것이 전략적으로 중요한 것은 농부에게 돌아갈 씨앗을 통제할 수 있기 때문이다. 이렇게 해서 올람은 재배되는 면화의 다양성을 통제할 수 있을 뿐만 아니라 매년 돌아오는 수확량을 면밀히 감시할 수 있었다. 줄리가 그 이유를 설명해 주었다.

"농부들에게 품질이 좋은 씨앗을 적당한 가격에 팔 수도 있어요. 하지만 우리 회사는 씨앗을 무료로 주고 있습니다. 그러면 농부들이 우리 씨앗만 사용하게 될 것이고 또 그렇게 해서 공급망에 다른 혼합물이 섞여 들 위험이 줄어들 테니까요."

농부들 역시 품질이 더 좋은 작물을 생산할 수 있고, 올람은 그에 대해 기꺼이 더 높은 가격을 치를 수 있게 된다.

올람은 농부들이 최상의 환경에서 면화를 재배할 수 있도록 살충제를 미리 제공하고 비료 구매 자금도 무이자로 대출해 준다. 제3세계 농부들의 가장 큰 문제는 생산물의 품질 향상에 투자할 길이 없다는 것이다. 올람은 면화 농부들의 근심을 없애 주고자 했다. 농부들은 생산 공정이 막바지에 이르렀을 때 자신이 얻은 이익에서 대출금을 갚고 나머지를 가져간다.

다오다는 올람이 조면 공장 살리기에 나서지 않았다면 상황이 암울했을 거라고 말했다.

"면화가 없었다면 아주 힘들었을 겁니다. 재앙이 닥쳤겠죠. 가난과 기아가 넘쳐 났을 겁니다."

이곳 산도카하 마을에 굶주림은 없었다. 어렵기는커녕 오히려 좋기만 했다. 다오다가 마을 중앙에 새로 지은 곡식 저장고 세 곳을 보여 주었다. 한 곳은 쌀, 나머지 둘은 옥수수로 가득 차 있었다. 이 마을에서 이렇게 많은 음식을 저장해 보기는 오랜만이라고 했다. 2009년에 거둔 곡식도 아직 남아 있다고 했다.

마을 한구석에 말린 옥수수가 산더미처럼 쌓여 있었다.

"이것이 지난해에 남은 겁니다. 이제는 곤충이 다 파먹고 있어요."

다오다는 싸개를 벗겨 검은 구멍이 잔뜩 나 있는 알맹이를 보여 주었다. 옥수수를 장기간 보관할 때 쓰는 약품이 있는데, 그것을 쓰지 않아서 이렇게 됐다고 했다. 그러자 줄리가 바로 관심을 보이며 말했다.

"그 약품을 사는 데 돈이 필요하면 방법을 한번 알아볼게요."

이 모습을 보고 있자니 탄자니아의 벤테처럼 이곳에 상근하는 줄리가 있기에 상황을 정확하게 파악해 적절하게 지원할 수 있다는 생각이 들었다. 탄자니아와 다른 점은 줄리의 결정이 훨씬 더 많은 사람에게 영향을 미친다는 점이다. 농부 5000명에다 그들의 가족까지 합하면 자그마치 3만 명이 혜택을 받게 된다. 줄리의 결정이 훌륭한 성과로 이어질 수 있었던 이유는 다름 아니라 그녀의 뛰어난 상업적 감각 덕분이다. 그녀가 다소 초조한 듯 웃으며 말했다.

"내가 내린 결정에 몇 명의 목숨이 달려 있는지 생각하면 엄청난 책임감이 들죠. 이런 계획은 오랫동안 지속 가능해야만 가치가 있다고 믿어요. 그리고 지속 가능해지려면 무엇보다 수익이 나야죠."

한 예로 줄리는 농부들에게 비료를 면화 밭뿐만 아니라 옥수수 밭에도 쓸 수 있을 만큼 넉넉히 제공하기로 했다. 올람은 사업적인 측면에서 옥수수에는 전혀 관심이 없었다. 그런데 농부들에게 면화 밭에 뿌리라고 비료를 네 포대 주면 그중 한 포대는 옥수수 밭에 뿌려진다는 사실을 알게 되었다. 줄리가 이어서 말했다.

"추가로 한 포대 더 챙겨 주는 것이 낫습니다. 그래야 면화 밭에 뿌릴 비료가 넉넉해 좋은 상품이 나올 수 있으니까요."

비료를 추가로 배포한 비용은 추가 산출량으로 충분히 메울 수 있다는 계산이 나왔다. 가장 큰 혜택을 보는 건 농부들이다.

"농부들이 가난하고 굶주리면 우리도 힘들어집니다."

하지만 그들이 언제나 다정한 사장 노릇을 하는 것은 아니다. 줄리는 농부들에게서 최고의 상품을 얻기 위해 무엇이 필요한지 실용적인 관점에서 살펴야 했다. 가끔은 무엇보다 어려운 결정을 내려야 할 때도 있다. 많은 사람이 올람은 왜 농장 기계화를 돕지 않느냐고 물었다. 왜 작물을 심는 시기가 끝난 다음에 밭을 갈아엎을 트랙터를 보내 주지 않는 걸까? 줄리는 이것이 최선의 방법이라고 생각하지 않았다. 1헥타르(축구장 면적의 1.2배)짜리 땅에 트랙터를 사용하는 것이 그리 실용적이지 않다고 했다. 예전에 잠깐 트랙터를 도입해 농부들에게 차례로 대여해 준 적이 있는데 농부들이 자신이 쓸 차례가 올 때까지 가만히 앉아 기다리다가 작물을 심기에 알맞은 시기를 놓쳐 버렸다고 했다. 그래서 올람은 트랙터 대신 자금 대출 패키지로 황소를 제공한다. 황소 한 쌍이면 5헥타르(축구장 면적의 6배)를 경작할 수 있다. 면화 농사의 핵심은 우기가 시작되고 난 뒤 가능한 한 빨리 땅에 있는 씨앗을 거두어들이는 것이다. 줄리는 이것이 간단한 방정식이라고 말했다.

"수확량을 대폭 늘릴 수 없으면 아무런 가치가 없습니다."

대기업에서 농부들에게 황소 사용을 권장한다는 것이 세월을 거스르는 조치로 보일지도 모른다. 올람이 가장 중요시하는 것은 2만 5000헥타르(서울 면적의 절반)의 땅에 자신들이 제공한 씨앗을 심어서 되도록 많은 수익을 올리는 일이다. 그러기 위해서는 씨앗을 가능한 한 빨리 땅에 심

어야 한다. 최선책은 바로 농부들이 자급자족하도록 권장하는 것이다.

물론 농부 5000명을 일일이 상대하는 것도 실용적이지 않다. 예전부터 코트디부아르의 농부들은 협동조합을 만들어 활동했다. 줄리는 협동조합과 일하는 것이 '피할 수 없는 골칫거리'라고 말했다. 주요 연장이나 비료 등의 배급을 체계화하고 일부 위험을 줄이는 일에는 협동조합이 유용할 수 있다. 그런데 협동조합은 항상 부정과 부패의 유혹을 받는다. 협동조합의 대표는 면화 생산 공정에서 두 가지 방법으로 자기 몫을 챙긴다. 하나는 농부들에게 건네받은 작물의 총무게를 실제보다 적게 알려서, 면화에서 2퍼센트가량의 '세금'을 떼먹는다.

"저희가 협동조합에서 사들인 면화의 무게가, 협동조합이 농부에게 알린 무게보다 더 많이 나간 경우가 전체의 98퍼센트에 달했습니다."

물론 그 차액을 챙긴 것은 협동조합의 대표들이었다.

더군다나 올람은 각 협동조합에 사회 발전 기금도 지급하고 있다. 면화 가격의 3.5퍼센트에 해당하는 1킬로그램당 7.3 CFA 프랑(1898원)씩 지급한다. 협동조합은 인프라 확충을 위해 이 자금이 필요하다고 주장한다.

"대형 협동조합의 관리자들은 이것을 개인 사업으로 봅니다. 그들도 몇 가지 부류로 나뉘는데, 우선 산출량을 팔아서 가장 큰 이윤을 가져가는 부류가 있습니다. 그들이 가장 악랄한 경우죠. 그보다 덜 악랄한 부류는 이렇게 말합니다. '우리 협동조합에 조합원이 늘어나면 연말 보너스는 모두 내 주머니로 들어간다.' 협동조합은 빚더미에 시달리고 있는데 대표라는 사람이 벤츠를 몰고 다니는 경우도 있어요."

하지만 이런 인물들을 상대하는 것을 피할 수는 없다고 했다. 2010년 세계 시장에서 면화 가격이 사상 최고가를 기록했을 때 올람은 공급량을 가능한 한 최대로 끌어올리고자 안달이 나 있었다. 다시 말해 올람도 협동조합 대표들의 행태가 못마땅했지만 그럼에도 그들의 협조가 필요하다는 뜻이었다. 협동조합이 경쟁사로 떠나 버릴지 모르기 때문에 올람의 입장에서는 협동조합을 거스를 형편이 안 되었다.

줄리는 자신이 현실적이어야 한다고 말했다. 협동조합 대표가 추가 이윤을 가져가지 않으면 시스템이 돌아가지 않는다는 사실을 알게 되었다는 뜻이었다. 그런 동시에 줄리는 농부들의 입장도 대변하고자 했다. 그야말로 아슬아슬한 줄타기를 해야 할 처지였다.

"농부들이 사기당하지 않는 것도 중요하지만 추가 이윤 중에 일부가 대표에게 돌아가야 한다는 현실도 받아들여야 합니다. 그저 착복 정도가 지나치지 않기만을 바랄 수밖에요. 협동조합이 수령한 생산량을 농부들에게 공개하는 것이 이상적이겠지요. 그렇게 되면 직원들이 합당한 임금을 가져가면서, 지역 사회 프로젝트를 지원할 충분한 액수까지 남길 수 있을 겁니다. 하지만 모두 다 문맹이니 투명해지기가 참……."

이 모든 상황이 탄자니아 오레라 마을에서 본 경우와 놀라울 정도로 비슷했다. 벤테와 마찬가지로 줄리 역시 거대 협동조합의 내부 정치에 관여하지 않으려고 신경을 썼다. 킬리만자로에서 벤테가 설명해 주었듯이, 코트디부아르 거대 협동조합의 대표들은 자신의 사적인 이익에 대해 외부인이 일일이 간섭하는 것을 무척 싫어했다. 작은 마을의 농부들이 지도자가 이익을 착복했다는 사실을 알고 협동조합을 떠나면, 지도자들은 무조건 서양인을 비난한다고 했다.

"우리는 되도록 관여하지 않으려고 애쓰는데 지도자들은 사람들이 협동조합에서 나가려 하는 것이 다 우리 때문이라고 하죠. 이곳 사람들은 예전부터 자긍심이 넘치고 근면하고 정직한 것으로 유명했어요. 하지만 지난 10~15년 사이에 전쟁이 일어나면서 예전의 문화가 완전히 파괴되었어요. 이제는 훔치고 속이는 풍조가 스며들어서 이곳 문화도 많이 타락했습니다."

올람은 현실과 이상 사이에서 균형을 이룰 방법을 찾아야 했다. 그중 하나가 품질에 따라 면화에 등급을 매기고 가격을 차등 지급하는 것이었다. 이렇게 하면 농부에게 돌아갈 이익의 일부를 협동조합에서 가져가더라도 최상의 면화를 생산한 농부를 격려할 수 있었다. 하지만 그 당시 코트디부아르 정부에서 이런 조치를 금지했다. 정부는 면화 기업이 면화의 품질을 오직 두 가지 표준으로 인증할 수 있게 하고, 각 등급에 대한 가격을 정부가 직접 책정해 농부들이 공정한 대우를 받을 수 있게 했다. 올람은 수확량이 가장 많은 농부에게 상을 부여하는 방식으로 이 문제를 해결하려 했다. 줄리는 지금까지 이런 경쟁이 최상의 결과를 이끌어 냈다고 말했다.

농민들에게 자립할 수 있는 자율권을 주려 하는 올람의 장기적인 포부는 산도카하 마을에서도 확인할 수 있었다. 조금만 지원을 해 주면 마을 사람들은 돈을 보태 놀고 있는 낡은 건물을 학교로 쓸 수 있을 만한 공간으로 바꾸었다. 마을 주민 누구도 글을 가르쳐 달라고 요구하지 않았지만 올람은 이런 식으로 농민을 도우면 장기적으로는 자사에도 도움이 되리라 보았다. 목표는 농민들에게 기본적인 글과 산수를 가르치는 것이었다. 올람은 마을에서 학교 건물에 투자하고 있다는 증거가 보이면 교사 확보에 필요한 비용을 대겠다고 말했다. 그러던 중 작은 문제가 발생했다. 투명성을 높이고 수확량 늘리는 방법을 농민들에게 알려야 하는 기업 입장에서 문맹은 심각한 장애물이었다.

"마을 주민들에게 교사로는 적어도 고등학교는 마친 사람을 찾아야 한다고 말했습니다. 이곳에 처음 왔을 때에는 문맹률이 70~80퍼센트 정도 되겠거니 생각했어요. 그런데 실제로 농민들을 만나 보니 글 못 읽는 사람이 97~98퍼센트는 되더군요. 게다가 주민들 중에 30퍼센트는 다섯까지도 세지 못합니다. 자기가 비료를 몇 포대 썼는지 세지도 못하는 사람한테 수확량을 30퍼센트 늘리기 위해서는 이런저런 것을 해야 한다고 가르칠 생각이었다면 다 포기해야죠."

지금 마을 주민들은 목표에 한 발짝씩 다가가고 있었다. 그들은 의욕적으로 학교 건물에 칠판도 들여놓았다. 줄리는 이것을 그들이 진지하다는 신호로 받아들였다. 줄리가 말을 맺었다.

"이제 교사를 찾아야 할 것 같아요."

chapter 24

소비자가 원하는 상품을 만드는 것이 목적입니다

올람이 기업의 사회적 책임을 얼마나 중요시하는지는 사회적 책임을 담당하는 부서의 사무실이 어디에 있는지만 봐도 알 수 있다. 올람의 사회적 책임 관련 업무를 총괄하는 크리스 브렛 팀장의 사무실은 런던 번화가 한복판의 번듯한 빌딩에, 그중에서도 가장 전망 좋은 층에 있었다. 창문 너머로 국회 의사당과 템스 강이 보였다.

크리스는 올람이 전 세계에서 추진하는 프로그램의 중심인물이다. 내가 사무실에 도착하면서부터 그는 쉴 새 없이 떠들기 시작했다. 코트디부아르 프로그램이 회사의 전반적인 전략과도 잘 맞고 성과도 좋아서 자랑스럽다고 했다. 그러면서 아이패드에 저장해 둔 프레젠테이션 자료를 띄웠다. 첫 번째 자료 화면에서는 올람이 코트디부아르에서 지원하는 면화 농업의 규모가 얼마나 급격히 증가했는지를 보여 주었다. 올람에 생산물을 공급하는 전체 농민의 수가 2년 사이 세 배나 증가했다. 그들이 경작하는 면화 밭의 면적은 2만 헥타르(서울 면적의 약 3분의 1)에 달했다. 크리스는 무엇보다 수확량이 꾸준히 상승하고 있다는 사실을 강조했다.

1헥타르당(축구장 면적의 1.2배) 평균 600~1000킬로그램 가까이 70퍼센트나 늘었다.

"이것이 핵심입니다. 생산량이 받쳐 줘야 가격 변동의 충격을 견딜 수 있거든요. 이런 농민이 늘어나는 것이 중요하죠. 우리는 이 부분을 개선하는 데 애쓰고 있습니다."

크리스는 올람이 처음에 코트디부아르 조면 공장의 인수 가격 때문에 골치를 앓았다고 말했다. 그때 쓴 돈은 500만 달러(55억 원)로 올람 같은 대기업으로서도 꽤 큰돈이었다. 또한 공장을 계속 가동하는 비용 역시 만만치 않았다. 따라서 공장을 돌리기에 충분한 양의 면화를 생산하는 농부의 역할이 무엇보다 중요했다.

"낡은 조면 공장은 경제성이 전혀 없기 때문에 우리가 이곳을 완벽히 현대화하려면 어마어마하게 투자해야 한다는 사실을 알고 있었습니다. 게다가 적자를 면하려면 면화를 최소한 1만 5000톤은 생산해야 했지요. 그런데 우리가 코트디부아르에 들어간 첫해에 총생산량은 9000톤에도 못 미쳤습니다."

이후의 계획이 잘 진행된 것은 줄리와 그녀의 팀, 지역 농민들이 열심히 노력한 결과였다.

2년 안에 올람은 코트디부아르의 농부 5000명에게 수익성 높은 면화를 재배할 수 있게 해 주었다. 이들이 달성한 산출량과 이윤은 이미 전쟁 전의 수준을 크게 뛰어넘었다. 크리스는 올람이 한 일이라고는 생산 공정이 잘 돌아가게 한 것밖에 없다면서 농부들이 스스로 필요한 노력을 기울여 가능한 모든 기회를 잡아야 한다고 말했다.

"다른 사람한테 기대면 아무것도 못합니다."

이 모든 것은 가난한 시골 농업 사회가 상업적인 기업과 결합해서 어떻게 이익을 이끌어 내는지 보여 준다. 트랙터 대신 황소를 제공하는 게 낫다는 줄리의 말을 떠올려 보면 현실에 바탕을 둔 통찰력이 없으면 분명히 기계 설비나 트랙터 같은 새로운 장비를 가장 먼저 도입할 것이다. 사실 이것이 개발 도상국에서 활동하는 비정부 기구가 주로 취하는 전략이다. 올람은 수익성을 직접적으로 향상시킬 수 있는 모든 방안을 고려한다. 여기에는 씨앗, 비료, 황소, 토질, 폐수 처리, 그 밖의 다른 모든 과정이 포함된다.

"우리의 이익은 경영 관리에서 나옵니다. 가공 작업을 통해 어떤 부가 가치를 만들어 어떻게 파느냐에 따라 회사의 이익이 결정됩니다. 우리에겐 이 모든 것을 상업적으로 실행 가능하게 만들 기술이 있습니다."

이런 운영 방식이 가능한 것은 올람과 농민들의 특별한 관계 때문이다. 다오다가 회사를 동업자로 여기는 것처럼 이사회실에 있는 크리스도 농민을 동업자로 파악하고 있었다. 모두에게 이익이 돌아가려면 양쪽 모두 맡은 일에 최선을 다해야 하는 관계다.

면화는 1년에 한 번 재배하는 작물이다. 그래서 이번 해에 수익을 올리지 못하면 다음 해에는 누구도 이 작물을 심으려 하지 않는다. 이런 일이 실제로 벌어진다면 올람은 홀로 감당하기 어려운 피해를 입게 된다.

"우리가 제일 피하려고 하는 것이 농민들이 들인 재배 비용보다 낮은 가격으로 면화를 매입하는 것입니다. 우리는 농부들이 수확량을 높이도록 언제든 도울 수 있습니다. 그것이 가격 하락으로 농민과 회사가 입게 될 피해를 최소화하는 방법입니다. 우리로서는 이것이 사업이니까 일이 잘 돌아가게 만들어야죠."

세계 면화 가격이 폭락해 농민들이 벼랑 끝에 서게 된다면 크리스에게도 좋을 일이 하나도 없다.

올람의 장기적인 과제는 규모를 계속 늘려 나가는 것이다. 규모를 늘리려면 농민들을 위한 운영 자금이 상당히 많이 들어간다. 크리스는 코트디부아르의 영농 집단이 상업적으로 성공할 수 있다는 사실을 다시 한 번 증명해 주기를 바랐다. 그래야 지방 은행에서 대출을 받을 수 있는 정도의 신용 등급을 갖출 수 있기 때문이다. 이는 완벽한 자립을 원하는 농부들에게도 중요하지만, 장기적으로 지속 가능한 계획을 추진하려는 올람에게도 필수적이다.

"농민들이 지역 은행에 대출을 신청하면 우리가 직접 보증을 서려고 합니다. 그러면 실적이 좋은 농부들은 재투자할 수 있을 겁니다. 은행과의 거래를 상상하지 못하던 사람들도 이제 은행과 거래하면서 미래에 투자할 수 있게 됩니다."

올람은 이런 계획으로 자신들이 얻게 될 이익에 대해서도 숨기지 않았다. 크리스는 회사가 코트디부아르 면화로 이미 높은 수익을 올리고 있다고 했다. 전 세계 면화 공급량의 70퍼센트 이상을 생산하는 미국과 브라질, 캐나다 외의 지역에 면화 생산지를 개발하는 데 특히 관심이 많다고 말했다.

올람에서 농민들에게 받은 면화가 조면되면, 이것이 방적 회사로 보내져 옷을 만드는 데 쓰는 면직물이 생산된다. 방적 회사는 면의 생산 유통 과정에서 핵심 역할을 한다. 지금 당신이 입고 있는 면 셔츠는 여러 종류의 면화가 섞인 것이다. 그 면화는 각각 전혀 다른 지역에서 재배되었다. 최종 상품이 만들어지기까지 면화는 말할 수 없이 복잡한 공급망을 거친다. 크리스는 코트디부아르산 면을 소비자에게 직접 소개하고 싶어했다.

소비자와 생산자를 직접 연계해 주려는 의도에서 세계 3대 유통 업체인 테스코는 최근 모든 면 의류에 해당 면화의 생산지를 정확하게 알려 주는 꼬리표를 부착하자고 제안했다. 크리스는 아이디어는 좋지만 최종 상품에 혼합된 면화의 원산지만 7~8개국이 되기 때문에 꼬리표가 셔츠보다 커야 할 것이라고 지적했다. 현재 상태로 볼 때 소매업자가 꼬리표에 표시할 수 있는 범위는 방적 회사, 그리고 방적 회사와 농민을 이어주는 올람 같은 회사까지이다. 올람이 바라는 대로 윤리적으로 생산된 면화를 복잡한 유통 단계를 거치지 않고 시장에 직접 판매하려면 방적 공정을 윤리적 기준에 어긋나지 않도록 엄격하게 통제할 수 있어야 한다. 그래야 올람 상표가 붙은 면화를 소비자에게 직접 팔 수 있게 된다.

또 다른 방법으로는 올람의 면화에 대한 윤리 인증을 받는 것이다. 하지만 크리스는 이것이 적절한 해결책이라고 생각하지 않았다. 커피와 코코아 같은 상품의 경우에는 올람도 공정 무역 재단이나 열대 우림 동맹의 인증을 활용하고 있지만 면화는 그와 같은 접근법이 소용없을 것이라고 했다.

"소매업자나 소비자들은 대부분 인증 제도가 있으면 좋겠다고 말합니다. 다른 상품에도 으레 있으니까 면화에도 있어야 하지 않겠느냐는 거죠. 하지만 이런 식으로는 문제를 유보하는 것밖에 안 됩니다. 사람들은 인증이 되어 있으니 무조건 좋을 것이라 생각하겠죠. 그런데 소매업자들에게 왜 이런 인증을 원하는지 물으면 자신들이 공급망 관리에 기여했다는 문구를 포장 상자에 넣기 위해서라고 합니다. 한마디로 마케팅에 활용하겠다는 뜻이죠."

그는 소매업자들이 상품에 인증이 더 많으면 좋겠다고 말하면서도 이에 따르는 추가 인증 비용은 마지못해 지급한다고 덧붙였다.

"그런 비용은 우리도 부담하고 싶지 않습니다. 그러면 누가 그 비용을 내야 하죠? 농부들인가요?"

크리스는 자신의 중요한 임무 중 하나가 농부들을 대신해 협상하고 그들의 권익을 보호하는 것이라고 여겼다. 크리스는 여기에서 그치지 않고 인증이라는 개념에 대해 좀 더 근본적인 의문을 품고 있었다. 여기에 크리스가 추구하는 것과의 극명한 차이를 드러내는 한계가 숨어 있다.

"인증이라는 것은 아직 틈새시장에 속해 있습니다. 진정한 주류가 아니에요. 틈새시장을 바라고 상품을 생산하면 진짜 중요한 문제를 해결할 수가 없습니다."

크리스의 말에 따르면 올람은 인증에 집착하는 것보다 지속 가능한 발전과 윤리적 행위를 실천하는 편이 회사에 더 큰 도움이 된다.

농민들에게 씨앗과 비료 구매 자금을 빌려 줌으로써 올람은 자사의 돈이 어디로 흘러가고 있는지 정확한 파악이 가능하다. 크리스는 이것이 중요하다고 말했다. 자사의 상품을 처음부터 끝까지 완벽하게 통제할 수 있게 된다는 것이다. 그렇다고 윤리 인증을 무조건 거부하는 것은 아니었다. 인증에 대해서는 다분히 양면적인 감정을 내비쳤다. 그가 양손을 벌리며 어깨를 으쓱해 보였다.

"우리는 인증 같은 건 없어요. 우리 상품은 소비자가 원해야 존재합니다. 소비자가 인증을 원한다면 마련할 수도 있죠. 그런데 왜 다른 사람한테 참 잘했다는 말을 듣자고 수고비를 건네고, 그 사람의 브랜드를 우리 브랜드 위에 얹어야 하는 거죠?"

스니커즈와 트윅스, 엠앤엠으로 유명한 제과 업체 마즈는 올람의 코코아를 구매하는 주요 기업 중 하나다. 최근 마즈는 2020년까지 모든 코코아를 지속 가능한 공급원에서 조달할 계획이라고 밝혔다. 마즈가 인증을 언급하지는 않았지만 크리스는 결국 인증 로고를 붙이겠다는 뜻으로 해석했다.

"그 말은 열대 우림 동맹 같은 곳에서 인증을 받겠다는 뜻입니다. 그러니까 우리를 못 믿겠다는 뜻이에요."

크리스가 생각하기에 이것은 바람직한 해결책이 아니다. 정말 지속 가능한 해결책은 윤리적인 신뢰감을 브랜드의 일부로 만드는 것이지, 자신이 하는 일을 인증해 줄 집단을 찾아 스탬프를 받아 오는 것이 아니다. 크리스는 본인을 비롯해 훌륭한 직원들이 코트디부아르에서 일구어 낸 성과를 자랑스러워했다. 그는 그들이 받아야 마땅한 신뢰를 얻게 되기를 바랐다.

"올람이 좋은 회사라는 게 알려져서 브랜드 로고가 인증 로고보다 더 신뢰를 받을 수 있게 되면 좋겠습니다."

올람은 베터 코튼 이니셔티브(Better Cotton Initiative)라는 단체에 가입했다. 이 단체는 소매업자와 생산자, 방적업자 등 면화 산업 관계 업체가 모두 참여해 더 나은 면화 공급망을 만들기 위한 현실적인 방법을 모색한다.

"베터 코튼 이니셔티브는 브랜드나 포장 때문에 존재하는 것이 아닙니다. 그보다는 면화를 좀 더 지속 가능한 방법으로 생산하고 판매하는 업체들을 모으기 위한 곳이죠."

단체에는 대형 소매상들도 모두 가입되어 있어 오랫동안 농민들과 소매상을 직접 이어 주기 위해 고심해 온 올람에게 큰 도움을 주기도 했다. 크리스는 올람이 이 단체에 가입한 이유는 홍보 효과를 노리거나 윤리 인증을 받기 위해서가 아니라, 더 나은 사업 수단을 찾기 위해서라고 했다.

Epilogue

건강한 자본주의를 만들기 위한
여덟 가지 방법

　　　　　1년 동안 전 세계 각지의 가난한 사람들과 함께 지내며 그들이 일하는 모습을 보고 그들의 이야기를 들었다. 그리고 대기업이 사업을 유지하고 수익을 내기 위해서 가난한 사람들을 착취하지 않아도 된다는 것을 깨달았다. 그들의 암울한 현실을 직접 보고도 어떻게 이런 해석을 내릴 수 있는지 궁금할 것이다. 솔직히 말하면 대기업이 가난한 이들을 착취할 필요가 없다고 생각한다기보다 가난한 이들을 구제해 주고도 지금보다 더 큰 이익을 얻을 수 있다고 생각한다. 대기업이 그들을 구제하지 못하는 이유는 그럴 의지가 없기 때문이다.

　대기업과 노동자의 이익은 함께할 수 없다고들 생각한다. 생지옥 같은 공장과 작업장이 즐비하던 산업 혁명 이래로 대기업은 줄곧 가난의 치유책이 아니라 원인으로 여겨졌다. 하지만 모든 대기업이 그렇지는 않았다. 최초의 다국적 기업들은 대부분 사회적 책임을 충실하게 이행하면서도 높은 수익을 낼 수 있음을 보여 주었다. 예를 들어 캐드버리는 퀘이커교의 엄격한 가치관에 깊은 영향을 받아 노동자들에게 공공 주택을 제공했고, 노예를 쓰는 농장에서 생산한 코코아는 쓰지 않았다. 도브, 바셀린, 립톤 등을 보유한 다국적 대기업 유니레버는 윌리엄 레버가 설립한 회사다. 기업의 사회적 책임에 늘 깨어 있던 그는 직원들을 위해 집과 시청, 심지어 아트 갤러리까지 갖춘 마을을 세웠다.

그 시절 방직 사업으로 큰돈을 번 기업가 타이터스 솔트는 노동자를 위해 도서관, 독서실, 당구장, 체육관 등의 여가·교육 시설을 비롯해 세탁장, 목욕탕, 병원 등을 지었다. 그가 건설한 솔테어 공업촌에는 극빈자 수용소, 채소밭, 공원, 사교장으로도 쓸 수 있는 보트하우스까지 있었다. 에드워드 아크로이드 역시 19세기 방직 사업가로 산업 혁명 당시 노동자들에 대한 끔찍한 처우를 염려해 어린이 노동자를 위해 학교를 건립하고 지역 사회를 위한 시설에 투자했다. 노동자 연금 제도를 도입하고, 노동자를 위한 대학도 세웠다. 이들 역시 노동자들에게 더 나은 생활 환경을 마련해 주기 위해 경쟁 업체를 뛰어넘는 투자를 마다하지 않았다.

하지만 이들이 세운 선례를 따르는 후대 기업은 좀처럼 나오지 않았다. 지난 100년 동안 대부분의 기업은 다른 길을 걸었다. 40년 전, 경제학자 밀턴 프리드먼은 기업이 짊어진 사회적 책임이 단 하나라고 주장했다. 그것은 바로 소유주, 즉 주주들을 위해 가능한 한 많은 돈을 버는 것이었다. 프리드먼은 사회 전반의 이익을 위해 돈을 쓰려면 개인 돈을 써야 한다고 했다. 이러한 투자는 '기업에 부과해서는 안 되는 개인의 사회적 책임'이라는 것이다. 프리드먼에게 기업이 짊어질 사회적 책임은 오로지 하나뿐이다.

'자원을 사용해 수익을 늘리는 활동에 참여하는 것.'

최근에 공정 무역 재단 같은 캠페인 그룹이 커피와 초콜릿 등 공급망의 불균형을 해결하기 위해 적극적으로 활동하지만 그들의 성과는 냉정하게 말해 사람들의 의식을 고취하는 것뿐이었다. 그들이 현실적으로 영향을 미친 부분은 거의 없다. 그러나 분명히 이런 활동을 통해 우리가 앞으로 나아갈 길을 마련했다고 할 수는 있다. 기업들은 사회적 책임과 이윤 창출이 결코 상호 배타적인 것이 아님을 알아 가는 중이다. '윤리'는 이제 단순히 '올바른' 일을 하는 것만이 아니라, 마케팅에도 유리하게 작용하기 때문이다.

연구 결과에 따르면 상품이 윤리적인 자격을 갖추는 것이 소비자들에게 점점 더 중요해지고 있다. 대기업은 트렌드에 민감할 수밖에 없는데, 지금은 '윤리적 상품'이 바로 트렌드라고 한다. 이와 비슷하게 대기업이 의지하고 있는 투자 환경에서도 윤리적 요소의 영향력이 점점 커지고 있다. 3조 달러(3500조 원)에 이르는 미국의 관리 운용 펀드는 현재 사회적으로 책임 있는 투자 전략을 따르고 있다. 다시 말해 지금이야말로 대기업에게 어떻게 사회적으로 더욱 책임 있는 행동을 할 계획인지 묻기에 적당한 시기라는 뜻이다.

1. 좋은 일을 하는 것보다 나쁜 일을 안 하는 게 더 중요하다

실제로는 그렇지 않으면서 책임감 있게 보이려고 이미지를 '세탁'하려는 기업들이 더러 있다. 그들이 쓰는 전략 중 하나는 사회 프로젝트에 참여해 자신이 광범위하게 사회적 책임을 다하고 있음을 드러내는 것이다. 하지만 이것은 진정 중요한 문제에서 소비자의 관심을 돌리게 하는 전략일 때가 많다.

예를 들어 니카라과 해안 다을에서 젊은 나이에 불구가 되어 휠체어를 끌고 다니는 다이버들은 암초 보호 프로젝트나 해양 관리 등에 신경 쓰지 않는다. 이 산업에서 무엇보다 중요한 것은 다이버들이 일하는 곳의 암초를 보살피는 것이 아니라, 다이버들이 때다다 사망하거나 심각한 부상을 가져오는 끔찍한 작업 방식을 그만두게 하는 것이다.

유감스럽게도 기업이 윤리적인 행사에 나선다고 그들이 맡은 책임을 다하게 되는 것은 아니다. 대기업은 자선 기부를 즉각적인 홍보 수단으로 본다. 그들은 '자선 단체에 돈 좀 내면 우리가 좋은 기업이라고 생각해 주겠지'라는 논리를 내세운다. 하지만 니카라과의 현실은 기부만으로는 충분치 않다는 사실을 여실히 보여 준다.

2. 홍보를 목적으로 좋은 일을 하지 마라

부유한 개인이나 대기업은 후원 프로젝트로 방대한 재산을 기부하지만 자선 사업만으로는 가난을 해결할 수 없다. 중국에서 보았듯이 개인적인 사회 활동은 특성상 체계적이지 못하고, 실제적인 필요와도 동떨어져 있다. 개인이 하는 일인 만큼 지속적이지도 않고, 불규칙하며 아무 때나 그만두기도 한다.

오랫동안 지속할 수 있는 계획만이 효과를 볼 수 있다. 기업은 대체로 홍보를 목적으로 기부한다. 하지만 이런 기부는 도움을 주는 쪽이나 받는 쪽 모두에게 별 도움이 안 된다. 자사의 사업과 관련한 전반적인 상황을 개선하려는 방향으로 생각을 바꿔 보라. 그러면 훨씬 큰 효과를 볼 것이다. 코트디부아르에서 본 올람이라는 회사가 좋은 예이다. 코트디부아르에 진출해 면화를 수출하는 올람은 농민에게 면화 재배 방법을 가르쳐 주고 그들을 훈련시킨다. 그들은 기업의 수익과 지역 농민들의 수익을 함께 높일 수 있다는 것을 증명하고 있다. 이것이야말로 주력 사업과 사회적 책임을 동시에 수행하는 완벽한 사례다.

미래의 대기업은 이런 식으로 운영되어야 할 것이다. 그 바닥을 관통하는 논리는 '당근'과 '채찍'이다.

3. 채찍 – 대중을 속일 수 있는 시대는 지났다

우선 '채찍'이다. 우리는 투명성이 점점 높아지는 시대에 살고 있다. 글로벌 위트니스나 위키리크스 등 캠페인 조직과 탐사 보도 기자, 이런 책을 쓰고 있는 나 같은 작가들은 대기업이 하는 일에 촉각을 곤두세운다. 산업적 범법 행위나 이중 잣대, 오염, 착취, 기업의 탐욕은 모두 잘 팔리는 이야깃거리다. 게다가 이런 이야기를 퍼뜨리는 요즘 사람들의 능력은 역사상 최고 수준이다. 페이스북과 트위터 같은 소셜 미디어 채널의 활성화는 기업의 범법 행위처럼 사람들에게 민감한 이야깃거리가 순식간에 전 세계로 퍼져 나갈 수 있다는 의미이다.

미심쩍은 방식으로 사업을 운영하는 대기업은 언젠가 들통이 나게 되어 있다. 따라서 대기업은 브랜드에 피해가 갈 수 있는 문제가 있는지 꼼꼼하게 살피고, 이를 어떻게 해결할 것인지 결정해야 한다.

4. 당근 – 선행은 언제나 보상을 받는다

이미 많은 기업이 진보적인 계획을 세우고 실천하고 있다. 그런데 이런 중요한 활동들이 기업 웹사이트의 '사회 공헌' 페이지에 꼭꼭 숨어 있어서 고객들이 알아볼 기회가 별로 없다. 페이스북이나 트위터는 부정적 여론 형성에 주로 사용되지만 기업의 성공 사례를 널리 알리는 데 사용되기도 한다. 기업들은 이제 사회적 책임이 있는 기업 계획을 소셜 미디어를 통한 홍보 전략과 연계하는 방안을 모색해야 한다. 사람들은 좋은 소식을 듣고 싶어 한다. 그러니 좋은 일을 하고 긍정적인 여론 형성으로 최고의 홍보 효과를 올리는 것이 어떨까?

5. 밑바닥부터 시작해 땀 흘려 노력하라

코트디부아르의 면화 재배 농민들에게 투자하는 기업, 올람은 무엇보다 사회적으로 책임 있는 행동을 통해 상호 이익을 얻은 모범 사례를 보여 준다. 올람은 자사 공급망 내의 취약한 지역을 통제하면서 효율성을 크게 높였고, 더 많은 수익을 올렸다.

올람은 또한 밑바닥부터 시작해 차근차근 밟아 올라간다면 사회적으로 책임을 다하는 계획이 더 큰 효과를 불러온다는 사실을 몸소 보여 주었다. 현지 중심의 해결책은 상의하달식 해결책보다 더 효과적이다. 세계 빈곤층이라고 다 똑같은 집단이 아니다. 지금까지 세계적인 해결책은 이들 각각의 구체적인 필요에 제대로 답하지 못했다.

누군가를 위해 좋은 계획을 세운다 해도 그들이 이를 자기 것으로 받아들이려면 오랫동안 지원해야 한다. 탄자니아의 지혜로운 커피 사업가 벤테가 분명히 말했듯이, 시골 빈곤층이 가장 큰 이익을 얻는 길은 근처의 성공적인 사업체와 제휴하는 것이다.

이것이 세계 빈곤층의 가장 큰 소망이다. 대기업의 힘은 관리와 혁신 능력에 있다. 관리와 혁신 능력이야말로 세계 빈곤층이 가장 얻기 어려운 자질이다. 그들에게 필요한 것은 노하우 습득, 그리고 노하우를 계속 활용할 수 있는 지원이다. 탄자니아에서 살펴보았듯이 레어 티 컴퍼니와 에시컬 어딕션 같은 영세 기업이 이 분야의 주요 기업이다. 우리의 과제는 이들의 성공을 더 큰 규모에 적용할 방법을 찾는 것이다.

지금 이 분야에서 문제는 실현 가능성이 아니라 태도다. 대기업은 큰일을 좋아한다. 그들은 모든 뿌리 깊은 문제를 단번에 해결할 수 있는 마법 총알이 틀림없이 있을 것으로 생각한다. 하지만 사실 세계 빈곤층을 도울 때 맞닥뜨리는 장애물은 복잡할뿐더러 문제를 해결하는 시간도 오래 걸린다. 세계적으로 적용할 수 있고 효과가 빠른 해결책은 없다. 많은 지역에서 쉽게 이룬 성과가 하나하나 모이면 큰 성과가 된다. 이렇게 문제를 해결하며 얻은 노하우는 더욱 크고 중요한 문제를 푸는 데 실마리가 된다.

6. 중국을 경계하라

이번 여행에서는 어디를 가나 중국 경제 기구의 힘을 실감할 수 있었다. 중국은 명목상으로는 공산주의 국가지만 세계관은 뼛속까지 자본주의적이다. 라오스 북부의 정글에서 나는 천연자원에 목마른 중국이 개발이라는 이름을 내걸며 세계 빈곤층의 생존을 고려하지 않는 현실을 보았다. 이것은 숱한 사례 중 하나에 불과했다.

서양의 자본주의는 식민주의 역사와 싸우고 있다. 콩고 동부에서 본 것처럼, 우리는 자신의 실패를 서양 탓으로 돌리는 국가에 투자하는 것이 옳은지 그른지를 가리는 윤리적 난제에 발목을 잡혔다가 결국 아무것도 못하게 될 수 있다. 그러는 사이, 식민지 수탈에 대한 나쁜 기억에서 자유로운 중국이 움직이고 있다. 콩고에서 임시변통으로 광산을 파헤치는 광부들과, 그들이 캐낸 곡물을 팔러 다니는 중개상들이 증명해 주듯이, 주의하지 않으면 서양의 어수룩한 윤리 의식이 양심 없는 자들에게 문을 열어 주는 꼴이 될 수 있다. 서양의 진화된 자본주의가 현재 동양의 노골적인 자본주의보다 훨씬 더 나은 해결책이 될 것이다.

7. 책임질 일은 책임져야 한다

중국 국내에서도 일부 대기업이 직원들의 복지에 신경 쓰지 않는다는 걱정스러운 조짐이 보인다. 중국에서는 낮은 임금을 받는 반숙련 노동자들이 서양의 소비자를 위해 상품을 제조 및 조립, 포장하는 광경을 쉽게 찾아볼 수 있게 되었다. 이런 곤란한 상황은 외주 업체가 처리하기 어렵다. 내가 작업을 위탁한 외주 업체가 윤리적이지 않은데 나는 윤리적이라고 할 수 있을까?

이 질문에 당연히 'NO!' 라고 대답해야 한다. 우리가 시내 중심가에서 구매하는 상품에서는 중국 제조 업체의 이름을 찾아볼 수 없다. 여기에는 서양 대기업의 브랜드만 노출될 뿐이다. 소비자인 나는 그 브랜드를 믿을 수 있어야 한다. 그렇지 않으면 어떻게 선택을 한단 말인가?

지금이야말로 그럴듯하게 사실을 부인하는 변명을 짚고 넘어가기 좋은 시기다. 이제 어떤 대기업이든 제품 생산 과정에서 무슨 일이 벌어지는지 모르니 그 문제를 자신이 처리할 필요는 없다고 간단히 잡아떼는 것만으로는 어림도 없다. 대기업은 모든 공급망의 상태를 아는 것부터 책임을 져야 한다. 상품 생산 업체에서 정말 나쁜 일이 벌어지고 있다면 그 문제를 찾아내 밝히고 해결하는 것은 대기업의 몫이다.

대기업은 외부 위탁으로 생산비를 수백만 달러 아낄 수 있다. 이렇게 해서 아낀 비용은 보험 및 관리비로 사용해야 한다. 자사의 윤리적인 신임을 계속해서 홍보하고 싶은 기업이라면 제품의 모든 생산 단계를 어떻게 감시할 것인가를 고심해야 할 것이다. 그러려면 대기업은 물론 중국도 투명성을 높여야 할 것이다. 중국인 노동자들은 인터넷을 통해 임금이나 작업 환경에 관한 이야기를 주고받는 장을 마련하면서 이미 긍정적인 효과를 몰고 오기 시작했다. 더 넓은 세계로 정보가 흘러들어 가는 것은 시간문제일 뿐이다. 지금 중국 기업에서 벌어지는 일은, 그들의 상품을 공급 받는 서양 기업으로 때가 되면 고스란히 되돌아갈 것임을 염두에 두어야 한다. 이제는 누구도 몰랐다고 주장할 수 없다.

이 책의 핵심 내용은 투명성을 높이고 커뮤니케이션을 확대하는 것이다. 소비자들은 기업이 오로지 자사의 상품이 손에 어떤 영향을 미치는지에만 관심을 쏟는 것이 아니라, 자사의 상품이 더 광범위한 사회에 어떤 영향을 미치는지 신경 쓰는 모습을 보고 싶어 한다. 즉, 본사에 있는 직원뿐만 아니라 공급망의 밑바닥에 있는 모든 직원까지 포함한 전 직원이 존엄과 존경을 다해 대접받고 있으며, 공정한 보상을 받고 있는지 회사가 신경 쓰고 있다는 확신을 얻고 싶어 한다. 이를 위해 제일 먼저 해야 할 일은 실제로 그런 작업 환경을 만드는 것이고, 두 번째는 소비자들에게 그러한 현실을 알리는 것이다.

8. 대기업은 스스로 착해지지 않는다

이 책에서 함께 나눈 이야기를 통해 우리는 우리의 필요를 충족시키기 위해 땀 흘려 일하는 세계 빈곤층의 삶이 어떤지 단편적으로나마 알 수 있었다. 세계의 농부와 광부, 잠수부와 공장 노동자의 생활이 개선되기를 원하는 윤리적 소비자들은 대기업이 변화를 이끌기를 바랄 수밖에 없고 다른 선택의 여지가 없다. 우리가 커피 한 잔 사 마시겠다고 탄자니아로 날아갈 수도 없는 노릇이고, 최신형 휴대폰을 갖겠다고 중국으로 날아갈 수도 없는 노릇 아닌가. 그러니 대기업을 매개인으로, 중개상으로, 공급 국가와의 연계 수단으로 삼을 수밖에 없다. 따라서 변화를 바란다면 그 기본은 우리와 대기업의 관계이고, 좋은 관계가 다 그렇듯 관계의

Epilogue : 건강한 자본주의를 만들기 위한 여덟 가지 방법

핵심은 커뮤니케이션이다.

물론 변화는 소비자의 선택만으로 이루어지지 않는다. 라오스와 아프가니스탄에서 보았듯이 정부에서 악랄한 관행을 금지하고 최선을 권장하는 법률을 제정해야 한다. 소비자로서 우리의 역할은, 장바구니에 넣는 윤리적 상품의 비율을 계속해서 늘리는 것이다. 또한 대기업이 우리에게 전하는 메시지도 잘 파악해야 한다. 어떤 기업이 윤리적 계획에 착수하거나 새로운 윤리적 상품 판매를 시작한다고 할 때 이를 지지하거나 지지하지 않는 것은 소비자의 몫이다. 우리 모두 의사 결정을 통해 기업을 조종해, 기업의 운영 방식에 영향을 미쳐야 한다. 결국 책임은 우리 모두가 져야 한다.

감사의 글

무엇보다 이 책이 등장한 모든 분에게 감사드리고 싶다. 그들이 마음을 터놓고 솔직하게 이야기해 주지 않았다면 이런 이야기를 쓰지 못했을 것이다. 지극히 절망적인 상황에 처해 있으면서도 완전히 이방인인 나에게 자신의 삶 이모저모를 기꺼이 이야기해 준 그들의 모습에 수없이 놀랐고 저절로 겸허한 마음마저 들었다.

이 책에 등장하지는 않았지만 감사해야 할 분도 있다. 나보다 먼저 해당 지역에 가 본 사람들의 지인을 소개받거나 그들의 추천 등 상당한 지원이 없으면 이 책에서 수행한 조사 자체가 불가능하다. 멀리 떨어진 세계 구석구석을 안전하게 찾아갈 수 있도록 도와준 모든 분께 무한히 고마운 마음을 전한다.

특히 니카라과의 미스키토 다이버들의 세계로 파고 들어갈 수 있도록 도와준 카를로스 코핀과 에릭 피클스, 아무 탈 없이 콩고를 오갈 수 있게 해 준 케븐 사이츠와 아만 마타바로, 아프가니스탄의 비밀 장부를 엿볼 수 있게 해 준 리안 구처와 제임스 브라바존, 그리고 아시아 여행을 지원해 준 케이트 타자러스와 질 시아오후아, 킴 테일러, 글로벌 위트니스의 모든 분께 감사드린다.

또한 통찰력 넘치고 공감 가는 편집을 맡아 준 랜덤하우스의 담당 편집자 나이젤 윌콕슨, 변함없이 날 지지해 준 에이전트 고든 와이즈, 책의 초안 작업을 하는 동안 온갖 아이디어와 제안을 아끼지 않으신 부모님께 많은 빚을 졌다.

그리고 빅토리아 샬렛, 끊임없는 인내와 지지를 아끼지 않고 내 말을 몇 번이든 들어 주며, 언제나 여행에서 돌아온 뒤 처음 보는 얼굴이 당신이어서 고맙다.

탄자니아 커피 농장

니카라과 바닷가재잡이 잠수부

잠수부들이 바닷가재 철에 임시로 머무는 미스키토 제도의 수상 가옥

니카라과 미스키토 해안

새벽 4시 고무나무 유액을 채집하는 라오스 고무 농장 노동자

주석 광산 입구에 선 콩고 광부들

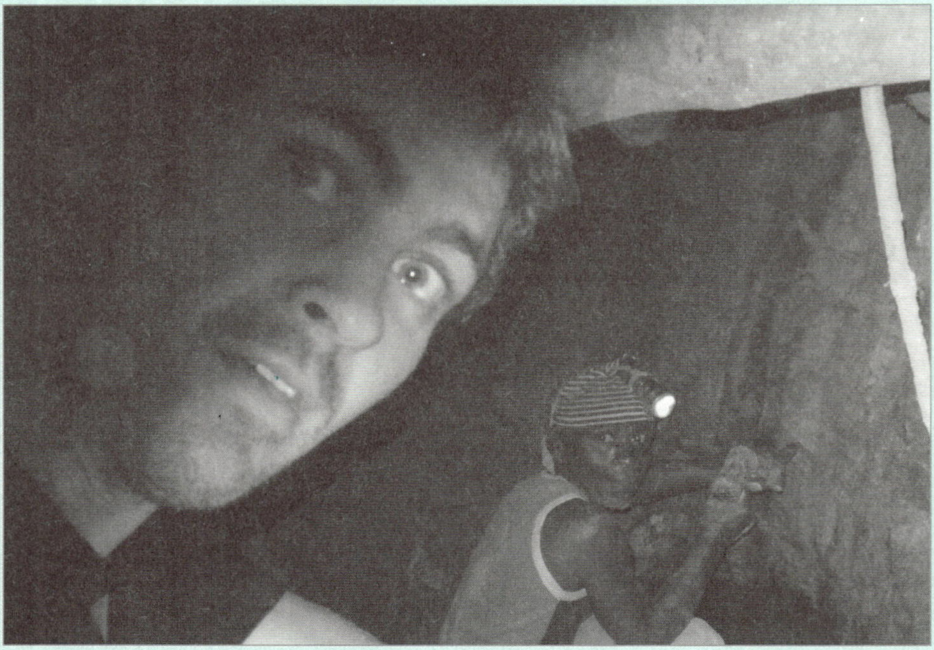

팔을 뻗지 못할 만큼 좁은 콩고 주석 광산 내부

채광 중인 콩고 광부

양귀비밭을 살펴보는 아프가니스탄 군인

양귀비 재배 농가를 급습하는 아프가니스탄 마약 단속국 요원

역자 홍선영

고려대학교 영어영문학과를 졸업하고, 잡지 〈GQ〉, 〈VOGUE〉에서 문화 예술 기사를 번역하였으며, 현재 전문 번역가로 활동하고 있다. 옮긴 책으로는 《나는 세계 일주로 경제를 배웠다》, 《지식, 철학의 법정에 서다》, 《미셸 오바마: 변화와 희망의 퍼스트 레이디》, 《몸, 욕망을 말하다》, 《STOPPING 쇼핑》, 《사람의 마음을 움직이는 위대한 명연설》 등이 있다.

나는 세계 일주로 자본주의를 만났다

초판 1쇄 발행 2016년 4월 21일
초판 34쇄 발행 2024년 4월 15일

지은이 코너 우드먼 옮긴이 홍선영

발행인 이봉주 단행본사업본부장 신동해
편집장 조한나 디자인 이석운 김미연 일러스트 이익선
마케팅 최혜진 백미숙 홍보 반여진 허지호 정지연 송임선
국제업무 김은정 김지민 제작 정석훈

브랜드 갤리온
주소 경기도 파주시 회동길 20
문의전화 031-956-7208(편집) 031-956-7129(마케팅)
홈페이지 www.wjbooks.co.kr
인스타그램 www.instagram.com/woongjin_readers
페이스북 https://www.facebook.com/woongjinreaders
블로그 blog.naver.com/wj_booking

발행처 ㈜웅진씽크빅
출판신고 1980년 3월 29일 제406-2007-000046호

한국어판 출판권 ⓒ 웅진씽크빅, 2012
ISBN 978-89-01-14265-4 03300

갤리온은 ㈜웅진씽크빅 단행본사업본부의 브랜드입니다.
이 책의 한국어판 저작권은 듀란킴 에이전시를 통해 Curtis Brown Group사와 독점계약한 ㈜웅진씽크빅에 있습니다.
이 책 내용의 전부 또는 일부를 이용하려면 반드시 저작권자와 ㈜웅진씽크빅의 서면동의를 받아야 합니다.

· 잘못된 책은 구입하신 곳에서 바꾸어 드립니다.
· 책값은 뒤표지에 있습니다.